Boris Palmer

Wir können nicht allen helfen

Boris Palmer

Wir können nicht allen helfen

Ein Grüner über Integration und die Grenzen der Belastbarkeit

Siedler

Der Verlag weist ausdrücklich darauf hin, dass im Text enthaltene externe Links vom Verlag nur bis zum Zeitpunkt der Buchveröffentlichung eingesehen werden konnten. Auf spätere Veränderungen hat der Verlag keinerlei Einfluss. Eine Haftung des Verlags ist daher ausgeschlossen.

MIX
Papier aus verantwortungsvollen Quellen
FSC® C014496

Verlagsgruppe Random House FSC® N001967

Vierte Auflage

Umschlaggestaltung: Jorge Schmidt, München
Satz: Ditta Ahmadi, Berlin
Druck und Bindung: GGP Media GmbH, Pößneck
Printed in Germany
ISBN 978-3-8275-0107-3

www.siedler-verlag.de

Dieses Buch ist auch als E-Book erhältlich.

Für meine Eltern, die mir gezeigt haben,
was ein klarer Standpunkt bedeutet

Inhalt

Oben und unten: Willkommenskultur und Verlustängste

Nur zwei Wochen nach der Grenzöffnung im September 2015 stellte der Soziologe Heinz Bude die These auf, Deutschland werde den gegenwärtig herrschenden »Flüchtlingsidealismus« nicht lange durchhalten können und zu einem »Flüchtlingspragmatismus« finden müssen. Bude, Professor an der Universität Kassel, sagte dies auf einer gemeinsamen Konferenz der Herrhausen-Gesellschaft und der *FAZ* in Berlin, an der ich als Gast teilnehmen konnte. Sein Vortrag beeindruckte mich durch seine Klarheit. Kaum eine Woche, nachdem die Selfies von Angela Merkel mit Flüchtlingen um die Welt gingen, zu einem Zeitpunkt, als die Bilder von Teddybären im Münchener Hauptbahnhof noch frisch im Gedächtnis waren, analysierte Bude messerscharf die Lage im Land.

Etwas vereinfacht lautete seine These: Die deutsche Gesellschaft ist in der Flüchtlingsfrage zweigeteilt, die Willkommenskultur werde getragen von den oberen zwei Dritteln, also überwiegend Menschen aus bürgerlichen Schichten, deren Lage gesichert sei und die keine Konkurrenz von Neuankömmlingen fürchten müssten. Das untere Drittel betrachte die mittlerweile Zehntausenden Asylbewerber aber ganz anders, nämlich als Ersatzheer von Arbeitskräften, die ihnen den Job streitig machen oder von den Arbeitgebern benutzt würden, um die Löhne zu drücken.

Mir leuchtete Budes Argument ein. Wer sich seinen Platz in der Gesellschaft erkämpft hat und überzeugt ist, ihn jeden Tag gegen den Abstieg in Hartz IV verteidigen zu müssen, sieht mögliche Konkurrenten um Jobs anders als etwa eine verbeamtete Lehrerin oder ein gebildeter Rentner. Wer seine eigene

Wohnung nicht mehr halten kann oder jahrelang auf eine bezahlbare Sozialwohnung warten muss, hat gegenüber einer großen Zahl von Menschen, die schon bald auf den Wohnungsmarkt drängen, zwangsläufig andere Gefühle als etwa der Einfamilienhaus-Besitzer am Stadtrand oder der Mieter einer Penthouse-Wohnung in der Innenstadt.

Als Oberbürgermeister einer Stadt mit rund 90 000 Einwohnern habe ich Einblick in die täglichen Nöte vieler Menschen. Ich weiß, dass der Kampf um günstigen Wohnraum keineswegs ein eingebildetes Problem ist. In meiner Bürgersprechstunde ist die Suche verzweifelter Menschen nach Wohnraum zum beherrschenden Thema geworden. Sie erzählen mir häufig von schweren Schicksalsschlägen, die sie nun zu Bittstellern machen. Helfen kann ich leider nur den wenigsten.

Denn die Lage hatte sich schon vor dem Flüchtlingsandrang 2015 verschlechtert, der soziale Wohnungsbau war auf ein Minimum zurückgefahren worden und die Suche nach bezahlbaren Wohnungen wurde für mehr und mehr Menschen zu einer existenziellen Frage.

Die Flüchtlingskrise verschärfte das Problem noch zusätzlich. Bereits vor der Öffnung der Balkanroute im Sommer 2015 herrschte bei den Landratsämtern, die in Baden-Württemberg für die Unterbringung der Flüchtlinge zuständig sind, sobald sie die Erstaufnahmestellen der Länder verlassen haben, größte Anspannung. Der Landkreis Esslingen etwa hatte schon Ende 2014 erklärt, er könne keine Flüchtlinge mehr aufnehmen, weil geeignete Unterkünfte nicht zu finden seien.

Nun, im Frühherbst 2015, verschlimmerte sich die Situation innerhalb von wenigen Wochen dramatisch. Die Lieferzeiten für Wohncontainer waren auf ein halbes Jahr angewachsen. Der Wohnungsmarkt war ohnehin schon leer gefegt. Allerorten wurden nun Turnhallen mit Betten zu Notquartieren umgerüstet. So auch die Kreissporthalle in Tübingen. Der Landrat suchte händeringend nach weiteren Standorten für Containerbauten im nächsten Jahr. War es angesichts dieser Lage verwunderlich, dass diejenigen, die auf billigen Wohnraum angewiesen sind, sich fragten: Was wird denn mit mir, wenn Asylbewerber später die günstigen Wohnungen bekommen?

Für den Blick auf die Flüchtlinge, so musste ich es immer wieder erleben, spielen neben diesen materiellen Faktoren aber auch mentale Einstellungen und Statusdenken eine Rolle. Gerade bei denen, die sich ohnehin benachteiligt sehen, wachsen die Vorbehalte. Zum Beispiel unter russlanddeutschen Einwanderern der neunziger Jahre, aber auch unter den ehemaligen Gastarbeitern aus Südeuropa und Anatolien war allgemein eine Skepsis zu spüren, denn sie fühlten sich ungleich behandelt. Das Maß an öffentlicher und menschlicher Zuwendung, das jetzt den Flüchtlingen zuteilwurde, hatten sie nie erfahren. Warum sollten es die Flüchtlinge nun so viel leichter haben, obwohl sie weder die historischen Verbindungen etwa der Russlanddeutschen für sich reklamieren konnten noch die Anwerbeabkommen und den Arbeitskräftebedarf als Legitimation für ein Leben in Deutschland?

Mir ist ein Erlebnis in einer Kleinstadt im Schwarzwald in lebhafter Erinnerung: Es war früh am Abend in einem Gasthaus, ich bereitete mich dort auf einen Vortrag vor und außer mir saß noch eine Handvoll Gäste im Saal. Der Wirt erkannte mich, setzte sich zu mir und wir kamen ins Gespräch. Er erzählte, wie wenig er von den heutigen Flüchtlingen halte, wie schwierig diese zu integrieren seien, und überhaupt werde denen alles »hinten reingeblasen«. Er wisse, wovon er spreche, schließlich sei er vor zwanzig Jahren selbst als Flüchtling ins Land gekommen und habe sich ohne solche Hilfe allein hochgearbeitet. Der Mann sprach einfach aus, was er dachte. Wäre er ein Deutscher gewesen, hätte ich vermutet, hier schwadronierte ein Rechtsradikaler. Er war aber zu Kriegszeiten aus dem Kosovo geflüchtet. Seine Geschichte war für mich ein eindrückliches Beispiel, wie sehr die eigene wirtschaftliche Lage und gesellschaftliche Stellung die Haltung zur Flüchtlingspolitik bestimmt.

In den Medien war von solchen Beobachtungen und Einstellungen zum Zeitpunkt von Heinz Budes Rede nur wenig zu erfahren. In den Gesprächen auf den Fluren, in den Konferenzräumen, aber auch in den Gassen der Tübinger Altstadt begegneten sie mir hingegen häufig.

Die öffentliche Debatte wurde von jenen Menschen geprägt, die sich und anderen sagen konnten, Deutschland sei ein reiches Land und könne die Aufnahme der Flüchtlinge ohne größere Probleme bewältigen. Das war und ist für das gesamte Land gesprochen auch nicht falsch. Diejenigen aber, die von diesem Reichtum nur wenig abbekommen und deshalb die Entwicklung skeptisch beäugen, fanden mit ihren Sorgen wenig Gehör.

Vorerst wurde die veröffentlichte Meinung dominiert durch Stimmen wie jener von Sabine Rückert. Sie schrieb in einem Leitartikel der *Zeit*, deren Titelbild das Wort »Willkommen« prägte: »Es mag befremdlich klingen, aber für Deutschland sind die Flüchtlinge, diese vielen jungen, zuversichtlichen, nicht selten begabten und ehrgeizigen Menschen, ein Glück.«

Die Überlegung lautete vereinfacht: Deutschland ist vergreist und unser Arbeitsmarkt leer gefegt. Die fehlenden Auszubildenden im Handwerk, der Altenhilfe, den Krankenhäusern, vielleicht sogar die fehlenden Ärzte und Ingenieure werden durch die überwiegend jungen Flüchtlinge gestellt. Auch die deutsche Wirtschaft stieß in dieses Horn. Schon Anfang September 2015 betonte BDI-Präsident Ulrich Grillo, es könne »gelingen, gerade gut ausgebildete Flüchtlinge schnell in Wertschöpfungsstrukturen einzubetten«. Besonders wagemutig: »Wir sind bereit, allen Asylsuchenden mit berechtigten Chancen auf ein Bleiberecht den raschen und zeitlich gesicherten Zugang zu Bildung und Arbeitsplätzen zu ermöglichen.«

Neben dieses volkswirtschaftliche Argument trat bei all denen, die die Flüchtlinge uneingeschränkt willkommen hießen, eine gewisse Form der Erleichterung oder sogar von Stolz: Dass die Menschen zum allergrößten Teil gezielt nach Deutschland strebten, wurde als eine Art Kompliment gedeutet. Die Flüchtlinge, so hörte und las ich immer wieder, würden sich Deutschland als Ziel auswählen, weil unser Land so weltoffen und sympathisch sei, weil sie nach Demokratie und Teilhabe hungerten. Beide Aspekte vereinte meine Parteifreundin Katrin Göring-Eckardt auf dem Bundesparteitag im November 2015 zu einer griffigen Formel: »Diese Menschen sind ein Geschenk für Deutschland.«

Es ist ja völlig richtig: Deutschland hat einen großen Bedarf an qualifizierten Arbeitskräften. In naher Zukunft gehen jedes Jahr einige Hunderttausend Menschen mehr in den Ruhestand, als junge Menschen neu in den Arbeitsmarkt eintreten. Aber eben auf die Qualifizierung kommt es an. Das betrifft sogar jene Branchen, deren Bild teilweise noch von der Baustelle der sechziger Jahre geprägt ist. Die Zeiten, in denen nur ein Stein auf den anderen gesetzt wird, sind aber längst vorbei: Die hohen technischen Anforderungen von Erdbebensicherheit bis Energiestandard erfordern höchste Präzision auch bei scheinbar einfachen Arbeiten.

Auch für Handwerks- und Sozialberufe sind die Standards in unserem Land heutzutage sehr hoch. Für Ungelernte hingegen gibt es kaum noch Aufgaben, allenfalls in Nischen wie dem Reinigungsgewerbe. Ob die Flüchtlinge für den deutschen Arbeitsmarkt eine willkommene Unterstützung oder gar die Lösung eines Mangelproblems sind, hängt also entscheidend vom Qualifikationsniveau, mindestens aber von der Qualifizierungsfähigkeit der Menschen ab.

In der Hochzeit der Willkommenskultur wurde dieses Thema allenfalls sehr zurückhaltend behandelt. So auch von Sabine Rückert, die mit der Formulierung, die jungen Menschen seien »nicht selten begabt und ehrgeizig«, immerhin die Möglichkeit offenließ, dass die Mehrheit der Flüchtlinge weder begabt noch ehrgeizig sein könnte. Wobei sie das Gegenteil suggerierte.

Mich hat diese Euphorie schon damals erstaunt. Allein der Blick auf die Herkunftsländer der Flüchtlinge – hauptsächlich Syrien, Irak und Afghanistan sowie einige afrikanische Staaten mit besonders schwierigen Bildungsbedingungen – legte den Gedanken nahe, dass hier weit überwiegend Menschen zu uns kamen, die in unserem Arbeitsmarkt zunächst kaum Chancen haben und allenfalls nach vielen Jahren intensiver Anstrengung hinreichende Qualifikationen erwerben würden.

Schon die Tatsache, dass ein großer Teil der Flüchtlinge unser Alphabet nicht beherrscht, war dafür ein untrügliches Indiz. In einer Zusammenkunft im Stuttgarter Staatsministerium erfuhr ich im Dezember 2015 von einer Analyse des Landesarbeitsamtes, derzufolge 80 Prozent der Flüchtlinge für unseren Arbeitsmarkt als formal unqualifiziert eingestuft wurden, weil sie keine Berufsausbildung hatten. Die damit verbundene Prognose lautete, dass die Integration dieser Menschen in den deutschen Arbeitsmarkt ein Jahrzehnt dauern könne und dafür Anstrengungen wie bei Langzeitarbeitslosen erforderlich seien.

Wer damals noch aufrichtig überzeugt war, dass sich alles zum Guten wenden würde, kann den eigenen Hoffnungen heute die Fakten gegenüberstellen. Die DAX-Konzerne, die sich öffentlich für die Aufnahme von Flüchtlingen starkgemacht hatten, beschäftigten im September 2016 nach einer Umfrage exakt 125 Auszubildende (eine neuere Erhebung liegt meines Wissens noch nicht vor). Nicht etwa in einem einzigen Werk oder einem der DAX-Konzerne – die wichtigsten deutschen Industriekonzerne zusammengenommen haben 125 Flüchtlingen einen Ausbildungsplatz gegeben!

Etwas besser sieht es im Handwerk aus. Der Präsident der Handwerkskammer Reutlingen vermeldete im Februar 2017 stolz, seine Betriebe hätten schon jetzt mehr Flüchtlinge ausgebildet als alle DAX-Konzerne zusammen. Das ist zweifellos eine großartige Leistung. Aber in der Summe haben bis Ende 2016 nur etwa 50 000 Flüchtlinge eine Beschäftigung aufgenommen. Im Mai 2017 sprach Arbeitgeberpräsident Ingo Kramer davon, dass 180 000 Flüchtlinge in Arbeit, Ausbildung oder Praktika gebracht worden seien – alle drei Kategorien gemeinsam, wohlgemerkt. Das Institut für Arbeitsmarkt- und Berufsforschung ermittelte im Juni 2017 eine Beschäftigungsquote der Flüchtlinge aus den Krisenländern von 17 Prozent.

Diese Daten sind nicht überraschend. Arbeitsmarktexperten haben eine solche Entwicklung schon im Herbst 2015 vorausgesagt, sogar Arbeitsministerin Andrea Nahles hat sich früh entsprechend vorsichtig geäußert. Und trotzdem drang diese Botschaft nicht durch.

Wenn ich damals solche Bedenken formulierte, schlugen mir Misstrauen und Ablehnung entgegen. Versteckt oder ganz offen wurde unterstellt, ich wolle die Stimmung kippen, die Willkommenskultur untergraben. Aber mir scheint, dass wir dabei einem fundamentalen Irrtum unterliegen: Wenn die Stimmung sich nur halten lässt, solange wichtige Fakten ausgeblendet oder geschönt werden, kippt sie irgendwann zwangsläufig. Dann aber ist die Enttäuschung oder gar der Frust groß. Nur wer von Anfang an realistische Erwartungen bildet, kann dauerhaft eine positive Grundhaltung bewahren.

Zudem sind die Arbeitsmarktdaten, wie ich finde, eigentlich gar nicht so enttäuschend. Denn es kommt auf die Perspektive an. Schließlich haben wir die Menschen, die 2015 in so großer Zahl zu uns gekommen sind, aufgenommen, weil sie fliehen mussten, nicht weil sie gut ausgebildet waren und Arbeit suchten. Für das eine haben wir das Asylrecht, für das andere fehlt uns leider ein Einwanderungsgesetz. Selbstverständlich kann auch ein ausgebildeter Arzt Asyl beantragen. Aber wir können von Menschen, die aus Afghanistan, dem Irak oder aus Eritrea zu uns kommen, doch nicht grundsätzlich erwarten, dass sie eine Ausbildung zum Arzt anstreben. Mehr noch: Da wir Asyl nur den Menschen gewähren, die einen Fluchtgrund haben, aber diejenigen, die vor allem auf der Suche nach Arbeit oder einem besseren Leben gekommen sind, kein Asyl erhalten können, gibt es unter den Bleibeberechtigten zwangsläufig einen höheren Anteil von Menschen, die sich schon wegen ihrer zum Teil traumatischen Fluchterfahrung schwertun, in unserer Hochleistungsgesellschaft mitzuhalten.

Als Anfang 2015 noch vor der großen Fluchtbewegung aus dem Nahen Osten in großer Zahl Menschen vom Balkan nach Deutschland kamen, nutzten sie zwar das Asylrecht, dies führte aber in 99 Prozent der Fälle zur Ablehnung der Anträge. Umgekehrt verhielt es sich mit der Arbeitsmarktqualifikation dieser Asylbewerber: Gerade weil die Menschen nicht auf der Flucht waren, sondern primär eine Arbeit suchten, gelang es ihnen sehr viel schneller, Arbeit und Ausbildung zu finden. Mit dem grotesken aber logischen Ergebnis, dass genau jene Menschen besonders häufig von Ausweisungen und Abschiebungen betroffen sind, die sich überdurchschnittlich gut integriert haben.

Kurz gesagt: Wer Willkommenskultur für Flüchtlinge zu Ende denkt, kann sie in der großen Mehrheit nicht einfach pauschal als Geschenk betrachten – zumindest nicht für den Arbeitsmarkt. Asyl und Arbeitsmigration sind zwei völlig verschiedene Dinge. Wo sie vermischt werden, geraten die Maßstäbe aus dem Lot, werden Flüchtlinge plötzliche zu Facharbeitern oder Arbeitsmarktprobleme zu Fluchtgründen.

Der Flüchtlingsrealismus, den Heinz Bude gleich zu Beginn der Debatte einforderte, ist mittlerweile eingekehrt. Die größten Schwierigkeiten liegen hinter uns. Aber die größten Aufgaben stehen uns noch bevor. Es ist ein langer Weg zur Integration in Gesellschaft und Arbeitsmarkt.

Ich möchte mit diesem Buch dazu beitragen, dass die Diskussion um die besten Lösungen für diese gewaltige Herausforderung nicht wieder geprägt ist von Illusionen und Tabus, von Denkblockaden und Wunschdenken – wie so oft in der Flüchtlingsdebatte der letzten beiden Jahre.

Ich werde dabei von meinen Erfahrungen als handelnder Politiker und Dienstherr einer Stadtverwaltung berichten, die Chancen von Integration beleuchten, aber die Grenzen der Belastbarkeit nicht ignorieren. Dieses Buch wird sich den Rahmenbedingungen für Integration ebenso widmen wie den konkreten Projekten und Problemen vor Ort. Und ich möchte anhand eigener Erfahrungen zeigen, warum die Art und Weise, wie wir in Deutschland über Probleme diskutieren, diese oft sogar noch verschärft. Der Titel des Buches weist auf diese Schwierigkeit hin. Dass wir angesichts des Elends in der Welt nicht allen helfen können, die gute Gründe hätten, in unser Land zu kommen, ist so trivial, dass man darüber eigentlich nichts sagen muss. Meine Erfahrung ist aber, dass schon der Satz »Wir können nicht allen helfen« heftige Empörung bei vielen Menschen auslöst, weil sie bereits darin eine AfD-Parole, gar Menschenfeindlichkeit wittern. Ich würde gerne dazu beitragen, dass wir wieder miteinander reden, ohne in solche Reflexe zu verfallen.

Die Frage, ob sich die Aufnahme der Flüchtlinge für Deutschland ökonomisch lohnt, ist dabei nicht entscheidend, ja eigentlich sogar bedeutungslos. Denn wo wir Asyl gewähren, tun wir dies, um Leib und Leben von Menschen zu retten. Und die rund 40 Milliarden Euro, die wir seit 2015 für Flüchtlinge ausgegeben haben, sind in jedem Fall gut investiertes Geld. Sie wären es selbst dann, wenn kein Cent zurückkommen würde.

Auf lange Sicht aber ist es sehr wohl von Bedeutung, welche volkswirtschaftlichen Folgen die Einwanderung über das Asylrecht hat, denn die Mehrheit der Flüchtlinge und selbst der abgelehnten Asylbewerber wird dauerhaft in Deutschland bleiben. Willkommenskultur, verstanden als freundliche Aufnahme, ist daher schon aus Eigennutz erforderlich. Denn Menschen, die sich abgelehnt fühlen, werden sich schlecht integrieren. Angesichts des Nachwuchsmangels in Deutschland ist es sehr vernünftig, die vielen jungen Menschen, die jüngst hierhergekommen sind, auszubilden und auf den Arbeitsmarkt vorzubereiten.

Was dafür fehlt, ist vor allem ein Einwanderungsgesetz, das es erlaubt, all diejenigen, die sich durch Talent und Ehrgeiz einen Arbeitsplatz erarbeitet haben, im Land zu behalten, völlig gleichgültig, wie ihr Asylverfahren entschieden wurde. Das würde auch einen Leistungsanreiz bedeuten, an dem es derzeit oft mangelt. Die Chancen sind also da, auch wenn die Voraussetzungen nicht gerade günstig erscheinen. Gut möglich, dass die Arbeitslosigkeit unter den Flüchtlingen noch in fünf Jahren mehr als 50 Prozent beträgt und wir nicht verhindern können, dass da eine neue Unterschicht ohne Aufstiegsperspektive heranwächst.

Hätten wir von Anfang an realistisch auf die Flüchtlinge und den Arbeitsmarkt geschaut, wäre uns manche erhitzte Debatte und manche Enttäuschung erspart geblieben. Die vom Flüchtlingsidealismus geprägten Versuche, die Willkommenskultur zu verstärken oder zu erhalten, indem überzogene Hoffnungen und Erwartungen an den künftigen Beitrag der Flüchtlinge zum Wohlstand in Deutschland formuliert wurden, haben hingegen nur geschadet.

Die Flucht nach Deutschland war ein Glück für die Flüchtlinge, nicht für Deutschland. Unseren Arbeitskräftebedarf könnten wir über eine kluge Einwanderungspolitik und eine Auswahl nach Qualifikation weitaus besser decken. Da die Menschen nun im Land sind, sollten wir aber alles tun, damit sie glücklich werden und einen Beitrag zu unserer Volkswirtschaft leisten können. Das ist eine realistische Chance.

1
Die Herausforderung

Von Lampedusa nach Idomeni: Wie moralisch ist Flüchtlingspolitik?

Am 3. Oktober 2013 steuerte ein knapp zwanzig Meter langer Fischkutter mit mehr als fünfhundert Menschen an Bord auf die Küste der italienischen Mittelmeerinsel Lampedusa zu. Das Schiff war in Libyen gestartet, doch kurz vor dem Ziel gab es einen Motorschaden. Der Kapitän wollte ein Notsignal senden und setzte dazu eine Decke in Brand. Das Feuer geriet außer Kontrolle und das hoffnungslos überladene Schiff kenterte, fast vierhundert Menschen ertranken. Die meisten von ihnen waren aus Somalia und Eritrea geflohen, Bürgerkriegsländern, die jungen Menschen so gut wie keine Perspektive bieten können.

Soweit wir wissen, war dies die schlimmste Flüchtlingskatastrophe auf dem Mittelmeer vor Lampedusa. Und seitdem hat sich die Tragödie fortgesetzt. Nach vorsichtigen Schätzungen sind in den letzten drei Jahren mehr als zehntausend Menschen auf der Flucht nach Europa im Mittelmeer ertrunken.

Aber es gab bereits eine Flüchtlingskrise in Europa, bevor der Krieg in Syrien ausbrach. Allerdings südlich der Alpen. Flüchtlinge kamen damals zum allergrößten Teil aus Afrika, auch sie wählten den Weg über das Mittelmeer. So erreichten fast 90 Prozent aller Flüchtlinge europäischen Boden zuerst in Italien und Griechenland. Nach dem Dublin-Abkommen waren diese beiden Länder allein verantwortlich für die Aufnahme der Menschen. Wenn ein Flüchtling versuchte, weiter zu reisen und Asyl in einem anderen Land zu beantragen, so konnte dieser Staat die Rückführung nach Italien oder Griechenland verlangen.

Das System war so ungerecht und unausgewogen, dass Italien um Hilfe bitten musste. Der damalige italienische Innenminister Roberto Maroni sagte bei einem Brüsseler Treffen der

Innenminister im Februar 2011: »Es handelt sich um eine Dimension von Flüchtlingsströmen, wie wir sie noch nie gehabt haben.« Eindringlich schilderte er, dass Tausende Menschen auf der kleinen Insel Lampedusa gestrandet seien und ein noch größerer Ansturm im Sommer erwartet werde. Italien verlangte eine Revision des Dublin-Abkommens und eine europäische Verteilung der Flüchtlinge. Vor allem Deutschland sperrte sich heftig dagegen. Innenminister Thomas de Maiziere konterte das Ansinnen seines Kollegen trocken: »Italien ist gefordert, aber bei weitem noch nicht überfordert.« Bundeskanzlerin Angela Merkel bestätigte diese Haltung der Bundesregierung: Die Flüchtlinge sollten in Italien bleiben.

Fünf Jahre später war ich als Referent zu Gast beim Tübinger Leibniz Kolleg. Das Kolleg ist eine wunderbare Einrichtung, die jungen Menschen vor dem heutzutage doch sehr verschulten Universitätsstudium die Chance zu einem Studium Generale bietet. In den zehn Jahren meiner Amtszeit war ich immer wieder einen Abend lang mit dem jeweiligen Jahreskurs zusammen, um Themen der Zeit zu diskutieren. Das ist immer eine Freude und eine Herausforderung, denn fast 100 wissbegierige, politisierte und kluge Studienanfänger stellen eine Menge berechtigter und oft sehr unbequemer Fragen. So moralisch, wie die Debatte über die Willkommenskultur für Flüchtlinge bis dahin verlaufen war, so viel Widerspruch, wie ich mit meiner Position besonders aus dem Lager der Idealisten und Gesinnungsethiker erhalten hatte, war ich auf einiges gefasst, als ich im Frühjahr 2016 das Leibniz Kolleg besuchte. Zu Recht. Ich konnte zwar viel erklären und manches aufklären, aber in den Gesichtern blieben Zweifel und Skepsis erkennbar. Die angehenden Studierenden fühlten sich auf der guten Seite und konnten nicht begreifen, dass ich mich nicht dazugesellen wollte.

Ich versuchte es daher mit einer Frage: »Wer von euch hält die Entscheidung der Bundeskanzlerin vom letzten Herbst, die

Grenze zu öffnen, für moralisch richtig?« Ausnahmslos alle streckten die Hände hoch. »Und wer hält den Türkei-Deal von Merkel zur Abwehr von Flüchtlingen für richtig?« Niemand. Dann setzte ich nach: »Wo war die Kanzlerin, als die Flüchtlinge in Lampedusa ankamen? Warum war es moralisch geboten, die Flüchtlinge vom Bahnhof in Budapest nach Deutschland zu lassen, aber nicht vom Lager in Idomeni?«

Die Leibniz-Kollegiaten sahen den Widerspruch, aber sie konnten ihn nicht auflösen. Meine Erklärung, die Kanzlerin habe in beiden Fällen nicht moralisch, sondern realpolitisch entschieden, gefiel ihnen auch nicht. Das aber lässt sich schlüssig begründen: Als die Flüchtlinge auf die österreichische Grenze zumarschierten, um den Übertritt zu erzwingen, fürchtete die Kanzlerin, dass andernfalls die Bilder von einem bewaffneten Konflikt um die Welt gehen könnten. Als sich zeigte, dass der Zustrom ohne Grenzkontrollen nicht mehr abreißen würde und eine weitere Aufnahme auch in Deutschland nicht mehr leistbar war, kam die Schließung der Balkanroute der Kanzlerin entgegen. Dass die Situation der Flüchtlinge in Idomeni ungleich schlechter und damit der Hilfsbedarf ungleich größer war als zuvor in Budapest am Bahnhof, würde niemand bestreiten.

In den Gesichtern meiner Zuhörer war Unwillen zu lesen. Der Logik des Arguments konnten sie sich nicht entziehen, aber zustimmen wollten sie auch nicht. Meine Interpretation, Merkels Entscheidung könne nicht ethisch motiviert sein, ging ihnen spürbar gegen den Strich. Der moralische Anstrich ihrer Politik hatte eine Flamme der Begeisterung bei vielen Menschen entzündet. So großartig solcher Idealismus ist, so fahrlässig scheint es mir, seine Enttäuschung zu programmieren.

Die moralische Aufladung der Flüchtlingspolitik ging von der Kanzlerin selbst aus. In ihrer Rede auf dem Karlsruher CDU-Parteitag im Dezember 2015 verteidigte sie die Grenzöffnung als ethisches Gebot: »Ich sage, dies war nicht mehr und nicht weniger als ein humanitärer Imperativ. Selten zuvor wurden unsere europäischen Werte so herausgefordert.« In ähnlicher Weise moralisierend erklärte die Kanzlerin bei einer gemeinsamen Pressekonferenz mit Österreichs Kanzler Werner Faymann im September 2015, wenige Tage nach der Grenzöffnung: »Ich muss ganz ehrlich sagen, wenn wir jetzt anfangen, uns noch entschuldigen zu müssen dafür, dass wir in Notsituationen ein freundliches Gesicht zeigen, dann ist das nicht mein Land.« Es war die Kanzlerin selbst, die aus der Flüchtlingspolitik einen moralisch-patriotischen Lackmustest machte.

Man musste sich entscheiden, zwischen Gut und Böse, zwischen Moral und Amoral, zwischen Merkels Deutschland und dem Land, das nicht mehr ihres sein sollte. Die Saat ist aufgegangen. Im Guten wie im Schlechten. Im Idealismus der Leibniz-Kollegiaten wie im Fremdenhass eines Björn Höcke.

Ob Angela Merkel überhaupt eine Wahl hatte, als die Flüchtlinge auf die österreichische Grenze zumarschierten, weiß ich nicht. Vermutlich nicht. Das war nicht der Fehler. Der Fehler war, eine Politik, die aus der Not geboren wurde, zum moralischen Imperativ zu erklären und einen großen Teil der deutschen Gesellschaft damit auszugrenzen. Der Fehler war, ein moralisches Gebot zu konstruieren, dem das Land zuvor nicht gerecht geworden war und erkennbar auch nicht auf Dauer gerecht werden konnte.

Auch wenn die Kanzlerin sich mittlerweile korrigiert hat und eine europäische Verteilung der Flüchtlinge zu einer Notwendigkeit erklärt, die man früher hätte erkennen müssen: Tatsache bleibt, dass diese Erkenntnis erst gereift ist, als *wir* das Problem hatten und nicht die anderen. Auch wenn der Pakt mit der Türkei vermutlich nicht entscheidend war, weil die Balkanstaaten durch Grenzschließungen den Flüchtlingsstrom bereits gestoppt hatten: Fakt ist, dass eine Vereinbarung mit einem Autokraten wie Erdogan und ein Rücknahmemechanismus für syrische Flüchtlinge von einem moralischen Imperativ nichts erkennen lassen. Politik muss solche Widersprüche aushalten. Aber sie darf sich nicht selbst in moralische Ausweglosigkeiten verstricken.

Auch im Jahr 2017 werden wieder Tausende Flüchtlinge im Mittelmeer ertrinken. Wenn es zu besonders großen Katastrophen mit vielen Toten kommt, erfahren wir davon. Wir in Deutschland sind zu Recht empört, dass aus dem Mittelmeer ein Massengrab geworden ist. Doch vielfach schaffen es die entsprechenden Meldungen nicht mehr über die Alpen. Wir stumpfen ab oder blenden das Elend aus.. Die europäische Politik darf diese Zustände nicht weiter tatenlos hinnehmen.

Zur Wahrheit gehört aber auch, dass es keine moralisch saubere Lösung gibt. Wer fordert, dass den Menschen, die nach Europa wollen, eine sichere Überfahrt gewährt werden müsse, der muss mit einrechnen, dass eine solche Möglichkeit eine enorme Sogwirkung auf Millionen von Menschen in Afrika ausüben würde. Es wollen weitaus mehr Menschen über das Mittelmeer, als Europa aufzunehmen in der Lage ist. Selbst die Seenotrettung führt in dieses Dilemma, denn das Wissen, dass Rettung möglich ist, erhöht die Risikobereitschaft zur Überfahrt. Das ist nicht zynisch, sondern menschlich. Abkommen mit den nordafrikanischen Küstenstaaten, die Flüchtlingen zurückzuhalten, können zwar Menschen vor dem Ertrinken retten, sie verwehren ihnen aber die Chance der Einwanderung oder des Asylantrags, die eine Mittelmeerüberfahrt bisher bietet. Dass die meisten nordafrikanischen Staaten zweifelhaft beleumdete Partner sind, macht die Sache nicht leichter.

Für mich führen solche Überlegungen zu der schmerzhaften Erkenntnis, dass es eine rein moralische Flüchtlingspolitik nicht geben kann. Das enorme Gefälle zwischen Europa und den Krisenregionen im Nahen Osten und in Afrika hinsichtlich aller wesentlichen Lebenschancen, von medizinischer Versorgung über Bildung und Freiheit zu Sicherheit und Wohlstand, erzeugt eine moralisch nicht auflösbare Spannung: Entweder sind wir bereit, alle diese Errungenschaften mit so vielen Menschen zu teilen, dass sie uns zumindest teilweise verloren gehen, oder wir muten den Hilfesuchenden zu, weiterhin in den schwierigen, teilweise unmenschlichen Zuständen in ihren Heimatländern zu leben.

Die einfache Lösung, die Situation in den Herkunftsländern zu verbessern, ist kurzfristig nur theoretischer Natur. Sicherheit zu erzwingen hat sich nicht bewährt, der Aufbau stabiler Gemeinwesen als Voraussetzung für die Entwicklung aller anderen Güter, die Europa so attraktiv machen, benötigt viele Generationen. In der Wirklichkeit heute müssen wir den Widerspruch aushalten.

Wir können nicht allen helfen, sondern nur sehr wenigen. Unsere Freiheit und unseren Wohlstand können wir nur erhalten, wenn wir sie einer sehr großen Zahl von Menschen, die danach streben und in unser Land kommen wollen, vorenthalten. Es lohnt sich, dies auf Dauer zu ändern. Es gibt keine Entschuldigung dafür, es als gegeben hinzunehmen. Aber zur Wahrheit gehört auch, dass wir diese elementare Ungerechtigkeit nicht schnell aus der Welt schaffen können. Das moralische Dilemma der Flüchtlingspolitik ist nicht auflösbar. Aus diesem Grund gibt es nur wenige Politikfelder, die so ungeeignet sind, unsere gemeinsamen europäischen Werte zu testen.

Es ist kein Zufall, dass die Antworten so himmelweit auseinanderliegen. Wo es kein Gut und kein Böse, kein richtig oder falsch gibt, sondern nur unterschiedliche Grade, sich schuldig zu machen an Mitmenschen, die der Hilfe bedürfen, da kommen Gesellschaften von unterschiedlicher innerer Verfassung zu ganz unterschiedlichen Antworten.

Um Flüchtlingen zu helfen, dürfen wir Europa nicht aufgeben

Heribert Prantl ist ein wortgewaltiger und überzeugender Verteidiger des Asylrechts. Und ein ebenso überzeugender Verteidiger Europas. Beides dokumentiert er seit Jahrzehnten durch ungezählte Reden und seine immer leidenschaftlichen Kommentare in der *Süddeutschen Zeitung*. Ich schätze Heribert Prantl besonders, weil er zudem ein scharfer Analytiker und Denker ist. Gespannt saß ich daher Anfang Dezember 2015 in einem voll besetzten Tübinger Hörsaal, um Prantls Rede zum zwanzigjährigen Bestehen der Tübinger Stiftung Weltethos unter dem Titel »Zukunft der Werte – Werte der Zukunft« zu hören.

Der Zeitpunkt der Rede fällt rückblickend betrachtet ziemlich exakt auf den Höhepunkt der Flüchtlingskrise. Tag für Tag kamen zehntausend Menschen ins Land. Vierhunderttausend in nur sieben Wochen. Niemand wagte eine Prognose, ob und wann der Andrang schwinden würde. Der Druck im Kessel wurde immer höher. Die meisten Medien und Politiker außerhalb Bayerns scheuten sich davor, die Konsequenzen zu ziehen und Flüchtlinge abzuweisen. Deshalb wurde die Forderung immer lauter, die anderen europäischen Staaten müssten sich an der Aufgabe beteiligen, weil Deutschland allein es doch nicht schaffen könne.

Heribert Prantl brachte das auf die griffige Formel: »Wenn Europa die Werte nichts mehr wert sind, ist Europa nichts mehr wert.« Übersetzt hieß das: Wenn die anderen EU-Staaten sich weigern, Flüchtlinge aufzunehmen, dann kann uns Europa gestohlen bleiben. Polen und Ungarn warf Prantl wegen ihrer Flüchtlingspolitik ganz offen Hochverrat an europäischen Werten vor. Im Widerstreit zwischen Europa und Willkommenskultur war er zumindest rhetorisch bereit, das historische Werk der europäischen Einigung für die Aufnahme von Flüchtlingen zu opfern.

Mich hat das überrascht. Denn das war damals keine nur theoretische Option. Der anschwellende Chor der deutschen Leitartikler nahm auf die bundesrepublikanische Weisheit, dass deutsche Alleingänge noch nie ein gutes Ende hatten, keine Rücksicht mehr. Da man sich diesmal auf der guten Seite der Weltgeschichte wähnte, gab es kaum noch Schranken bei der moralischen Verurteilung unserer Nachbarländer. Kaum jemand machte sich die Mühe, deren Perspektiven zu verstehen.

Ein wichtiger Teil des europäischen Einigungswerks ist ein über den ganzen Kontinent dicht geknüpftes Netz von Städtepartnerschaften. Menschen reisen zwischen Ländern, Städten und Kulturen, lernen sich kennen und verstehen. Tübingen pflegt seine Partnerschaften intensiv und wurde dafür mit dem Europapreis ausgezeichnet. Ich begreife die Städtepartnerschaften auch als meine Aufgabe und besuche unsere Partnerstädte regelmäßig zu politischen Gesprächen. So hatte ich die Chance, im Herbst 2015 mit Kommunalpolitikern in Durham im Norden Englands zu reden. Der Wahlkreis ist eine echte Hochburg der Labour Party. Einen Tory traf ich dort nicht. Als ich mich nach dem Flüchtlingsthema erkundigte, konnte mir keiner der sehr sachkundigen Gesprächspartner sagen, wo in ihrer Stadt Flüchtlinge untergebracht seien. Die Zahl war zu gering.

Würde Großbritannien also mehr Flüchtlinge aufnehmen können als jene 30 000, zu deren Aufnahme sich das Land bereit erklärt hatte? Eindeutige Antwort der Labour-Kommunalpolitiker: auf keinen Fall. Die politische Stimmung im Land sei extrem negativ gegenüber unkontrollierter Migration. Das könne keine Partei vertreten. Und wenn die EU das Land durch Quoten zwingen würde, Flüchtlinge aufzunehmen? Dann sei der Brexit eine beschlossene Sache. Eine Erkenntnis, die sich zumindest in Brüssel durchgesetzt hatte, denn bei der europäischen Verteilquote für Flüchtlinge war Großbritannien von Anfang an außen vor.

Genutzt hat es nichts, der Brexit erhielt trotzdem eine Mehrheit. Der Schlachtruf »Take back control«, der auch auf die Grenzen gemünzt war, zeigte deutlich, dass mit den Briten keine deutsche Flüchtlingspolitik zu machen war.

Die Briten sind draußen, und wir sind viel zu wenig traurig darüber. Was ist mit den Franzosen? Im Frühjahr 2016 besuchte ich meinen Kollegen im Elsass, Jo Spiegel, den Bürgermeister von Kingersheim nahe Mulhouse. Flüchtlinge? Hatte er keine. Als ich ihm davon berichtete, dass Tübingen zu diesem Zeitpunkt über 1000 Flüchtlinge aufgenommen hatte, sagte er nur: »C'est fou.« Obwohl seine Stadt nur zwanzig Kilometer von Deutschland entfernt ist, hatte er keine Vorstellung vom Ausmaß der Hilfe in Deutschland. Der Rhein grenzte das sauber ab. Links keine Flüchtlinge, rechts Turnhallen voller Flüchtlinge. Was ich ihm über die aktuelle Lage der Flüchtlingsaufnahme und Unterbringung in Deutschland schilderte, fand er schlicht absurd, keineswegs bewundernswert. Man muss dazu wissen, dass er seit vielen Jahren im Amt ist und in Frankreich für seine Politik der Bürgerbeteiligung hoch gelobt wird. Ich würde ihn als bürgerlichen Sozial-Ökologen bezeichnen.

Was unterscheidet Frankreich so radikal von Deutschland, dass unser größter Nachbar im Jahr 2015 nur 80 000 Flüchtlinge aufnahm, also etwa ein Zehntel der Zahl von Menschen, die nach Deutschland kamen? Wie konnte der damalige französische Premier Manuel Valls ohne jeden Widerspruch verlangen, dass Europa die Botschaft aussenden müsse, nicht jeder Flüchtling sei hier willkommen?

In meinen Gesprächen hatte ich den Eindruck, es sind vor allem drei Faktoren, die dazu führen, dass eine Willkommenskultur in Frankreich nicht entstehen konnte. Erstens die Arbeitslosigkeit, die in Frankreich bei Jugendlichen über 20 Prozent und bei jungen Migranten noch höher liegt. Zweitens die missglückte Integration muslimischer Einwanderer in den Banlieues, die sich besonders rund um Paris in regelrechten Parallelgesellschaften manifestiert. Drittens die islamistischen Terroranschläge in Frankreich. Nun kann man sicher lange darüber diskutieren, ob dies zutreffende und hinreichende Gründe sind. Aber eines kann man nicht ignorieren: Eine überwältigende Mehrheit der Franzosen, keinesfalls nur die Anhänger des Front National, möchte deshalb nicht noch mehr Flüchtlinge aus Syrien, dem Irak oder Afghanistan aufnehmen. Und für eine immer größer werdende Minderheit reichen schon die bestehenden Probleme des Landes mit Migration aus, um Marine le Pen zu wählen. Welcher verantwortliche deutsche Politiker würde unter vergleichbaren Umständen eine Willkommenskultur vertreten?

Diese Überlegung lässt sich auf viele unserer Nachbarländer übertragen. Spanien plagt nach der schweren Wirtschaftskrise eine Jugendarbeitslosigkeit von 50 Prozent. Italien hat an seiner Küste mehr als genug Flüchtlingshilfe zu leisten und sowohl wirtschaftlich als auch politisch wahrlich eine Menge Sorgen. Griechenland ist ohnehin heillos überfordert. Von Südeuropa mehr Hilfe zu verlangen, war Ende 2015 unrealistisch.

In Osteuropa lagen die Dinge anders. Ökonomisch sind einige Staaten dort durchaus auf einem positiven Weg. Trotzdem haben alle ehemaligen Ostblockstaaten sich der Aufnahme von Flüchtlingen ziemlich konsequent verweigert. Wenn es sich eben nur um die Regierungen von Polen und Ungarn handeln würde, deren mangelndes Verständnis von Rechtsstaatlichkeit sehr kritisch zu beurteilen ist, könnte man ja noch von Hochverrat sprechen. Es waren aber auch Tschechien und die Slowakei, die als Visegrad-Staaten die Sperrung der Balkanroute maßgeblich herbeiführten. In all diesen Staaten hat es in den letzten hundert Jahren praktisch keine Einwanderung aus islamischen Ländern gegeben. Die Gesellschaften sind wegen des eisernen Vorhangs weitaus homogener als Deutschland oder Frankreich.

Daraus leitet sich nicht etwa die Bereitschaft ab, diese Entwicklung schnell nachzuholen. Im Gegenteil, wir kennen auch aus der ehemaligen DDR das Phanömen, dass die Ablehnung von Ausländern dort am größten ist, wo man sie kaum kennt, weil es keine gibt. Das darf man beklagen. Aber man kann nicht erwarten, dass solche Gesellschaften sprunghaft ihre Einwanderungspolitik ändern. Ihnen Flüchtlinge aus moralischen Gründen aufzwingen zu wollen, kann nur scheitern.

Bleiben noch Mitteleuropa und Skandinavien. Österreich hat gemessen an seiner Bevölkerungszahl so vielen Flüchtlingen geholfen wie Deutschland. Das aber hat die Einführung einer gesetzlichen Obergrenze zur Folge gehabt und hätte um ein Haar einen rechtspopulistischen Politiker in die Wiener Hofburg gebracht. Österreich hat seine Möglichkeiten erschöpft. Dänemark hat bereits eine rechte Regierung gewählt, Flüchtlinge wurden in erster Linie nach Schweden durchgereicht. In den Niederlanden ist der Rechtspopulismus des Geert Wilders stark auf dem Vormarsch. Abgelehnte Asylbewerber verlieren in den Niederlanden nach 28 Tagen den Unterstützungsanspruch und gelten danach als Illegale. Duldungen gibt es nicht. Und das trifft zwei Drittel aller Antragsteller. Belgien hat im Jahr 2015 rund 20 000 Flüchtlinge aufgenommen, und als Frankreich die Zeltstadt in Calais räumte, wurden massive Grenzkontrollen eingeführt, damit die Zeltstadt nicht im belgischen Zeebrügge neu entsteht. Für Willkommenskultur gilt: Im Westen nichts Neues.

Richten wir also den Blick auf das Land, das traditionell die flüchtlingsfreundlichste Politik in ganz Europa betrieb: Schweden hat mit seinen zehn Millionen Einwohnern 2015 rund 160 000 Flüchtlinge aufgenommen. Auf Deutschland übertragen, wären das 1,3 Millionen gewesen. Der schwedische Integrationsminister sagte deshalb Anfang 2016 der *Zeit*: »Jetzt müssen andere Länder ran.« Auch Schweden war an der Belastungsgrenze angekommen und wollte anderen EU-Staaten die Flüchtlinge zuweisen. Im Sommer 2016 verschärfte das schwedische Parlament mit großer Mehrheit die Asylgesetze. Unter anderem wurde der Familiennachzug faktisch ausgesetzt.

Wer sich mit offenen Augen in Europa umschaut, muss erkennen: Es gibt kein anderes Land in der EU, das bereit wäre, eine solche Zahl von Flüchtlingen aufzunehmen, wie sie im Herbst 2015 nach Deutschland kamen. Ist deswegen die europäische Wertegemeinschaft am Ende? Ich finde nicht. Aufklärung, Rechtsstaatlichkeit, Gewaltenteilung, Friedensordnung, Sozialstaatsprinzip, Pressefreiheit, Gleichberechtigung – mir fielen noch viele gute Gründe ein, warum Europa einer der besten Orte ist, um frei und selbstbestimmt zu leben, auch wenn der Kontinent nur einer begrenzten Zahl von Flüchtlingen Hilfe leisten will. Es gibt gute Gründe, das weiter zu verbessern. Aber Europa aufzugeben, um Flüchtlingen zu helfen, das ist ein schlechtes Tauschgeschäft. Zumal es nicht mal funktioniert. Denn ohne Europa wird Flüchtlingen noch weniger geholfen.

Die deutsche Politik wusste das natürlich auch im Herbst 2015. Trotzdem setzte sie gegen massiven Widerstand eine Zwangsverteilung von 160 000 Flüchtlingen durch. In der Heimat nahm man das mit Genugtuung zur Kenntnis: Und wenn die anderen immer noch nicht mitmachen, dann ist es eben an der Zeit, ihnen den Geldhahn abzudrehen. Zu DM-Imperialismus war es da oft nicht mehr weit. Heute wissen wir aber, dass es sich bei diesem Beschluss nur um ein Placebo gehandelt hat. Von den 160 000 wurden tatsächlich etwa 5000 umverteilt. Der Beschluss wird faktisch nicht umgesetzt, weil niemand mitmacht und es keine Sanktionen gibt. Die deutsche Öffentlichkeit sieht da betreten weg. So groß die Begeisterung über den Beschluss war, so gering die Bereitschaft, sich mit dem Scheitern dieser Politik zu beschäftigen.

Europa bleibt trotzdem unsere Zukunft. Auch in der Flüchtlingspolitik. Wir dürfen die Südeuropäer nicht nochmal allein lassen. Wir müssen ihnen mit unseren Kräften helfen. Den Wunsch, dass alle europäischen Staaten sich an der Flüchtlingshilfe beteiligen, können wir über Zwangsquoten offenkundig nicht erfüllen. Wir brauchen dafür einen anderen Ansatz. Die beste Idee, die ich dazu bisher gehört habe, stammt vom grünen Urgestein und deutsch-französischen EU-Abgeordneten Daniel Cohn-Bendit. Er war 2016 zur Eröffnung der französischen Filmtage in Tübingen und präsentierte dort seine Idee einer europäischen Flüchtlingsagentur.

Cohn-Bendit geht zu Recht davon aus, dass es überall in Europa weltoffene Städte und Gemeinden, zivilgesellschaftliche Organisationen und Gruppen von Menschen gibt, die sich aktiv an der Flüchtlingshilfe beteiligen wollen, ungeachtet der Haltung der jeweiligen nationalen Regierung. Eine mit entsprechenden Mitteln ausgestattete europäische Flüchtlingsagentur könnte die freiwillige Aufnahme von Flüchtlingen mit Geld und Personal so weit unterstützen, dass auch in den Ländern, die sich einer Zwangsquote verweigern, Flüchtlingen in relevanter Zahl Hilfe zuteilwürde.

Die europäische Flüchtlingsagentur könnte ein Weg sein, Flüchtlingshilfe in Europa gemeinschaftlich, nach Leistungsfähigkeit und Leistungswilligkeit, neu zu organisieren. Deutschland kann dabei durchaus mit gutem Beispiel vorangehen, indem es großzügig Flüchtlinge aufnimmt und den moralischen Rohrstock im Tornister lässt. Niemals dürfen wir das europäische Einigungswerk aufgeben, selbst dann nicht, wenn wir uns als die letzten Hüter der europäischen Werte fühlen.

Das Grundgesetz gilt weiter: Von Obergrenzen und Belastungsgrenzen

»Wir dürfen keine Flüchtlinge abweisen. Das verstößt gegen das Grundgesetz!« Dieser Satz wurde mir in vielen Variationen auf Facebook und in Streitgesprächen entgegengehalten. Ich hatte auf dem Höhepunkt der Flüchtlingskrise erklärt, wir würden nicht mehr lange so viele Menschen aufnehmen können und müssten deshalb die Zugangszahlen begrenzen. Aber auch viele, die sich für die Abweisung von Flüchtlingen starkmachten, beklagten einen vermeintlichen Gesetzesbruch. Das Dublin-Abkommen sei ja immerhin geltendes Recht in der EU, es systematisch nicht anzuwenden und die Flüchtlinge nicht in die Staaten zurückzuschieben, in denen sie die EU betreten haben, sei folglich ein ungesetzlicher Zustand.

Beide Standpunkte sind mir zu legalistisch. Der Volksmund weiß seit langem, dass Not kein Gesetz kennt. Das gilt zuerst für die Flüchtlinge, die vor Krieg fliehen mussten und ihr Leben riskierten, um nach Deutschland zu gelangen – fast alle waren dabei gezwungen, die Hilfe von Schleppern zu bezahlen, um den illegalen Grenzübertritt zu schaffen. Aber es gilt etwa auch für Griechenland, das nach europäischem Recht verpflichtet gewesen wäre, die Flüchtlinge am Beginn der Balkanroute aufzunehmen, zu registrieren und das Asylverfahren durchzuführen. Das ökonomisch und administrativ ausgeblutete Land war dazu angesichts des Massenandrangs objektiv nicht in der Lage.

Und es galt ebenso auch für Deutschland. Es war in der Notlage des Herbstes 2015 nicht mehr möglich, das Recht exakt anzuwenden. Auch wir konnten die geordnete Registrierung nicht mehr gewährleisten. Die Aussetzung der Dublin-Regelungen war angesichts der Situation auf dem Balkan und in Griechenland die einzige menschliche Option. Recht hin oder her. Das Recht muss dem Menschen dienen, nicht der Mensch dem Recht.

Aber umgekehrt gilt auch: Selbst wenn man sich auf einen legalistischen Standpunkt zurückzieht, verlangt uns das Grundgesetz nicht ab, eine unbegrenzte Zahl von Flüchtlingen aufzunehmen. Viel eher müsste man dem Wortlaut des Gesetzes nach sagen: Das Grundrecht auf Asyl besteht nur noch in der Theorie, weil es streng nach Gesetz von niemandem mehr beantragt werden kann. Wer sich in Asylfragen auf das Grundgesetz beruft, zitiert daraus meist nur den ersten Satz des Artikel 16a: »Politisch Verfolgte genießen Asylrecht.« Nun kann man die Änderung des Grundgesetzes im Jahr 1993 kritisieren oder ablehnen. Meine Partei hat das immer getan. Gerade wer sich auf das Grundgesetz beruft, kann aber nur verlangen, es in der geltenden Fassung anzuwenden, nicht jener, die einem besser gefällt, aber außer Kraft gesetzt wurde. Und heute gibt es nach dem zitierten Absatz 1 eben einen Absatz 2 im Artikel 16a des Grundgesetzes:

> (2) Auf Absatz 1 kann sich nicht berufen, wer aus einem Mitgliedstaat der Europäischen Gemeinschaften oder aus einem anderen Drittstaat einreist, in dem die Anwendung des Abkommens über die Rechtsstellung der Flüchtlinge und der Konvention zum Schutze der Menschenrechte und Grundfreiheiten sichergestellt ist. Die Staaten außerhalb der Europäischen Gemeinschaften, auf die die Voraussetzungen des Satzes 1 zutreffen, werden durch Gesetz, das der Zustimmung des Bundesrates bedarf, bestimmt. In den Fällen des Satzes 1 können aufenthaltsbeendende Maßnahmen unabhängig von einem hiergegen eingelegten Rechtsbehelf vollzogen werden.

Es ist also heute Bestandteil unseres Grundgesetzes, dass wir den Menschen kein Asyl gewähren, die über einen sogenannten sicheren Drittstaat zu uns gekommen sind. Da Deutschland keine EU-Außengrenze hat und daher jeder Landweg nach Deutschland über einen sicheren Drittstaat führt, provoziert dies die sehr berechtigte Kritik, Deutschland habe sich durch das geltende EU-Asylrecht theoretisch von jeder Verantwortung für Flüchtlinge befreit. Zugespitzt formuliert gibt es einen legalen Weg zu politischem Asyl in Deutschland nur noch für Fallschirmspringer.

Dass dieses Recht sich nicht mehr halten lässt, ist offensichtlich. Wir können weder moralisch noch realistisch allein Italien und Griechenland die Bürde auferlegen, Flüchtlinge, die über das Mittelmeer kommen, aufzunehmen. Die Wirklichkeit wird eine neue Rechtsordnung erzwingen. Das kann langfristig nur eine gemeinsame Aufgabe der EU-Staaten sein, die ihre jeweilige Leistungsfähigkeit und Aufnahmebereitschaft angemessen berücksichtigt. In der geltenden Fassung des Grundgesetzes muss man allerdings festhalten, dass wir im Jahr 2015 fast einer Million Menschen Zuflucht bei uns gewährt haben, obwohl das Grundgesetz ihnen die Pflicht auferlegt hätte, in einem anderen Staat Asyl zu beantragen.

Neben dem Aspekt der sicheren Drittstaaten auf dem Weg nach Deutschland ist für die Frage, ob wir Flüchtlingszahlen in Deutschland begrenzen können, der Asylgrund entscheidend. Politisches Asyl, das nach dem Grundgesetz zahlenmäßig unbeschränkt ist, erhielt in jüngster Zeit nur ein Prozent der Antragsteller, zum Beispiel im Jahr 2016 nur 2120 Menschen. Hingegen wurden 58 Prozent aller Anträge, das entspricht 407 000 Menschen, nach den Paragraphen 3 und 4 des Asylgesetzes und damit auf Grundlage der Genfer Flüchtlingskonvention positiv entschieden. Der Rest von 40 Prozent wurde abgelehnt oder anders erledigt. Auch hier zugespitzt formuliert: Das nach dem Grundgesetz unbeschränkte und unbeschränkbare Recht auf

Schutz vor politischer Verfolgung haben 98 Prozent der Antragsteller nicht erhalten.

Ob es uns passt oder nicht: Das Grundgesetz in seiner geltenden Fassung taugt nicht als Argument gegen eine deutliche Reduktion der Flüchtlingsaufnahme. Rechtlich war und ist das in Deutschland so gut oder schlecht möglich wie in allen anderen Staaten, die der Genfer Flüchtlingskonvention beigetreten sind. Natürlich kann es immer gute Gründe geben, etwas nicht zu tun, obwohl es möglich ist. Dann sollte man das aber auch so sagen und sich nicht hinter dem Grundgesetz verschanzen.

Wie sieht es aber mit den Pflichten aus, die sich aus der Genfer Flüchtlingskonvention ergeben? Diese Konvention haben alle Staaten der EU unterzeichnet, sie alle tragen also die gleichen Pflichten. Dennoch haben sich die meisten strikt geweigert, Flüchtlinge in größerer Zahl aufzunehmen. Manche haben sogar Obergrenzen festgeschrieben, wie das ansonsten flüchtlingsfreundliche Schweden. Möglich ist das, weil das »Abkommen über die Rechtsstellung der Flüchtlinge«, wie es korrekt heißt, eine abgestufte Hilfsverpflichtung definiert. Zuerst müssen die Flüchtlinge Schutz im eigenen Land suchen. Die meisten der 60 Millionen Flüchtlinge auf der Welt sind so genannte Binnenflüchtlinge, sie verlassen also ihr Herkunftsland nicht, sondern fliehen aus einer Kriegsregion in ein nicht umkämpftes Gebiet. Nur wenn den Flüchtlingen dies nicht möglich ist, sind die Nachbarländer verpflichtet, sie aufzunehmen.

Tatsächlich leben heute die meisten syrischen Kriegsflüchtlinge in Syrien selbst und in den Nachbarstaaten Türkei, Libanon und Syrien. Andere Nachbarstaaten wie der Iran, Saudi-Arabien oder Israel haben aus ganz verschiedenen Gründen kaum Flüchtlinge aus Syrien aufgenommen. Die USA haben unter Barack Obama etwa 2500 Flüchtlingen aus Syrien Schutz gewährt. Jenseits abstrakter juristischer Dispute zeigt sich also in der Realität: Wie viele Kriegsflüchtlinge ein Land aufnimmt, hängt vor allem von der geographischen Lage und danach von der jeweiligen Bereitschaft zur Aufnahme von Flüchtlingen ab. Die Genfer Flüchtlingskonvention regelt zwar den Umgang mit Flüchtlingen, die sich im Land befinden, sehr genau. Sie regelt aber in der Wirklichkeit nicht den Zugang zu einem Aufnahmestaat. Insbesondere steht es jedem Staat frei, seine Grenzen zu kontrollieren und an der Grenze zu prüfen, ob ein Mensch, der um Flüchtlingshilfe bittet, dies zu Recht tut und aufgenommen wird.

Die politische Wirklichkeit auf der Welt und in unseren europäischen Nachbarstaaten zeigt eindrücklich, dass es nicht völkerrechtswidrig ist, die Flüchtlingsaufnahme orientiert an den eigenen Möglichkeiten zu begrenzen. Wer das Gegenteil behauptet, müsste das Handeln nahezu aller Staaten der Welt als rechtswidrig einstufen. Das ist zwar theoretisch denkbar, aber in der Praxis nutzlos. Denn es gäbe niemanden, der ein solchermaßen idealisiertes Recht durchsetzen könnte.

Wir können also festhalten: Auch nach internationalem Recht ist es möglich, die Zahl der Flüchtlinge in Deutschland real zu begrenzen. Nicht im Sinne einer festen Zahl, denn es könnte eine Situation eintreten, in der die nach dem Grundgesetz unbeschränkbare Zahl politisch verfolgter Asylbewerber jede sinnvoll gewählte Grenze übersteigt. Sehr wohl aber im Sinne von Maßnahmen, die dazu führen, dass die Zahl der Menschen, die den Flüchtlingsstatus oder den vorläufigen Schutz nach der Genfer Flüchtlingskonvention erhalten, eine bestimmte Größenordnung nicht übersteigt. Die einfachste und wirksamste Maßnahme ist die Kontrolle der Staatsgrenze.

Kein Staat muss Menschen, die für sich den Flüchtlingsstatus geltend machen, unkontrolliert ins Land lassen. Das wird seit der Wiedereinführung effektiver Grenzsicherung auf der Balkanroute und an der EU-Außengrenze kaum jemand mehr bestreiten. Im Wahlprogramm meiner Partei heißt es deshalb richtigerweise: »Wir wollen wissen, wer nach Europa kommt, wir wollen geregelte Verfahren und eine Kontrolle der europäischen Außengrenze. Nicht jeder, der zu uns kommt, kann bleiben (…)«

Das ist eine realpolitische Position, wie ich sie in der öffentlichen Debatte lange vermisst habe. Der Streit um Begrenzung der Flüchtlingszahlen, wie wir ihn in Deutschland lange geführt haben, war nur sehr begrenzt sinnvoll, denn er wird von zwei weltfremden Positionen dominiert. Das eine Extrem ist die Auffassung, dass es rechtlich und moralisch gar nicht zulässig sei, die Zahl der Flüchtlinge zu begrenzen. Wir seien einfach verpflichtet, jeden aufzunehmen, der zu uns kommen will und es bis zu uns schafft. Das andere Extrem ist die Forderung nach der Einführung einer fixen Obergrenze. Deren Vertreter ignorieren geflissentlich, dass dies tatsächlich verfassungswidrig wäre und von der Realität jederzeit überholt werden kann. Wir sollten die Diskussion aus diesem Schwarz-Weiß-Denken herauslösen und uns klar werden, dass offene Grenzen in einer Welt voller Armut und Kriege genauso eine Illusion sind wie hermetisch abgeschottete Grenzen in einer Welt globaler Konzerne und Probleme.

Die Diskussion über Begrenzung von Flüchtlingszahlen hat eben nicht nur eine rechtliche, sondern auch eine praktische Dimension. Selbst wenn es eine fixe Obergrenze für Asyl in unserem Grundgesetz nicht geben kann und meiner Meinung nach auch nicht geben darf, so hat dennoch jede Gesellschaft Belastungsgrenzen bei der Aufnahme von Flüchtlingen. Diese Grenzen hängen von vielen Randbedingungen ab, die sehr verschieden sein können. Ein Vergleich der Situation des abgespaltenen Westdeutschlands nach dem Krieg mit dem vereinigten Deutschland der Gegenwart zeigt dies sehr anschaulich.

Das kleine und kriegszerstörte Westdeutschland konnte nach 1945 in wenigen Jahren elf Millionen Flüchtlinge aufnehmen. Verglichen mit dem wohlhabenden, unzerstörten und vereinigten Deutschland des Jahres 2015, das eine Million Flüchtlinge aufnahm, erscheint diese historische Leistung umso größer. Trotzdem haben viele das Gefühl, dass wir diesmal eine

Belastungsgrenze des Landes überschritten haben, nach dem Krieg aber nicht. Wie ist das zu verstehen?

Neben den genannten Faktoren, die unsere gegenwärtige Herausforderung viel kleiner erscheinen lassen als jene der Nachkriegszeit, unterscheiden sich die Randbedingungen der Flüchtlingsaufnahme auch in anderer Hinsicht ganz gewaltig.

Damals gab es Militärregierungen der Siegermächte. Die Wohnungsfrage wurde durch Einquartierungen gelöst. Wer noch eine Wohnung hatte, musste ausziehen oder sie mit einer Flüchtlingsfamilie teilen. Eine heute gänzlich undenkbare Lösung des Wohnraumproblems.

Damals waren sich alle bewusst, dass sie dasselbe Schicksal teilten, den Krieg als Deutsche angezettelt und verloren zu haben. Die Pflicht derjenigen, die das Glück hatten, nicht vertrieben worden zu sein, denen zu helfen, die ihre Heimat im Osten verlassen mussten, war unmittelbar ersichtlich. Beliebt waren die Flüchtlinge deswegen sicher nicht, aber man fügte sich. Heute gibt es zwar erfreulich viele Menschen im Land, die eine moralische Hilfsverpflichtung fühlen, aber die Kriege im Irak und in Syrien hat Deutschland nicht verursacht. Deswegen ist es für viele nicht einsichtig, warum Deutschland nahezu zwei Drittel der Flüchtlinge in Europa aufnehmen soll. Andere finden hingegen, dies sei schlicht eine menschliche Pflicht.

Damals gab es zwar große religiöse und landsmannschaftliche Vorbehalte gegenüber den Vertriebenen, auch kulturelle Differenzen, aber die Flüchtlinge waren doch schließlich Deutsche, sie hatten dieselbe Geschichte und zumindest eine ähnliche, wenn schon nicht ganz dieselbe Sprache (zwischen Schwaben und Ostpreußen war Verständigung durchaus anstrengend). Heute kommen die Flüchtlinge überwiegend aus der islamischen Welt oder aus Afrika, sie sind kulturell, religiös, sprachlich, gesellschaftlich und historisch viel weiter von uns entfernt als die Flüchtlinge von 1945, und entsprechend schwer ist es für sie, bei uns Fuß zu fassen.

Damals musste ein zerstörtes Land wiederaufgebaut werden. Es gab körperliche Arbeit auf dem Land und in der Stadt in Hülle und Fülle. Wer anpacken konnte und wollte, wurde gebraucht. Auch für ungelernte Arbeiter gab es genug zu tun. Viele jugendliche Flüchtlinge bauten sich mit etwas Anleitung und Material ihre Häuser selbst. Heute ist das in einem Gestrüpp aus Rechtsverordnungen, Schutzvorschriften, DIN-Normen, Gewerkschaftsregulierung und Steuergesetzgebung gar nicht mehr möglich. Wir sind in einer hochgradig arbeitsteilig organisierten Welt, auch Lehrlingsberufe erfordern eine solide Schulbildung, gute Deutschkenntnisse und hohe fachliche Qualifikation. Wer heute als Flüchtling ohne diese Fähigkeiten zu uns kommt, ist am Arbeitsmarkt auf lange Zeit nicht einsetzbar.

Damals genügten ein Dach über dem Kopf und etwas Nahrung als Start. Der Hungerwinter 1946/47 war für die Einheimischen und die Hinzugekommenen eine Zeit großer Not und Entbehrung. Der Kardinal und Erzbischof von Köln erklärte den Mundraub für zulässig. Heute bauen wir Flüchtlingsunterkünfte nach dem neuesten Energiestandard und mit barrierefreien Toiletten. Dauerhafte Unterbringung in Zelten oder Hallen halten wir für menschenunwürdig – die Flüchtlinge sehen es ebenso.

Dies sind nur einige der Faktoren, die dazu führen, dass die Grenzen unserer Belastbarkeit heute wesentlich niedriger liegen als im historischen Vergleich. Die Grenzen sind auch nicht statisch oder exakt. Viele Parameter können geändert werden. Würden wir als Ziel nicht mehr Integration, sondern Lebensrettung definieren und Lagerunterbringung wie in der Türkei akzeptieren, so könnten sehr viel mehr Menschen bei uns Zuflucht finden als bisher.

Mit anderen Worten: Die Grenzen unserer Belastbarkeit bestimmen wir selbst. Sie sind verschieden, je nachdem, wen man fragt. Die einen sind zu sehr viel mehr zu Hilfeleistung bereit als die anderen. Daher sind die Grenzen der Belastbarkeit der Gesellschaft in der Demokratie nur durch einen Aushandlungsprozess bestimmbar. Führt die dafür notwendige Debatte dazu, dass man sich nicht mehr zuhört und gegenseitig als Gutmensch oder Rassist beschimpft, so ist das bereits ein begrenzender Faktor, denn der politische und soziale Friede in einer Aufnahmegesellschaft bestimmen ihre Belastbarkeit ganz wesentlich mit.

Wenn wir mit einem solchermaßen geschärften Blick die Lage in Deutschland betrachten, so lässt sich sagen: Die einmalige Aufnahme von nahezu einer Million Flüchtlingen im Jahr 2015 haben wir geschafft. Es gab kurzzeitige Belastungsspitzen für staatliche Behörden. Aber schon nach einem Jahr ist die Lage wieder unter Kontrolle und alles geht einen weitgehend geordneten Gang. Ökonomisch sind wir weit weg von einer Belastungsgrenze. Die Kosten der Flüchtlingsaufnahme haben bundesweit einen Wert jenseits von 20 Milliarden Euro pro Jahr erreicht. Deutschland erzielt aber trotzdem gesamtstaatliche Überschüsse und ein erheblicher Teil des Geldes ist in den Wirtschaftskreislauf zurückgeflossen. Container- und Bettenhersteller hatten gute Konjunktur.

Das empfindlichste System, dessen Belastungsanzeige am stärksten ausgeschlagen hat, ist unsere politische Verfassung. Dass die AfD in manchen Regionen des Landes bei Wahlen in der Hochzeit der Flüchtlingsdebatte zur stärksten Kraft werden konnte, ist ein klares Indiz, dass die Belastungsgrenze eines nicht mehr zu vernachlässigenden Teils unserer Gesellschaft überschritten war. Umgekehrt zeigt der starke Rückgang der Zustimmung zur AfD nach dem Rückgang der Flüchtlingszahlen die Rückkehr unter eine relevante Belastungsgrenze an. Wenn dies auch nicht für das Land als Ganzes gilt – die Mehrheit steht nach wie vor zur Flüchtlingsaufnahme –, so muss man dies genau beobachten und danach fragen, warum sich bereits so viele Menschen gegen diese Politik stellen.

Was hat die AfD für einige Zeit so stark gemacht? Ein Teil der Erklärung erlaubt keine Rücksichtnahme. In jeder Gesellschaft gibt es Ressentiments, Fremdenfeindlichkeit und dumpfe Ablehnung anderer Kulturen. Darüber kann eine freiheitliche Gesellschaft nicht verhandeln. Damit ist die weit verbreitete Skepsis gegenüber der Flüchtlingsaufnahme in den Dimensionen des Jahres 2015 aber nicht zu erklären. Es sind sehr viel mehr Motive hinzugekommen, und viele davon sind legitim und müssen diskutiert werden. Die Sorge, in Konkurrenz zu den Flüchtlingen um Arbeit und Wohnraum zu geraten, habe ich schon erwähnt. Hinzu kommt die Angst vor Kriminalität und Terror aus der Gruppe der entwurzelten, alleinreisenden jungen Männer genauso wie die Befürchtung, unser Land könnte angesichts der Wertehaltungen in den Ländern, aus denen die meisten Flüchtlinge kommen, in Zukunft weniger offen, liberal, säkular, tolerant, feministisch, ökologisch und emanzipatorisch werden.

An vielen dieser Probleme kann man arbeiten. Die Belastbarkeitsgrenze der deutschen Gesellschaft, auch der lange Zugewanderten in Deutschland, steigt an, wenn wir es schaffen, unsere Werte einzufordern und zu vermitteln, Spracherwerb voranzutreiben und Arbeitsplätze zu besetzen, Kriminalität von Flüchtlingen entschieden zu bekämpfen und Sozialwohnungen für diejenigen zu bauen, die schon lange darauf warten.

So gewendet wird die Debatte um Grenzen sinnvoll. Ja, es gibt natürlich Grenzen der Belastbarkeit. Deutschland kann nicht auf Dauer jedes Jahr so viele Flüchtlinge aufnehmen wie im Herbst 2015. Und: Wir müssen immer wieder genau prüfen, welche Belastungsgrenzen wir überschreiten. Was wir brauchen, ist nicht die Obergrenze für Flüchtlinge. Was wir brauchen, ist eine realistische Betrachtung der Belastbarkeit unserer Nachbarschaften, unserer Wirtschaft, unserer Bildungseinrichtungen, unseres Wohnungsmarktes, unserer Verwaltungsstrukturen, unserer politischen und kulturellen Toleranz und vieler weiterer Teilsysteme. Wo sich Überlastungen zeigen, muss nachgesteuert werden. Grundsätzlich ist dafür immer beides möglich und zulässig: die Verringerung der Neuaufnahme von weiteren Flüchtlingen, die den Druck weiter erhöhen, oder Maßnahmen, um die

Belastung abzufedern und damit die Grenze nach oben zu verschieben.

Die meisten Grenzen der Belastbarkeit sieht man in nicht im Bundestag, sondern vor Ort, in den Städten und den Gemeinden. Wir spüren als erste, wenn die Nachbarschaft nicht mehr bereit ist, weitere Flüchtlingsunterkünfte hinzunehmen. Wir sind der erste Adressat, wenn Menschen keine Wohnung finden und Flüchtlingsbauten zum Neidobjekt werden. Im Kindergarten merkt man, dass ein Flüchtlingskind unter zehn gut integriert werden kann, dass aber bei zwei oder drei für viele Eltern die Schmerzgrenze erreicht wird. In den kommunalen Verwaltungen stellt man fest, wenn sich Stellen für Erzieherinnen und Sozialpädagogen nicht mehr besetzen lassen, weil alle verfügbaren Arbeitskräfte schon im Einsatz sind. Politik beginnt mit dem Betrachten der Wirklichkeit – und zwar vor Ort, in den Städten und Gemeinden. Von dieser in vielerlei Hinsicht komplizierten und so gar nicht in Gut und Böse eingeteilten Wirklichkeit berichtet der nächste Teil des Buches.

2
Vor Ort

Was wir in den Städten und Gemeinden schaffen – und was nicht

Kommunale Selbstverwaltung hat in Deutschland Verfassungsrang. Städte und Gemeinden hierzulande verfügen über eine Fülle von Kompetenzen und Möglichkeiten, die weltweit ihresgleichen sucht. Auf welchen Straßen Sie nach Hause oder zur Arbeit fahren, ob es einen Radweg gibt, eine Busverbindung oder eine Straßenbahn, wo Sie ein Haus oder eine Fabrik bauen dürfen, wie die Versorgung mit Wasser und die Entsorgung von Müll und Abwasser funktioniert, welche Kindertagesstätten und Schulen es in ihrem Viertel gibt, wo das nächste Krankenhaus steht und die nächste Bibliothek, ja häufig sogar woher der Strom kommt und die Wärme für Haus – all dies und noch viel mehr wird in Ihrem Rathaus weitgehend eigenverantwortlich entschieden. Für die meisten Menschen in ihrem Alltag sind diese Dinge sehr viel wichtiger als die Höhe des Spitzensteuersatzes oder die Zielsicherheit eines Gewehrs der Bundeswehr – und dennoch gilt in der medialen Wahrnehmung die Bundespolitik als die nahezu einzig relevante Ebene politischer Entscheidungen. Im Fernsehen kommt Kommunalpolitik kaum vor, Lokalzeitungen verlieren seit zwei Jahrzehnten ihre Leserschaft, in den sozialen Medien gelingt selten der Schritt vom persönlichen Problem zur kommunalpolitischen Diskussion. Ein bisschen sind wir Kommunalpolitiker daran auch selbst schuld, weil wir den parteipolitischen Streit zumeist außen vor lassen, und Streit interessiert eben mehr als Konsens. Oder machen wir unsere Arbeit etwa so gut, dass die Bürgerinnen und Bürger wenig Anlass haben, sich darum zu sorgen?

Als die Kanzlerin ihr »Wir schaffen das« in die Welt setzte, hat sie sich auf das große Engagement der Zivilgesellschaft und die Leistungsfähigkeit der deutschen Kommunen verlassen. Ihre eigenen Bundesbehörden kann sie jedenfalls nicht gemeint haben. Das Bundesamt für Migration und Flüchtlinge schiebt noch immer einen riesigen Berg an Anträgen vor sich her, und die Zuverlässigkeit seiner Entscheidungen lässt leider auch zu wünschen übrig. Monatelang gelang es den Bundesbehörden nicht, die Identität der Einreisenden sicher festzustellen, und das Bundesamt für Verfassungsschutz war nicht in der Lage, Anschläge wie den des Tunesiers Anis Amri in Berlin zu verhindern. Auch die Hilfe des Bundes für die Kommunen war in der Anfangszeit äußerst bescheiden. Weder Geld noch Personal noch gesetzliche Erleichterungen kamen zeitgleich mit den Flüchtlingen, allenfalls unzureichende Ankündigungen.

Die Bundes- und Landespolitik weiß, dass sie sich auch in solchen Situationen auf die Kommunen verlassen kann. Wenn etwas nicht passt, das man sich in Brüssel, Berlin, München oder Düsseldorf ausgedacht hat, dann machen wir es vor Ort eben irgendwie passend. Denn wir, die Gemeinderäte und Oberbürgermeister, sind für die Bürgerinnen und Bürger jederzeit greifbar. Wir müssen Rede und Antwort stehen und Lösungen liefern. Den Verweis auf die Zuständigkeit höherer Ebenen kann man sich getrost sparen, wenn vor Ort ein Problem drückt. Das interessiert schlicht niemanden. Was einzig zählt: wie das Problem rasch beseitigt wird.

Zu meinem Erstaunen erzählten mir Kollegen aus Nordrhein-Westfalen, dass die allein zuständige NRW-Landesregierung einigen Großstädten kurzerhand die Aufgabe übertrug, die so genannte Erstunterbringung der Asylbewerber, also die Unterkunft für die ersten sechs Monate nach der Einreise, vollständig eigenverantwortlich zu organisieren und dabei finanziell in Vorleistung zu gehen. In Baden-Württemberg gab es zwar auch chaotische Zustände, aber solche Anrufe blieben in den Rathäusern aus. Das Land erledigte seine Aufgabe doch noch selbst.

Für prosperierende Städte und Gemeinden, wie es sie in Baden-Württemberg häufig gibt, bestand das Hauptproblem von Anfang an darin, Wohnraum bereitzustellen. Wie erwähnt hatten wir damit schon größte Schwierigkeiten, bevor die Flüchtlingszahlen so dramatisch anstiegen. Ein wesentlicher Grund war die Entscheidung der Landesregierung Ende der neunziger Jahre, den sozialen Wohnungsbau faktisch zu beenden. Alte Sozialwohnungen verschwanden Jahr für Jahr, neue wurden mehr als ein Jahrzehnt lang nicht mehr gebaut. Für Menschen mit geringen Einkommen wurde Wohnen in den Städten Baden-Württembergs zunehmend unbezahlbar. Aber auch wer ganz ordentlich verdient, hat bei uns Probleme. Die seit 2010 besonders in den süddeutschen Zentren brummende Wirtschaft, verbunden mit dem Phänomen, dass die Menschen heute wieder vom Land in die Städte ziehen, hat den Wohnungsmarkt in den Ballungsräumen überhitzt. Die plötzliche Anforderung, nun auch noch Flüchtlinge in großer Zahl möglichst schnell unterzubringen, drohte das Fass zum Überlaufen zu bringen.

War die Situation in Baden-Württemberg schlimmer als in anderen Bundesländern? Nein. Die beschriebenen Probleme sind Wohlstandsprobleme. In Wegzugsregionen hatte man zwar leere Wohnungen zur Verfügung, dafür aber ungleich mehr Probleme, die materiellen und personellen Ressourcen zu mobilisieren, die neben einem Dach über dem Kopf noch erforderlich sind, um Flüchtlinge in unserer Gesellschaft aufzunehmen. Auch wenn wir unterschiedliche Schwierigkeiten zu bewältigen hatten, mussten die Städte und Gemeinden alle verfügbaren Kräfte einsetzen, um mit der plötzlichen Herausforderung zurechtzukommen.

Was braucht ein Mensch, der vor Krieg oder Verfolgung flieht, um in Deutschland anzukommen? Ein Leben in Hallen oder Zeltlagern erlaubt keine Integration in eine Hochleistungsgesellschaft. Flüchtlingslager mit Ausmaßen von Großstädten sind in Deutschland undenkbar. Deshalb ist eine Wohnung der

Anfang jeder Integration. Weil dafür nur wir in den Städten und Gemeinden Sorge tragen können, war das in den ersten zwei Jahren der Flüchtlingskrise in Deutschland die Aufgabe, der wir alles andere unterordnen mussten.

Erst jetzt können wir uns systematisch weiteren Themen zuwenden. Wir müssen die Kinderbetreuung erneut ausbauen, ebenso die Schulen, um die Fähigkeit der jungen Generation, sich Sprache und Kultur schnell anzueignen, nicht ungenutzt zu lassen. Für viele wichtige Themen der Integration sind wir nicht zuständig, aber indirekt eben doch verantwortlich. Wir müssen im Pakt mit der Wirtschaft Ausbildungsplätze bereitstellen und Schlüsselqualifikationen und Sprachkompetenz vermitteln, damit denen, die arbeiten können und wollen, die lange Untätigkeit nicht zur Qual wird oder Anlass zu dummen Gedanken und Taten.

Bei all diesen Themen sind wir noch am Anfang. Wenn man nicht alles gleichzeitig erledigen kann, dann müssen die wichtigsten Dinge und die Aufgaben in eigener Zuständigkeit zuerst erledigt werden. Deshalb kann ich zwei Jahre nach der Merkelschen Grenzöffnung nur fundiert darüber berichten, wie die Kommunen die Unterbringungsfrage beantwortet haben und mit welchen Problemen wir nach wie vor täglich konfrontiert sind. Die sicher mindestens so spannende Frage, wie weit die Integration der Flüchtlinge in Schule, Beruf und Gesellschaft schon vorangeschritten ist, ist viel schwieriger zu beantworten. Ich kenne viele Einzelperspektiven, aber mir fehlt der Überblick und der Vergleich.

Wenn ich mit Lehrerinnen und Lehrern spreche, die in Vorbereitungsklassen für Flüchtlinge unterrichten, so bestätigen diese, dass es sehr ehrgeizige junge Menschen unter diesen gibt. Weit häufiger seien aber die Schülerinnen und Schüler, die sich mit Disziplin schwertun, wenig Interesse zeigen oder erkennbar unter traumatischen Belastungsstörungen leiden. Ein Berufsschullehrer berichtete mir, er könnte eine Außenklasse am

Bahnhof betreiben, weil ein dramatisch hoher Anteil der Flüchtlinge nach kurzer Zeit den Schulbesuch abgebrochen habe und sich nun vorwiegend dort aufhalte. Als ich ein längeres Gespräch mit den Schülerinnen und Schülern einer dieser Vorbereitungsklassen führte, stellte ich fest, dass ausgerechnet diejenigen mit Abstand das beste Sprachniveau erreicht hatten, deren Asylanträge mit Sicherheit abgelehnt werden: junge Frauen und Männer aus den Balkanstaaten.

Ich kenne die Geschichte einer jungen Frau aus Syrien, die Vater und Bruder im Krieg verloren hat und schon nach anderthalb Jahren in Tübingen so perfekt Deutsch spricht, dass sie ihr Pharmaziestudium aus Damaskus hier fortsetzen kann. Ein Tübinger Gastronom erzählte mir, wie froh er mit einem Beikoch aus Nigeria und einem Spülhelfer aus Gambia gewesen sei. Sie seien fleißig, einsatzbereit, freundlich. Doch ihre Asylanträge wurden abgelehnt, der Gastronom ist darüber kreuzunglücklich. Als ich mir im Herbst 2016 einen Überblick verschaffen wollte, wie viele Flüchtlinge einen Integrations- oder Sprachkurs belegt hatten und wieviele darauf noch immer warteten, stellte sich heraus, dass im Zuständigkeitskomplex zwischen Jobcenter, Landkreis, Stadt und Bildungsträgern darüber keine verlässlichen Angaben zu gewinnen waren. Ich weiß, dass die Kurse nicht für alle reichten, aber wie viele dabei leer ausgingen, ist nicht ermittelbar. Erst im Laufe das Jahres 2017 dürfte dieser Engpass in Tübingen behoben sein.

Statistische Daten über die Lernerfolge sind auch nicht zu bekommen. Was es gibt, zeigt auf, dass wir noch einen langen Weg vor uns haben. Der Landkreis gab im Juni 2017 bekannt, dass von 184 unbegleiteten minderjährigen Flüchtlingen, die hier leben, bisher nur vier einen Ausbildungsplatz erhalten haben. Alle anderen sind noch in der Vorqualifizierungsphase.

Die großen Aufgaben der Bildung, der Integration und der Qualifizierung für den Arbeitsmarkt liegen alle noch vor uns. Es ist schlicht zu früh, um diese Aspekte in einem Buch zu bearbeiten, das die praktische Sicht eines Oberbürgermeisters darstellen soll.

Angesichts der Vorgeschichte und der eingangs beschriebenen Rolle, die uns in den Kommunen zukam, kann es nicht ausbleiben, dass der Blick sich auf die zahlreichen Probleme fokussiert, die wir zu lösen hatten und haben. Das ist auch deshalb wichtig, um die Debatte über Grenzen der Flüchtlingsaufnahme auf einen rationalen Kern zu reduzieren. Dass eine Gesellschaft nicht unbegrenzt Flüchtlinge aufnehmen kann, ist eine triviale Feststellung. Die Frage aber, wo die Grenzen der Aufnahmefähigkeit liegen, lässt sich nur ganz konkret beantworten, nämlich durch die Auswirkungen auf die Lebensverhältnisse der Flüchtlinge einerseits und die Aufnahmegesellschaften in den Städten und Gemeinden andererseits. Diese Belastungsgrenzen sind vielfältig und sollen in diesem Teil des Buches diskutiert werden.

Was ich darstellen kann, ist ein Zwischenstand, gewissermaßen ein Bericht aus der laufenden Arbeit. Die Historiker, Politologen und Sozialwissenschaftler werden ihr Bild später nachliefern. Es wird differenzierter und vollständiger sein. Aber für die politische Debatte der kommenden Monate und Jahre wie auch für die weiteren Schritte auf dem Weg zu einer Integration der Menschen, die bei uns bleiben werden, ist es wichtig, sich klar zu machen, was wir bisher getan haben und was noch vor uns liegt.

Tennislärm statt Kanonendonner: Willkommen in Deutschland

Im November 2015 rief ich die Spitzen der Tübinger Bauverwaltung zusammen, um eine neue Aufgabe zu besprechen: In den kommenden zwei Jahren würden wir Wohnungen für 2000 Menschen bauen müssen. Wie ich auf diese Zahl kam? Der Bundesinnenminister hatte seine Prognosen der Asylbewerberzahl für das Jahr 2015 von 400 000 zu Beginn auf 800 000 im Herbst erhöht, die Medien spekulierten längst über die Zahl von einer Million Menschen. Für das Jahr 2016 wagte die Bundesregierung keine Angaben mehr. Niemand wollte den Kommunen zu diesem Zeitpunkt sagen, was auf sie zukommt. Aber man konnte es sich grob ausrechnen.

Die Erstaufnahmestellen der Länder waren damals hoffnungslos überfüllt. Die staatliche Unterbringungspflicht der Länder endet im Schnitt nach 18 Monaten durch Abschluss der Asylverfahren, spätestens aber nach zwei Jahren. Dann sind die Städte und Gemeinden dafür zuständig, Asylbewerbern eine Unterkunft zu stellen. Wie viele Asylbewerber eine Kommune unterbringen muss, richtet sich nach ihrer Einwohnerzahl. Tübingen entspricht mit seinen 85 000 Einwohnern ziemlich genau einem Tausendstel der Gesamtbevölkerung. Wir müssen also eine Zahl für Deutschland durch 1000 teilen, dann kennen wir den Wert.

Mit dieser Grundschulmathematik habe ich in Ermangelung anderer Daten unsere Aufgabe errechnet. Wenn 2016 nochmals so viele Menschen zu uns kommen wie 2015, also eine Million, dann müssen wir in 18 Monaten rund 1000 Menschen unterbringen und in 30 Monaten rund 2000. Die Rechnung konnten die anwesenden Mitarbeiterinnen und Mitarbeiter durchaus nachvollziehen. Trotzdem schaute ich in ungläubige Gesichter. Alle dachten dasselbe: Das ist unmöglich. Das schaffen wir nicht. Nicht in so kurzer Zeit, nicht mit den bestehenden Restriktionen durch eine Vielzahl von Gesetzen und Verordnungen. Ich wusste, dass sie damit Recht hatten.

Die Dimension des Problems wird verständlich, wenn man die Vergleichswerte der Vorjahre heranzieht. In Tübingen sind seit 2010 im Schnitt 400 neue Wohnungen für 800 Menschen pro Jahr gebaut worden, davon konnten etwa 150 Menschen eine neue Sozialwohnung beziehen. Asylbewerber können sich in den ersten Jahren keine Neubauwohnungen am freien Markt leisten. 1000 Asylbewerbern eine Wohnung zur Verfügung zu stellen, bedeutet also sechsmal mehr Sozialwohnungsbau als im langjährigen Schnitt und mehr als eine Verdoppelung des gesamten Wohnungsneubaus. Zumindest gilt das, wenn man in einer Wachstumsregion lebt, deren Wohnungsmarkt ohnehin äußerst angespannt ist und kaum noch Reserven durch Leerstand hat.

Das mag noch machbar klingen. Binnen eines Jahres die Investitionen zu versechsfachen, ist ein Kraftakt und im Kern eine Frage politischer Prioritäten. Der Tübinger Gemeinderat hat sich dazu noch im Dezember 2015 bereit erklärt und eine außerplanmäßige Kreditaufnahme von sechs Millionen Euro für Sozialwohnungsbau bewilligt. Nicht alle Kommunen in Deutschland stehen finanziell aber so gut da wie die in Baden-Württemberg und Bayern. Ohne Unterstützung des Landes oder des Bundes können finanzschwache Kommunen eine plötzliche Zusatzaufgabe dieser Dimension nicht stemmen.

Doch der wirklich entscheidende Faktor ist allerorten nicht das Geld, sondern die Zeit. Bis in Deutschland ein Haus gebaut werden kann, muss ein langer Planungsvorlauf bewältigt werden. Zuerst ist in einem Flächennutzungsplan ein Gebiet für Wohnen zu bestimmen, darauf basierend muss ein Bebauungsplan mit einem Wohngebiet beschlossen werden. Erst wenn das geschehen ist, kann eine Baugenehmigung erteilt werden.

Der Vorlauf für den Bau eines Gebäudes liegt bei 18 Monaten, wenn ein Grundstück mit Baurecht vorhanden ist. Muss hingegen erst noch Planungsrecht geschaffen werden, also ein Bebauungsplan in Kraft gesetzt werden, so erhöht sich der Vorlauf auf 30 Monate. Falls das Gebiet nicht im Flächennutzungsplan für Wohnen bestimmt ist, beträgt er sogar fünf bis zehn Jahre.

Sofort bebaubare Grundstücke gibt es in einer wachsenden Stadt wie Tübingen praktisch nicht, weil sie bebaut werden, sobald Planrecht vorliegt und der Eigentümer mitmacht. Im Flächennutzungsplan hatte Tübingen Ende 2015 keine nutzbaren Wohnbauflächen im Außenbereich mehr zur Verfügung, weil er seit 1979 nicht mehr neu aufgestellt wurde und das Verfahren dazu noch bis Ende des Jahrzehnts läuft.

Unsere einzige Chance, in nur zwei Jahren 1000 neue Wohnungen für 2000 Menschen zu schaffen, bestand also darin, im Innenbereich neue Bebauungspläne auf kleineren, noch nutzbaren Flächen im Eigentum der Stadt aufzustellen. Solche Flächen sind sehr knapp und der Bebauungsplan führt im Innenbereich zwangsläufig zu Konflikten mit den Nachbarn. Daher sind die Verfahren zeit- und arbeitsaufwendig und das zuständige Planungsamt hatte, selbst wenn es alles andere stehen und liegen gelassen hätte, nicht genügend Mitarbeiter, um eine solche Vielzahl von Bebauungsplanverfahren in so kurzer Zeit bis zur Rechtskraft zu führen.

Das alles war den Tübinger Fachleuten sehr wohl bewusst, daher die ungläubigen Mienen angesichts meiner politischen Zielvorgabe.

Nun kann man es als direkt verantwortlicher Chef einer Verwaltung nicht dabei belassen, den eigenen Leuten eine unlösbare Aufgabe zu stellen, um sich dann mit einem »Wir schaffen das« aus dem Raum zu stehlen. Daher sagte ich meinen Mitarbeiterinnen und Mitarbeitern, mir sei sehr wohl bewusst, dass dies im gewohnten Rahmen unmöglich sei. Wir müssten es dennoch schaffen, die Menschen kämen halt und wir könnten sie nicht auf Jahre in Turnhallen unterbringen. »Lassen Sie uns deshalb so tun, als hätten wir völlig freie Hand. Schreiben Sie auf, welche Voraussetzungen Ihre Abteilung braucht, um das Ziel zu erreichen, und welche Hindernisse dem im Weg stehen, egal auf welcher Ebene, und sei es ein Bundesgesetz. Wir müssen neu denken und ich bin bereit, mit Ausnahmen sehr weit zu gehen. Wir nehmen die Bundeskanzlerin beim Wort, die ja gesagt hat, jetzt sei deutsche Flexibilität gefragt, nicht deutsche Gründlichkeit.«

Das ließ sich die Bauverwaltung nicht zweimal sagen. Innerhalb von 14 Tagen hatte ich ein Papier mit 15 Seiten Umfang auf dem Tisch, das präzise darstellte, was sich im Baurecht und Planungsrecht ändern müsse, wenn wir in Tübingen und andernorts plötzlich eine solch enorme Zahl neuer Wohnungen errichten sollten. Mehrere Versuche, dies in der Landes- und Bundespolitik zu platzieren, blieben nahezu erfolglos. Was wir wollten, waren Verfahrensvereinfachungen, die ohne Abstriche in der Stadtentwicklung zu schnellen Baugenehmigungen führen könnten. Der Gesetzgeber erkannte zwar das Problem, entschied sich aber für eine Lösung, die städtebaulich desaströse Folgen gehabt hätte – wenn der Flüchtlingsstrom durch die Schließung der Balkanroute nicht abrupt unterbrochen worden wäre.

Im sogenannten Asylverfahrensbeschleunigungsgesetz wurde Ende 2015 eine Reihe von Ausnahmen für den schnellen Wohnungsbau in Kraft gesetzt. Zum Beispiel wurde es nun erlaubt, auch in Gewerbegebieten Flüchtlingsheime zu bauen oder außerhalb von Bebauungsplänen im sogenannten Außenbereich am Rande von bestehenden Siedlungsbereichen. Davon durfte man aber nur Gebrauch machen, wenn die Gebäude nach kurzen Fristen wieder abgerissen werden und ausschließlich der Flüchtlingsunterbringung dienen. Für Containerbauten am Stadtrand oder im Gewerbegebiet in Einheiten von mehreren Hundert Personen war damit der Weg zu einer schnellen

Genehmigung frei. Integration ist in solchen Ghettos aber nur schwer möglich. Wirtschaftlich ist es absurd, zu den Kosten einer normalen Wohnung einen Container aufzustellen, der nach wenigen Jahren wieder abgebaut oder nachträglich legalisiert wird. Und wer will in einer Stadt leben, die ihre Entwicklung auf Containerlandschaften gründet?

Wer aufmerksam durchs Land fährt, kann diese Containerlandschaften heute in vielen Städten und Gemeinden finden. In Tübingen haben wir darauf weitgehend verzichtet. Als die Flüchtlingszahlen im Frühjahr 2016 deutlich zurückgingen, entschieden wir uns dafür, die Atempause zu nutzen und von den Ausnahmeregelungen wegen der genannten Nachteile – von einem Fall abgesehen – keinen Gebrauch zu machen. Wir teilten die Projekte in zwei Gruppen auf: Die Vorhaben der ersten Gruppe sollten im Eilverfahren im Jahr 2016 fertiggestellt werden, die zweite mit höherer Qualität in den Jahren 2017 und 2018. Von der zweiten Gruppe berichtet das Kapitel »Gebaute Integration«.

Auch für die Projekte, die wir ins Eilverfahren packten, mussten wir eine Vielzahl von Prüfungen durchführen. Das Asylverfahrensbeschleunigungsgesetz nutzte uns da nichts, weil es zahlreiche baurechtliche Vorschriften überhaupt nicht erfasste: Lärmschutz, Denkmalschutz, Naturschutz, Artenschutz, Erdbebenschutz, Brandschutz, Hochwasserschutz – eine schier endlose Liste von Schutzgütern ist durch jeweils eigene Vorschriften so streng und kompliziert reglementiert, dass es nur mit großem Zeitaufwand möglich ist, zu einer Baugenehmigung zu kommen. Wenn überhaupt.

Als ich begann, auf diese Probleme öffentlich aufmerksam zu machen, ahnte ich noch nicht, dass nahezu alle Schwierigkeiten, auf die ich bei der großen Politik hinwies, auch unsere eigenen Vorhaben treffen würden.

Das Projekt, das wir als erstes fertigstellen wollten, weil das Grundstück städtisch war und eine bestehende eingeschossige Wohnbebauung durch eine dreigeschossige in Holzbau ersetzt werden sollte, verzögerte sich um vier Monate wegen benachbarter Tennisplätze. Ein Gutachten ergab, dass der Lärm der Tennisschläger zur Überschreitung der Grenzwerte in den Schlafräumen der geplanten Neubauten führen würde.

Es muss doch eine Möglichkeit der Befreiung geben, dachte ich. Kann man eine Ausnahme machen, weil die Plätze kaum noch bespielt werden? Die Blütezeit des Tennis ist ja vorbei. Nichts zu machen, es gelten theoretische Werte, Tennis könnte ja wieder in Mode kommen. Aber Tennis spielt man nicht bei Nacht, da kann man doch in Ruhe schlafen? Bringt nix, es geht auch um das Wochenende und den Mittagsschlaf. Nicht nur Schlaf-, sondern auch Wohnräume dürfen nicht von nahen Tennisplätzen beschallt werden. Lärmschutzfenster? Zählt nicht, maßgeblich ist der Lärm an der Fassade. Selbst wenn man im Haus nichts hört, darf man es nicht bauen, weil es draußen zu laut ist. Asylbewerber, die vor Kanonendonner geflohen sind, dürften mit Tennislärm keine großen Probleme haben? Unzulässige Überlegung, Lärmschutz gilt für alle. Das Bauvorhaben in der geplanten Form war nicht realisierbar.

Die Lösung war eine teure und zeitraubende Umplanung. Die Gebäude wurden gleichsam umgedreht. Eingänge, Küchen und Toiletten wurden zu den Tennisplätzen orientiert, Schlaf- und Wohnräume auf die andere Seite. Klingt logisch, ist aber absurd. Denn jetzt haben wir zwei Gebäude erstellt, die auf der sonnigen Südseite die Toilettenfenster haben, weil die Tennisplätze im Süden des Geländes liegen. Die Schlaf- und Wohnräume sind dafür auf der Nordseite. Da sind keine Tennisplätze, dafür aber eine vielbefahrene Ortsverbindungsstraße. Die Straße ist natürlich sehr viel lauter als der Tennisplatz. Das spielt aber keine Rolle: Für Straßenverkehr gelten sehr viel großzügigere Grenzwerte als für Freizeitlärm. Willkommen in Deutschland.

Lärm ganz anderer Art hielt auch ein zweites Projekt der eiligen Bauvorhaben auf. Auf der Suche nach sofort bebaubaren städtischen Grundstücken hatten wir eine Fläche identifiziert, auf der in den siebziger Jahren eine Straße geplant worden war. Dafür hatte die Stadt damals die Grundstücke gekauft. Das Vorhaben ist längst im Stadtarchiv verschwunden. Wir konnten den Gemeinderat überzeugen, dass nun Wohnbebauung direkt angrenzend an ein bestehendes Wohngebiet die richtige Lösung an dieser Stelle ist.

Nicht bedacht hatten wir dabei allerdings, dass in der anderen Richtung über das Feld ein Postverteilzentrum steht. Auch hier wurde ein Lärmgutachten fällig. Und wieder war es zu laut. Post wird nämlich nachts verteilt und deswegen fahren Lkw an und ab. Der Lärm von Lkw, die auf dem Gelände eines Postverteilzentrums unterwegs sind, muss als gewerblicher Lärm eingestuft werden. Für gewerblichen Lärm gelten sehr viel strengere Grenzwerte als für Straßenlärm. Der Lkw auf dem Betriebsgelände ist also zu laut für eine nahe Wohnbebauung, sobald er auf die öffentlichen Straßen fährt, wird er zwar eher lauter, aber auch legaler, denn damit gelten plötzlich die höheren Grenzwerte für den Straßenverkehr.

Nach deutschem Recht war Kriegsflüchtlingen der Lärm morgendlicher Lkw-Fahrten auf dem Gelände des Postverteilzentrums nicht zumutbar. Sie hätten einen Anspruch geltend machen können, den Betrieb der Post bis sechs Uhr in der Frühe zu untersagen. Es blieb uns auch hier nichts anderes übrig, als Funktionsräume zur vermeintlichen Lärmquelle, hier also zur Post, auszurichten und die Wohnräume zur Straße. Eine teure Umplanung und wieder mehrere Monate Zeitverlust.

Am lautesten unserer möglichen Standorte für Flüchtlingsbauten war der Lärm wiederum kein Problem. Dieses Grundstück lag auf einem 20 Meter breiten Streifen zwischen einer Eisenbahnlinie und einer vierspurigen Bundesstraße. Aber das ist Verkehrslärm, den muss man in Deutschland ertragen. Die

Lautstärke ist auch für Käfer kein Problem. Das zeigte sich, als die naturschutzfachliche Prüfung dieser Fläche, die rundum von Straßen und Gleisen eingegrenzt ist, fertig war. In einem der fünf ziemlich schwer beschädigten Obstbäume auf der bis dahin als Kleingarten genutzten Fläche wurden Juchtenkäfer gefunden. (Ironischerweise just jene Käfer, die mir politisch in Stuttgart schon einmal begegnet waren, weil sie im dortigen Schlossgarten vorkommen und ein Hindernis für den Bau von Stuttgart 21 darstellten.)

Wenn man Zeit und Geld hat, kann man solche Probleme lösen. Zeit hatten wir keine, aber es half ja nichts. Wir mussten die Planung komplett umstellen. Aus einem Gebäude wurden zwei. Der Juchtenkäferbaum musste stehen bleiben, die anderen konnten fallen. Bis das alles geklärt war, verstrich fast ein halbes Jahr. Heute stehen dort die Häuser für Geflüchtete und zwischen ihnen ragt wie ein Naturdenkmal der kaputte Obstbaum hervor – als Asyl für Juchtenkäfer. Es war nicht möglich, eine Ausnahme zu machen und den Baum zu fällen.

Aber nicht nur Käfer, auch Schafe können die Unterbringung von Flüchtlingen verhindern. Seit Anfang der neunziger Jahre leben 2000 Menschen im französischen Viertel im Süden Tübingens. Die ehemalige französische Kaserne ist ein lebendiger Stadtteil mit bewegter Geschichte. Die Kaserne grenzte direkt an einen Truppenübungswald. Das Gelände eroberte ein Gruppe von Aussteigern, die dort Wohnwagen abstellten und in dieser Wagenburg sesshaft wurden, allerlei Tierhaltung inklusive. Strom kommt von PV-Anlagen, Wasser aus Kanistern, geheizt wird mit Holz. Manchmal stinkt das den Nachbarn in den dicht bebauten früheren Innenhöfen der Kaserne mächtig, aber man arrangiert sich. Die Schäferei an der Nahtstelle von Wagenburg und Stadtteil hatte bis dahin niemanden gestört. Im Gegenteil, für viele Familien gehörte genau dies zum alternativen Flair das Viertels, das zu 60 Prozent grün wählt.

Nun aber sollte hier ein Café Mondial entstehen, ein Flüchtlingshaus mit Begegnungscafe im Erdgeschoss. Vor einer Baugenehmigung war die Schaf-Frage zu klären. Schafe kann man riechen. Und vor solchen Gerüchen muss der moderne Mensch geschützt werden. Dafür werden vor einer Baugenehmigung Geruchsberechnungen angestellt. Und diese ergaben, dass die Schäferei entweder die Zahl ihrer Schafe drastisch reduzieren oder den Stall geruchssicher isolieren müsste. Verständlicherweise war die Schäferei dafür nicht zu gewinnen. Tatsächlich habe ich am Standort des geplanten Hauses noch nie ein Schaf gerochen. Geruchsberechnungen sind mit großer Unsicherheit belegt. Daher sind in Zweifelsfällen Aussagen zum Umfang einer Geruchsbelästigung nur möglich, wenn ein staatlich vereidigter Geruchsgutachter ein Jahr lang mit der Nase misst. Es muss über einen langen Zeitraum gemessen werden, um verschiedene Wetterlagen zu erfassen. Gut möglich, dass es doch nicht so schlimm ist mit den Schafen. Rechtlich sicher können wir das aber nur wissen, wenn ein Gutachten vorliegt. Der Gedanke, dass die meisten Geflüchteten aus Ländern kommen, in denen es wahrscheinlicher ist, mit Schafen im Haus zu leben als Geruchsgutachter zu bestellen, ist dem deutschen Recht fremd. In der notwendigen Zeit können wir das Haus also nicht bauen, das Vorhaben liegt erstmal auf Eis.

Umso wichtiger war es, mit anderen Projekten schnell voranzukommen. Besondere Hoffnung setzte ich auf das einzige Bauvorhaben in einem Gewerbegebiet, für das wir die Ausnahmebestimmungen des Asylverfahrensbeschleunigungsgesetzes nutzen konnten. Hier ballten sich aber andere Probleme. An erster Stelle mal wieder der Lärm. Die benachbarten Gewerbebetriebe waren zu laut und mussten um ihre Betriebserlaubnis fürchten. Wir reagierten darauf, indem wir das ursprünglich für 250 Asylbewerber konzipierte Projekt auf 120 verkleinerten und eine größere Grünfläche als Abstand zum Gewerbe einplanten. Damit rückten wir aber näher an den Neckar heran und mussten die Vorschriften des Hochwasserschutzes beachten. In Deutschland muss der Fußboden eines Gebäudes höher sein als der Wasserspiegel bei einem hundertjährigen Hochwasser. Das bedeutete hier 80 Zentimeter über dem Gelände. Gleichzeitig muss ein barrierefreier Zugang zu einem Gebäude mit so vielen Wohnungen hergestellt werden. Also eine Rampe.

Damit hatten wir zwar nur noch halb so viel Plätze und deutliche Mehrkosten, aber immer noch keine Baugenehmigung. Denn Tübingen liegt im Bereich der Ausläufer des Zollerngrabens, einer seismographischen Störung, die zuletzt 1978 die Erde kräftig beben ließ. Seit dem Jahr 2000 wurde Tübingen in die höchste Erdbebenzone aufgestuft. Das führt dazu, dass sehr viel mehr Stahl und Beton in die Fundamente von Gebäuden gesteckt werden muss als im Rest des Landes. Berechnungsgrundlage für die Dimensionierung der Fundamente ist ein Bemessungserdbeben und die erwartete Standzeit eines Gebäudes. Vereinfacht gesagt, muss ein Haus ein Erdbeben einer Stärke, wie es in 475 Jahren einmal auftritt, unbeschadet überstehen. Ein solches Erdbeben tritt mit einer Wahrscheinlichkeit von 90 Prozent innerhalb von 50 Jahren nicht ein.

Soweit, so gut. Unsere Häuser für Geflüchtete waren an diesem Standort aber rechtlich und inhaltlich auf einen Standzeit von zehn Jahren begrenzt. Nach der Logik der Ermittlung des Bemessungsbebens hätte man also durchaus geringere Anforderungen an die Fundamente des Gebäudes stellen können. Denn es geht dabei ja um das Risiko eines Hauses, innerhalb seiner Standzeit von einem Erdbeben erschüttert zu werden, das seine Tragfähigkeit übersteigt. Ist die Standzeit nur 10 Jahre statt 50 Jahre, bietet demnach auch ein deutlich schwächeres Fundament denselben Risikoschutz.

Doch nicht im deutschen Baurecht! An solche Probleme hatte der Gesetzgeber beim Asylverfahrensbeschleunigungsgesetz nicht gedacht. Kein Rabatt bei der Sicherheit, keinen Millimeter. Die teuren Fundamente müssen wir bauen. Die meisten Geflüchteten kommen aus Gegenden der Welt, in denen Erdbeben viel häufiger und schwerer und die Häuser viel weniger stabil sind als bei uns. Nun haben die Geflüchteten in den Übergangswohnheimen den höchsten deutschen Erdbebenschutz. Weil die verschärfte Norm erst seit dem Jahr 2005 gilt, sind sie damit sogar besser geschützt als 90 Prozent der Tübinger, die ja in Häusern leben, die vor dieser Norm gebaut wurden. Die meisten übrigens ziemlich angstfrei, denn die Tübinger Altstadt steht seit 500 Jahren unerschüttert im Zentrum.

Aus dem eigentlich durch Gesetz beschleunigten Bauvorhaben im Gewerbegebiet ist nun das langsamste unserer Eilprojekte geworden. Neun Monate Verzug und massive Mehrkosten. Aus heutiger Sicht würde man den Standort gar nicht mehr nutzen.

Ist diese Geschichte repräsentativ für das Bauen in deutschen Städten? Vielleicht ist bei uns alles noch etwas schwieriger, weil wir mehr Erdbebenprobleme, mehr Flußauen und mehr wehrhafte Akademiker in der Nachbarschaft haben als andere Städte. Aber im Grundsatz sind die Probleme überall dieselben. Weil die Urheber von Gesetzen und Vorschriften nicht bereit waren, Abstriche von Bauvorschriften zu machen, mussten Flüchtlinge bis zu anderthalb Jahre in Notunterkünften leben oder sind nun in Containerlandschaften irgendwo am Stadtrand untergebracht. Für die Integration sind das denkbar schlechte Startbedingungen.

Es handelt sich ausnahmslos um Vorschriften und Normen, die zwar ihren Sinn haben, in einer vernünftigen Güterabwägung aber nicht gewichtiger sein können, als Menschen Schutz vor Verfolgung oder Krieg zu bieten. Aus Sicht der Asylbewerber gilt das ganz bestimmt. Würde man sie fragen, ob sie mit dem Geruch von Schafen, dem Lärm von Tennisplätzen oder der Gefahr eines Erdbebens für einige Jahre leben könnten, würde man wohl als Antwort ungläubige Blicke ernten: Meinen die Deutschen das wirklich ernst? Das ist also kein Argument gegen die Aufnahme von Flüchtlingen, sondern für eine Änderung unseres Baurechts. In einem Land, in dem in vielen Städten Wohnungsnot herrscht, sind die hier beschriebenen Hindernisse für schnelles und kostengünstiges Bauen ein Anlass zum Nachdenken. Mit manchen Vorschriften haben wir es so stark übertrieben, dass wir auch für uns etwas gewinnen könnten, wenn wir den Kommunen mehr Ermessensspielräume zubilligen würden. Wenn das geschähe, würden alle profitieren, Flüchtlinge und Einheimische.

Wie bei den Nazis: Was passiert, wenn man leere Häuser mieten will

»Notfalls muss ich Häuser beschlagnahmen«. Mit dieser Überschrift erschien im August 2015 mein erstes Interview in einer überregionalen Tageszeitung zur Flüchtlingsthematik. Schon damals, also noch einige Tage vor der faktischen Grenzöffnung, wussten wir uns in den Kommunen kaum noch zu helfen. Besonders in den Städten waren die Unterbringungsmöglichkeiten restlos erschöpft, es wurden Turnhallen belegt, Zelte bestellt, und händeringend suchten Kreise und Kommunen nach Lieferanten von Wohncontainern oder Feldbetten. Der Markt war bereits leer gefegt.

Der Neubau regulärer Wohnungen in großer Zahl ist, wie wir gerade gesehen haben, mit vielen Hürden versehen. Die einzige Chance, die wir noch hatten, um weitere Flüchtlinge unterzubringen, war folglich der Wohnungsbestand.

Wer selbst eine Wohnung in einer der gefragten Städte in Deutschland sucht, wird sich darüber wundern: Es gibt überall Leerstand. Im ganzen Land stehen rund zwei Millionen Wohnungen leer, das sind fast sieben Prozent des Bestands. Zwar gibt es eine Konzentration in den östlichen Bundesländern und ein Teil des Leerstands ist vorübergehend. Aber selbst in München oder Berlin stehen Wohnungen dauerhaft leer.

In Tübingen versuchten wir, den Wohnraummangel durch viele verschiedene Maßnahmen zu lindern. Durch mehr Neubau, aber auch durch die Mobilisierung von Bestandswohnraum. Dazu hatten wir zwei Wohnraumberater eingestellt und durch deren Arbeit standen mir nun Informationen über den Leerstand in Tübingen zur Verfügung, die mich aufhorchen ließen: Dass die Leerstandsquote insgesamt bei vier Prozent aller

Wohnungen lag, war bekannt. Dass darunter aber 150 leere Häuser waren, überraschte mich doch. Mit der für Flüchtlinge geforderten Mindestfläche von 4,5 Quadratmetern Wohnraum pro Kopf hätten wir allein in diesen Häusern leicht 2000 Menschen unterbringen können, vorausgesetzt eben, die Stadt hätte sie mieten dürfen.

Einerseits hatten wir also Hunderte leer stehender Wohnungen in der Stadt, andererseits mussten wir Turnhallen als Notunterkünfte nutzen. Das schien mir eine absurde Situation und ich suchte nach Abhilfe. Appelle an Eigentümer, ihre Wohnungen und Häuser zu vermieten, hatten der Landrat und ich schon mehrfach öffentlich geäußert. Der Erfolg war bescheiden. Allenfalls meldeten sich Menschen, die ihre Wohnung ohnehin neu vermieten und etwas Gutes tun wollten. An den Leerstand kamen wir mit Appellen nicht ran. Wir wussten natürlich, dass es Vorbehalte von Wohnungseigentümern wegen wirtschaftlicher Risiken der Vermietung an Flüchtlinge gibt. Daher boten wir an, als Stadt Wohnungen anzumieten und alle Kosten für den Erstbezug zu übernehmen – zudem garantierten wir für die ordnungsgemäße Rückgabe der Wohnung. Wir waren auch bereit, nur befristet anzumieten. Der Erfolg war trotzdem nahe Null.

Auch direkte Ansprache nutzte leider wenig. Eines der vielen leer stehenden Häuser ist so prominent am Neckarufer gelegen, dass es schon lange Stadtgespräch war. Ich unternahm einen Versuch, die Eigentümerin zum Verkauf oder zur Vermietung an die Stadt zu bewegen. Als ich sie am Telefon hatte, beschimpfte sie mich wüst, unterstellte mir Gestapomethoden und verbat sich jeden weiteren Kontakt. Übel nehmen konnte ich ihr es nicht, sie war schon über 90 Jahre alt und wohnte seit vielen Jahren nicht mehr in der Stadt.

Erlebnisse ähnlicher Art hatte ich noch häufiger. Wenn Häuser in Tübingen lange leer stehen, dann sind die Eigentümer in der Regel hochbetagt und kaum noch zugänglich für Gespräche über eine neue Nutzung. Oft stehen langjährige Erfahrungen im Weg, sei es ein Streit mit der Stadt über eine Baugenehmigung Anfang der siebziger Jahre, persönliche Auseinandersetzungen mit dem Oberbürgermeister kurz nach dem Krieg, eine generelle Absage an »diesen Staat« oder Auseinandersetzungen mit Mietern, von denen man genug hat. All das wurde mir als Begründung für den Leerstand direkt ins Gesicht gesagt.

So lange die Wohnraumversorgung in der Stadt noch gelingt, muss man solche Kauzigkeiten eben ertragen. Niemand lebt ewig, irgendwann kommen die meisten Häuser doch wieder auf den Markt. Wenn die Situation sich aber zuspitzt, wie im Sommer 2015, dann sind auch ordnungspolitische Maßnahmen ausnahmsweise gerechtfertigt. Daher verknüpfte ich einen weiteren Appell zur Vermietung von leer stehenden Wohnungen mit einem Hinweis auf die Rechtslage: Nach dem Polizeigesetz haben die Kommunen das Recht, zur Abwendung von Obdachlosigkeit leer stehenden Wohnraum zu beschlagnahmen. Für mich war klar, dass ich davon Gebrauch machen würde, wenn sonst Menschen im Winter unter Brücken schlafen müssten. Öffentlich erklärte ich, dass wir alle gemeinsam vermeiden müssten, dass es so weit kommt, und erneuerte das Angebot der Stadt, als Mieterin aufzutreten und für alle Einnahmen und Schäden zu garantieren.

Die Reaktionen ließen nicht lange auf sich warten. Erfreulicherweise erhielten wir nun einen ganz Schwung leer stehender Wohnungen zur Miete angeboten und konnten einen akuten Engpass in der Unterbringung beheben. Mehr als 200 Menschen erhielten auf diese Weise eine Bleibe. Weitaus gravierender waren aber die Reaktionen empörter Leser. Per E-Mail trafen die Beschimpfungen ein. Ich wurde wahlweise als Nazi oder Kommunist beschimpft. »Lass deine dreckigen Finger von meinem Eigentum!« – »Bevor du so ein Gesindel in mein Haus setzt, erschieße ich dich.« – »Es geht dich einen feuchten Dreck an, was ich mit meinem Eigentum mache. Bevor ich Asylanten aufnehme, lasse ich sie lieber 100 Jahre leer stehen.« – »Wieviele Asylanten nehmen Sie denn bei sich in der Wohnung auf?«

Gegen diese Art von Empörung, die sich leider auch mit erschreckendem Fremdenhass verbindet, ist kein Kraut gewachsen. Der Hinweis, es gehe ja nicht darum, jemandem wie nach dem Krieg einen Flüchtling in die eigene Wohnung zu setzen, sondern nur leer stehende Häuser zu nutzen, ging von vornherein unter. Den Kritikern ging es ums Prinzip. Viele beriefen sich dabei auf den grundgesetzlich verbrieften Schutz des Eigentums und warfen mir Gesetzesbruch vor. Weder der Hinweis auf das Polizeigesetz, das Beschlagnahmungen ausdrücklich regelt, noch Artikel 14 des Grundgesetz konnte sie in ihrer Wut stoppen. Eigentum verpflichtet – in der Lesart von vielen vermögenden Menschen zu nichts. Der Furor, mit dem das Eigentumsrecht verteidigt und absolut gestellt wird, erinnert mich ein wenig an den mittleren Westen, wo man Eindringlinge mit der Waffe abwehrt und das Gesetz in die eigenen Hände nimmt.

Wir leben in Deutschland zum Glück nicht im Raubtierkapitalismus. Das Eigentum unterliegt laut Grundgesetz einer Sozialbindung. Es muss zum Wohl der Allgemeinheit genutzt werden. Wer eine Wohnung leer stehen lässt, obwohl sie dringend gebraucht wird, der tut das Gegenteil. Er nimmt zahlreiche Leistungen der Allgemeinheit in Anspruch, gibt ihr aber nichts zurück, sondern richtet Schaden an. Bis ein Haus in Deutschland gebaut wird, müssen aufwendige und teure, von der Allgemeinheit zu finanzierende Planungsverfahren durchgeführt werden. Damit das Haus betrieben werden kann, müssen Leitungen für Wasser, Strom, Heizung, Telekommunikation und Abwasser gelegt und eine Straße gebaut werden. In Städten kommen öffentliche Verkehrsverbindungen hinzu. All das nimmt der Eigentümer einer leer stehenden Wohnung in Anspruch, bezahlt dafür aber nicht mehr, die Nutzung der Infrastruktur wird für andere teurer. Im schlimmsten Fall verfällt das Haus, die Gegend kommt in Verruf und verliert an Wert.

Aus all diesen Gründen ist es nach Recht und Gesetz in Deutschland möglich, die Vermietung von Wohnungen zu erzwingen. Diese Rechtslage haben viele Menschen mittlerweile schlicht verdrängt. Vermutlich ein Ergebnis der neoliberalen Phase und der Westerwelle-FDP, die Steuern und Gesetze mehr oder weniger als lästigen Ballast abzuschütteln versucht hat.

Was wäre passiert, wenn es zu Beschlagnahmungen leerer Wohnungen gekommen wäre? Menschen, die ihr zweites oder drittes Haus, nicht ihr Wohnhaus, seit vielen Jahren ungenutzt lassen, wären gezwungen worden, Mietzahlungen einzunehmen.

Beschlagnahmung ist nicht Enteignung. Das Eigentum geht nicht auf den Staat über, er ordnet nur eine Nutzung an, die dem Gemeinwohl dient, und bezahlt dafür eine reguläre Miete. Wir leben im Rechtsstaat. Die Kompetenz zu diesem Schritt hat in Baden-Württemberg der Bürgermeister als Leiter der Ortspolizeibehörde.

Ich hätte mich davor nicht gescheut, so wie einige wenige Kollegen es tatsächlich auch versucht haben. Insbesondere Hamburg hat leer stehende Gewerbeimmobilien einige Zeit für die Unterbringung von Flüchtlingen herangezogen. Ein Versuch in Lüneburg, dies auch mit einem privaten Wohnhaus zu tun, scheiterte nicht an der Zulässigkeit an sich. Die wurde vom Gericht bejaht, allerdings sah es die Voraussetzungen nicht als erfüllt an, die Stadt habe noch andere Möglichkeiten und könne daher auf dieses letzte Mittel nicht zurückgreifen.

Tatsächlich ist es den deutschen Kommunen gelungen, die Notlage im Winter 2016 gerade noch zu meistern, weil die Flüchtlingszahlen im letzten Moment zurückgingen. Auch in Tübingen waren Beschlagnahmungen nicht nötig. Die öffentliche Debatte hatte genügt, um Wohnraum im notwendigen Umfang nutzbar zu machen.

Ein bestimmter Einwand gegen die Zwangsbelegung leer stehender Wohnungen war häufig zu hören: »So lange es nur Deutsche waren, die keine Wohnung finden, haben Sie nichts unternommen. Aber für die Asylbewerber tun Sie alles.« Faktisch ist jede wieder genutzte Wohnung nicht nur eine Hilfe für Flüchtlinge, sie hilft auch jedem Wohnungssuchenden, weil eine andere Wohnung dann nicht mit Flüchtlingen belegt wird. Insoweit ist das Argument also nicht zu Ende gedacht. Aber richtig ist trotzdem, dass die Politik vor der Flüchtlingskrise viel zu wenig für bezahlbaren Wohnraum für alle getan hat. Deshalb habe ich auch nach dem Höhepunkt der Krise daran festgehalten, dass wir gegen den Leerstand vorgehen müssen.

Das Notrecht der Einquartierung von Flüchtlingen kam dafür natürlich nicht in Frage. Was wir benötigten, war ein Instrumentarium, das sanften Druck auf die Eigentümer leer stehender Wohnungen ausübt, ihr Eigentum entweder selbst sinnvoll zu nutzen oder es anderen zur Nutzung zu überlassen. Glücklicherweise hatte die grün-rote Landesregierung dafür per Gesetz eine Möglichkeit geschaffen, die es in der alten Bundesrepublik überall gegeben hat, die aber auf Betreiben der FDP in der neoliberalen Phase abgeschafft worden war: das Zweckentfremdungsverbot. Eine Stadt hat in Baden-Württemberg die Möglichkeit, den Leerstand von Wohnraum mit Bußgeldern bis zu 50 000 Euro zu ahnden, wenn sie dafür ein lokales Gesetz, eine so genannte Satzung, erlässt. Da wir nach all den Appellen und zwei direkten Briefe an die Eigentümer aller leer stehenden Häuser noch immer in der weit überwiegenden Zahl der Fälle auf Granit gestoßen waren, beantragte ich im Gemeinderat den Erlass eine Zweckentfremdungsverbotssatzung.

Die Debatte über das Zweckentfremdungsverbot zog sich über mehrere Sitzungen hin. CDU, freie Wähler und FDP sperrten sich gegen Eingriffe in das Privateigentum und bezweifelten, dass man damit irgendetwas erreichen würde. Die Mehrheit aus Grünen, SPD und Linken beschloss die Satzung gegen diesen Widerstand mit meiner Stimme. Auch wenn es sein mag, dass der Effekt sich in Grenzen hält und Aufwand zur Kontrolle entsteht, bin ich fest überzeugt, dass eine Stadt hier nicht völlig hilflos bleiben darf. Vor der Einführung der Satzung konnte ich nur appellieren. Jetzt haben wir ein Druckmittel in der Hand, das Bewegung erzeugen kann. Es ist noch zu früh, um Ergebnisse mit Zahlen zu belegen, die Satzung wirkt erst seit Frühjahr 2017. Aber schon die Debatte im Gemeinderat und die Veröffentlichung des Beschlusses hat erkennbar ein Umdenken ausgelöst. Wir werden daran arbeiten, dass daraus für viele Menschen eine Wohnung wird.

Der Streit um leer stehende Wohnungen hat mir gezeigt, dass es rechts wie links viele Menschen gibt, die auf die Herausforderungen der Flüchtlingskrise mit Abwehr reagiert haben. Rechts gab es wenig Bereitschaft, das zu tun, was wir im Land tun konnten, um den Flüchtlingen zu helfen. Links gab es wenig Bereitschaft, das zu tun, was wir an den Grenzen tun konnten, um die Überforderung unseres Landes zu vermeiden. Und beide waren sich darin gleich, dass sie mit wüsten Beschimpfungen und Beleidigungen reagierten, wenn sie mit einem Vorschlag konfrontiert wurden, der ihnen abverlangte, von ihrer Position etwas abzurücken und eine pragmatische Lösung zu finden.

Die Grenzen des Zumutbaren: Enttäuschte Erwartungen auf beiden Seiten

Im August 2015 stand Deutschland noch vor der Phase des größten Flüchtlingsandrangs. Die Behörden waren aber schon zu diesem Zeitpunkt überfordert, und es formierte sich erster Protest von Flüchtlingen gegen die daraus entstehenden Lebensverhältnisse. Die Landeshauptstadt Stuttgart hatte in Nebenräumen der Hanns-Martin-Schleyer-Halle, Stuttgarts größtem Veranstaltungsort, eine Notunterkunft für Flüchtlinge eingerichtet. Es dauerte nur vier Tage, bis etwa 80 Flüchtlinge einen von den Medien stark beachteten Protest begannen: In den Händen hielten die Männer Zettel, auf denen auf Englisch geschrieben stand: »We fight for our right.« Die *Stuttgarter Zeitung* schilderte, dass sich die Männer an die Absperrgitter stürzten, wenn Journalisten sich näherten, um ihr Leid zu klagen. »Wir sitzen hier nur rum, es ist deprimierend«, habe einer gesagt. Ziel des Protests waren eine schnellere Registrierung und eine bessere Unterbringung.

Mich haben solche Proteste von Anfang an irritiert. Wie kommt es, dass Menschen, die in unserem Land Aufnahme finden, weil sie vor Krieg fliehen, nach wenigen Tagen Proteste organisieren? Proteste zumal, die sich nicht gegen eine absichtsvolle Handlung richten, sondern gegen Zustände, die entstehen, wenn ein Staat in einer Ausnahmesituation überfordert ist? Sollte man nicht annehmen, dass eine Halle in Stuttgart für jeden, der sein Leben vor den Schergen Assads gerettet hat, ein Ort ist, an dem man erstmal froh ist, es geschafft zu haben? Darf man nicht erwarten, dass den Helfenden zumindest etwas Zeit gegeben wird, um die so plötzlich entstandene Aufgabe zu meistern?

Demonstrationen dieser Art blieben kein Einzelfall. Soweit ich sehen kann, sind die Ursachen dieses verbreiteten Phänomens nicht geklärt. Häufig scheinen deutsche Unterstützerkreise die Flüchtlinge zu Protesten ermutigt zu haben, um aus ihrer Sicht bestehende Missstände mit öffentlichem Druck zu beseitigen. Immer wieder gibt es Berichte, dass viele Flüchtlinge mit Erwartungen nach Deutschland kamen, die weit überzogen waren, weil sie von Freunden und Verwandten, die früher gekommen waren und daher bessere Bedingungen vorgefunden hatten, den Eindruck vermittelt bekamen, jeder erhalte sogleich eine schöne Wohnung bei uns und werde großzügig versorgt. Wie auch immer die Proteste zu erklären sind, es dauerte nicht lange, bis ich sie auch in Tübingen beobachten konnte.

Die größte Notunterkunft im ganzen Landkreis hatte der Landrat in der Tübinger Kreissporthalle eingerichtet. Die Fünffelderhalle ist die größte im ganzen Stadtgebiet und normalerweise für den Sportbetrieb unverzichtbar. Als sie in den Sommerferien 2015 zur Notunterkunft umgebaut werden musste, hatten wir auch in der Stadtverwaltung alle Hände voll zu tun, um den Schul- und Vereinssport auf andere Hallen zu verlegen. Alle mussten zusammenrücken, neue Zeiten akzeptieren, Einschränkungen und längere Wege hinnehmen. Das taten sie klaglos, nicht ein einziger kritischer Brief erreichte die Stadt oder die Öffentlichkeit. Eine wirklich solidarische Leistung der Sportler und ihrer Vereine.

Die Entscheidung für die Einrichtung der Notunterkunft erwies sich als richtig. Im Herbst 2015 wurden die 400 Plätze, die sich in der Halle einrichten ließen, nach und nach belegt. Als die Halle voll war, dauerte es nicht lange und schon im Januar 2016 begannen die Proteste. Vor der Halle demonstrierten überwiegend linke Bündnisse und Gruppen mit fast 150 Menschen gegen Abschiebungen. In der Halle kam es immer wieder zu Schlägereien, schlimmen Zuständen in den sanitären Anlagen und schließlich auch zu Protestaktionen gegen den Landkreis. Ich nahm das zum Anlass, um mir selbst vor Ort ein Bild der Lage zu machen, konnte dabei aber nichts entdecken, das in einer solchen Halle nicht zu erwarten gewesen wäre. Insgesamt war die Atmosphäre nach meiner Wahrnehmung sogar eher ruhig.

Das *Schwäbische Tagblatt* ging der Sache ebenfalls nach und berichtete im Februar 2016 von den Vorwürfen der Flüchtlinge an die Kreisverwaltung: »Wir leben hier wie Tiere«, habe ein junger Syrer geklagt. Kaum Schlaf, immer am selben Ort – das könne man ein oder zwei Monate aushalten, »aber nach drei, vier Monaten wird man verrückt«. Bei der Ankunft habe man ihnen gesagt, dass sie nur rund zwei Wochen dort bleiben müssten, sagten einige Flüchtlinge der Zeitung. Die Kreisverwaltung widersprach dem vehement: Man wisse ja kaum, wohin mit den Leuten, und sei dabei, ständig neue Unterkünfte einzurichten. »Warum hätten wir also so etwas sagen sollen?«

Ein weiterer Kritikpunkt war das Essen. Es gebe immer das gleiche, klagten die Bewohner dem Tagblatt: morgens Brot mit Nutella und einen Joghurt, mittags Reis, oft mit Geflügel, abends Brot mit Salami und Käse, und vom Brot nur eine Scheibe. Wer davon nicht satt werde, habe Pech gehabt. Für das schlechte Essen behalte der Kreis auch noch 150 Euro von der Unterstützungsleistung ein. Tatsächlich sieht das Gesetz vor, dass Flüchtlinge, die in Gemeinschaftsunterkünften verpflegt werden, weniger Geld erhalten, als jene, die sich selbst versorgen müssen. Der Caterer des Landkreises bestritt jede Rationierung entschieden.

Anstoß erregten auch die sanitären Einrichtungen. Es handelte sich nicht um Container, sondern um die Anlagen, die sonst die Sportler nutzten. Auch Beschäftigte des Landkreises berichteten mir, dass es dort häufig furchtbar aussehe. Fäkalien würden buchstäblich an die Wände geschmiert. Das Problem gehe von bestimmten Gruppen aus, die Stehtoiletten gewohnt waren und sich nicht auf Kloschüsseln setzen wollten. Die beste Lösung, die dafür gefunden werden konnte, waren ethnisch getrennte Toiletten.

Zu den Konflikten zwischen den Flüchtlingen trugen auch Alkoholprobleme einiger Männer bei. In der Halle herrschte selbstverständlich ein Verbot, das Wachpersonal achtete darauf, es durchzusetzen. Wer aber draußen Alkohol konsumierte, konnte schlecht am Betreten der Halle gehindert werden, zumal im Winter. Dem Wachpersonal wiederum wurde eine herablassende Behandlung der Flüchtlinge vorgeworfen. Der verantwortliche Dezernent im Landkreis bestritt das und erklärte: »Wir haben Hinweise, dass bestimmte Leute Gerüchte streuen, von denen wir wissen, dass sie nicht wahr sind.«

Die meisten der geschilderten Probleme sind wohl nicht anders zu erwarten, wenn man 400 Menschen verschiedenster Nationalität über längere Zeit in einer Halle unterbringt. Auch 400 Schwaben würden in dieser Lage aufeinander losgehen. Natürlich würde man sich wünschen, dass solche Notunterkünfte gar nicht nötig sind. Und ganz sicher erschwert dies die Integration in unsere Gesellschaft. Aber darum ging es in dieser Phase auch erkennbar nicht. Das Ziel war, den Menschen ein Dach über dem Kopf zu geben, medizinische Versorgung und ausreichende Ernährung sicherzustellen und so die Zeit bis zum Einzug in besser geeignete Gebäude, die aber erst noch errichtet werden mussten, zu überbrücken.

Hätte man nicht auch bei den Flüchtlingen mehr Verständnis für diese Lage erhoffen dürfen statt Proteste? Kann jemand sich wirklich so schlecht behandelt fühlen in einer Halle in Süddeutschland, wenn gleichzeitig Millionen von Menschen in den Flüchtlingslagern in der Türkei oder Jordanien von Hunger bedroht sind, weil das UN-Flüchtlingshilfswerk nicht genügend Geld zusammenbekommen hatte, um alle zu versorgen? Mir bleibt diese bei einer tonangebenden Minderheit der Flüchtlinge verbreitete Anspruchshaltung, verbunden mit der Bereitschaft, selbst ziemlich schnell Probleme mit Alkohol, Gewalt und mangelnder Hygiene zu schaffen, leider bis heute unerklärlich. Ich weiß, ich habe keine Fluchterfahrung, aber ich hätte andere Reaktionen auf eine gelungene Flucht nach Deutschland vermutet.

Ganz direkt befasst mit den Zuständen in einer Notunterkunft war ich erstmals im Frühjahr 2016. Die Kreissporthalle war da bereits voll belegt. Der Kreis benötigte eine weitere Halle, und die Stadt stellte sie bereit. Auf dem früheren Schlachthof – ob das aus Pietätsgründen überhaupt zulässig sei, wurde kurzzeitig diskutiert – gab es eine Halle mit Scheddach, die seit geraumer Zeit für Kunst und Kultur genutzt wurde. Das mussten wir vorläufig beenden und vermieteten die Halle dem Landkreis, der sie mit einer Heizung ausstattete, so dass sie auch im Winter genutzt werden konnte.

Die Unterkunft hatte alle Nachteile einer Hallenunterkunft. Es gab keine Privatsphäre. Immer sechs Menschen, nach Möglichkeit jeweils eine Familie, teilten sich einen durch Stellwände abgetrennten Bereich ohne Decke. Die Sanitäranlagen waren aber neuwertige Container, ihre Zahl ausreichend, es gab zwei Gemeinschaftsräume, ein Arztzimmer. Nicht schön, aber für die vorübergehende Unterkunft während des laufenden Asylverfahrens – anerkannt war hier niemand – annehmbar. Die Gesamtzahl von 100 Geflüchteten an einem Standort ist bis heute nicht ungewöhnlich. Pro Person stand in der Halle sogar deutlich mehr Platz zur Verfügung als vorgeschrieben.

Aber auch hier dauerte es nicht lange, bis es zu Beschwerden und Protesten kam, obwohl sich sofort ein Unterstützerkreis gebildet hatte, in dem etwa ebenso viele Menschen den Flüchtlingen mit Rat und Tat zur Seite standen. Ich beschloss, der Sache auf den Grund zu gehen, und lud den Vorstand des Unterstützerkreises dazu ein, mit mir die Lage vor Ort zu besichtigen.

Als ich die Halle im Juni 2016 betrat, kamen mir zunächst nur die Männer entgegen, und ich reichte ihnen die Hand. In der Halle erwartete mich eine Demonstration ausschließlich von Kindern. Sie alle hielten Schilder hoch, die menschenunwürdige Zustände beklagten. Die Frauen waren so weit im Hintergrund

und alle verschleiert, dass sich kein Kontakt ergab. Ich ließ mir die Einrichtung zeigen und dabei setzte sich der Tross von etwa 25 Leuten lautstark in Bewegung. Es sprach niemand deutsch oder englisch. Als zwei Dolmetscher ihre Hilfe anboten, entwickelte sich eine Diskussion.

Der Tonfall war fordernd, fast schon aggressiv. Die Männer verlangten, dass sie sofort in Wohnungen verlegt werden. Die Unterbringung in der Halle sei menschenunwürdig. Ich erklärte, dass ich verstehen könne, dass niemand so auf Dauer leben möchte und wir nur um eines bitten: Zeit, die wir für die Lösung brauchen. Eine ältere Dame aus dem Unterstützerkreis sagte daraufhin: »Ich verstehe die Kritik nicht. Die Halle ist doch gut. Hier sind alle sicher.« Einer der Männer entgegnete auf dieses Argument: »Lieber leben wir mit Bomben als hier.« Die Gruppe, die etwa ein Viertel der Flüchtlinge in der Halle ausmachte, stammt größtenteils aus Syrien und Afghanistan. Die Erwartungen waren offensichtlich fürchterlich enttäuscht worden.

Draußen beredete ich im Anschluss das Erlebte mit dem Vorstand des ehrenamtlichen Helferkreises und den täglich hier im Einsatz befindlichen Hausmeistern, einige von ihnen waren selbst vor 20 Jahren als Flüchtlinge vom Balkan zu uns gekommen. Aus dem Helferkreis hörte ich Sorge, aber mehrheitlich Hoffnung. Das Engagement war ungebrochen. Drei Viertel der Flüchtlinge seien zufrieden, eine Demonstration wie eben in meiner Gegenwart hatten sie nie erlebt. In letzter Zeit habe eine dubiose Gruppe von Linksautonomen die Flüchtlinge aufgewiegelt und ihnen wohl den Eindruck gegeben, durch öffentlichen Druck könnten sie die Halle schneller verlassen. Das sei nicht repräsentativ. Die meisten seien dankbar.

Die Hausmeister widersprachen: »Die haben sich vorgestellt, sie bekommen hier sofort ein Haus und alles läuft von selbst. Die Erwartungshaltung ist maßlos. Dankbarkeit gibt es nicht. Und wir hatten vor 20 Jahren nichts von der Unterstützung, die es heute gibt.« Letzte Nacht habe es wegen Streitereien wieder eines Polizeieinsatzes bedurft. Wegen solcher Scherereien, sagte einer der Hausmeister, sei er am Vorabend erst um zwei ins Bett gekommen und habe um sieben Uhr früh wieder in der Halle gestanden. Am Ende war man sich einig, dass es beides gibt, Dankbarkeit und Undankbarkeit, nur über die Verteilung gingen die Meinungen auseinander.

Als ich nach mehr als einer Stunde das Gelände verließ, war es wieder ruhig. Die Männer hatten sich zu eine Gruppe zusammengefunden, die Frauen ebenso, beide strikt getrennt. Schon im Herbst 2016 wurde die Schedhalle geräumt. Alle haben ein neues Zuhause bekommen, einige Flüchtlinge sind von dort auf kleinere Gemeinden im Kreis Tübingen verteilt worden. Das führte auch zu Unzufriedenheit, weil die Kontakte zur den ehrenamtlichen Helfern abbrachen und die kleinen Orte ganz andere Bedingungen für das Zusammenleben bieten als die Stadt. Einerseits gibt es dort einen engeren Zusammenhalt durch Vereine und Nachbarschaft, andererseits ist es aber fast unmöglich, sich im öffentlichen Raum so unerkannt zu bewegen wie in der Stadt. Von einem Dorf, das von Tübingen 30 Kilometer entfernt ist, kann man die Stadt ohne Auto nur mit langen Reisezeiten erreichen. In der Tendenz zieht es die Flüchtlinge in die Städte, nicht aufs Land. Durch die Zusammenarbeit aller Städte und Gemeinden im Kreis ist es uns aber gelungen, alle Flüchtlinge bis Ende 2016 in Wohnungen oder Wohncontainern unterzubringen. Andernorts hat das sehr viel länger gedauert: Berlin hatte im September 2016 noch 22 000 Flüchtlinge in über 40 Turnhallen und anderen Großunterkünften einquartiert. Mittlerweile sind Notunterkünfte aber auch dort zumindest vorläufig Geschichte.

Wenn wir mittlerweile damit die Phase der Notunterkünfte hinter uns gelassen haben, so heißt das freilich keineswegs, dass die Probleme mit der Unterbringung bereits vollständig gelöst sind. Die Geflüchteten wechseln nun in zunehmend größerer Zahl in die Obhut der Gemeinden, nur ein sehr kleiner Teil wird bereits auf dem freien Wohnungsmarkt fündig.

Wir haben die neuen Unterkünfte so geplant, dass sie zu etwa einem Drittel für Familien geeignet sind, die meistens gut unterkommen, zu zwei Dritteln aber für Alleinreisende, meistens also junge Männer. Wenn wir genügend Wohnraum hergestellt haben, werden sie alle in Einzimmerappartements mit Kochzeile, Dusche und WC Unterkunft finden. Für den Moment aber ist Wohnraum für Geflüchtete noch so knapp in Tübingen, dass zwei Männer sich ein solches Appartement mit etwa 20 Quadratmetern Wohnfläche teilen müssen. Beim Erstbezug eines Gebäudes Anfang 2017 gab es deswegen heftige Proteste, sowohl von ehrenamtlichen Betreuern als auch von den Flüchtlingen selbst. Einige drohten mit Mord an den Mitbewohnern, andere mit Selbstmord, wenn sie kein Einzelzimmer erhalten. Daran nämlich hatten sich einige gewöhnt, weil die Unterkünfte des Kreises mit der Zeit leer gezogen wurden und daher mehr Platz für die Zurückbleibenden zur Verfügung stand.

Das Problem enttäuschter Erwartungen begleitet uns bis in die Gegenwart. Die Enttäuschungen sind wechselseitig. Eine nicht geringe Zahl von Flüchtlingen ist unzufrieden mit der Aufnahme in Deutschland, mit den Unterkünften, dem langen Warten auf die Entscheidung der Asylanträge, den fehlenden Betätigungsmöglichkeiten und der Arbeitslosigkeit. Umgekehrt wachsen die Enttäuschungen auch bei denen, die mit Geflüchteten arbeiten. Enttäuschungen über die Grenzen und Defizite der Aufnahme, aber auch über die teilweise fehlenden Integrationsvoraussetzungen bei den Geflüchteten. Die ersten zwei Jahre in Deutschland mit einer Odyssee von Unterkunft zu Unterkunft und durch die Behörden zu verlieren, hat Frustrationen erzeugt und bedeutet für viele Geflüchtete einen Fehlstart in das erhoffte neue Leben. Wir waren dem Andrang im Spätherbst 2015 nicht gewachsen und haben zwei Jahre benötigt, um die Folgen in den Griff zu bekommen. Wenn die Integration gelingen soll, müssen wir diese verlorene Zeit für die Geflüchteten wieder aufholen.

Die Grenzen der Nachbarn: Wie viele Fremde lassen sich integrieren?

Im Januar 2016 fasste der Tübinger Gemeinderat einen Grundsatzbeschluss zur Flüchtlingsunterbringung. Unser wichtigstes Ziel war es, den plötzlich und unerwartet benötigten Wohnraum so herzustellen, dass wir Integration begünstigen und langfristig sinnvollen Städtebau betreiben. Die Masse der Wohnungen für über 1000 Geflüchtete, verteilt auf etwa fünfzehn Standorte, wollten wir deshalb voll an den Zielen unserer Strategie entlang errichten: verteilt über die Stadt, in bestehenden Quartieren und Wohngebieten, auf Dauer angelegt, mit vielen Nutzern und Bauherren kombiniert.

Wir wussten, dass wir eine Vielzahl von Planungshindernissen zu überwinden haben würden – davon habe ich schon berichtet –, und uns war klar, dass die Bürgerschaft in Tübingen eine sehr anspruchsvolle Kultur der Bürgerbeteiligung gewohnt ist, die sie mit Recht einfordert. Das ist gut für alle, denn Beteiligung macht Projekte besser und erhöht ihre Akzeptanz. Sie kostet aber auch Zeit. Und die hatten wir nicht. Es blieb uns daher nichts anders übrig, als bei den erprobten und allseits auch anerkannten Standards der Tübinger Bürgerbeteiligung Abstriche zu machen. Ganz bewusst stellten wir das im eingangs erwähnten Grundsatzbeschluss dar. Ich legte auch öffentlich großen Wert auf diesen Punkt, um die Erwartungen gleich zu Beginn zurechtzurücken. Wir mussten jetzt Schnelligkeit vor Gründlichkeit stellen.

Bei zehn von elf Projekten war die Bürgerbeteiligung problemlos – ein Beleg, wie groß die Bereitschaft zur Aufnahme von Flüchtlingen in der Stadt ist und wie gut die Verwaltung auch in dieser Extremsituation die Projekte auswählte und durchführte.

Aber eines der Vorhaben führte zu einer Auseinandersetzung mit der Nachbarschaft, die exemplarisch aufzeigt, wie schnell die Akzeptanz für die Unterbringung von Flüchtlingen verloren gehen kann. Die Anwohner der bis dahin eher unbekannten Franzosenwiese machten diese durch Proteste in der ganzen Stadt zum Gesprächsthema.

Tübingen war nach dem Krieg kurzzeitig Landeshauptstadt und bis 1990 Sitz einer französischen Garnison. Aus dieser Phase der Stadtgeschichte ist ein Ensemble von früheren Offiziershäusern erhalten geblieben, eingerahmt von großzügigen Grünflächen. Die Grundstücke kamen in städtischen Besitz, als die Offiziere nach Frankreich zurückkehrten. Der Abzug der Franzosen hatte in Tübingens Süden einen großen Schub der Stadtentwicklung ausgelöst, ein Rahmenplan wurde erstellt, zwei Kasernen wurden zu modernen Quartieren umgebaut, nur ein Bereich wurde für eine spätere Entwicklung zurückgestellt, weil hierzu noch eine Bundesstraße in einen Tunnel verlegt werden muss. In diesem Bereich lagen die Offiziershäuser und die umliegenden Freiflächen. Die Bewohner dort konnten davon ausgehen, dass sie erst in den 2030er-Jahren vor größeren Veränderungen stehen würden. Die Franzosenwiese selbst ist eine eher unscheinbare Grünfläche zwischen den Offiziershäusern und einer Einfamilienhauszeile. Auf der Wiese befanden sich Garagenbauwerke, nur dazwischen war es grün. Unsere Planung sah nun vor, die Garagen abzureißen und an ihrer Stelle, wenn auch auf größerer Grundfläche, drei Häuser für insgesamt etwa 100 Flüchtlinge zu errichten.

Normalerweise würden wir zu einem solchen Vorhaben eine eigene Bürgeranhörung durchführen und nur mit ausgereiften Plänen in die Diskussion gehen. Dafür war keine Zeit. Wir führten daher nur Sammelinformationsveranstaltungen für ganze Stadtteile zu allen Flüchtlingsprojekten gemeinsam durch und präsentierten dabei explizit nur vorläufige Skizzen. In der Präsentation zur Franzosenwiese wurde ein Plan mit handschriftlichen Ergänzungen vorgestellt, aus denen sich ablesen ließ, dass Wohnraum für 96 Flüchtlinge auf 1920 Quadratmeter Geschossfläche in drei Gebäuden mit 22 Metern Länge und 10 Metern Breite auf jeweils drei Stockwerken geschaffen werden sollte. Dagegen erhob sich in der Bürgeranhörung kein Widerspruch.

Das änderte sich gründlich, als die beauftragten Architekten ihre Pläne fünf Monate später der Öffentlichkeit vorstellten. Weil wir die Häuser langfristig als Sozialwohnungen nutzen wollen, wurden in den Häusern überwiegend Wohnungen mit mehreren Zimmern statt Einzimmerwohnungen geplant. Die Annahme, wir könnten mit 20 Quadratmetern Geschossfläche pro Flüchtling auskommen, unterschätzte den Bedarf, es werden etwas mehr als 25 Quadratmeter benötigt. Außerdem zeigte sich, dass ein Stockwerk in den Hang eingegraben werden kann und die Grünflächen um die Gebäude noch immer großzügig sind, wenn die Ausmaße etwas wachsen. Im Ergebnis sollten die Gebäude einen Stock höher, 3 Meter länger und 4,5 Meter breiter werden. Die Nachbarschaft lief Sturm gegen diese Veränderungen und gründete die Interessengemeinschaft IG Franzosenwiese. Von nun an gab es fast täglich kritische Leserbriefe im *Schwäbischen Tagblatt* zu diesem Thema.

Die Kritik richtete sich dabei zum einen auf die Sache, zum anderen aber auch auf die Form. In der Sache ging es um den Abstand der neuen Gebäude zu den bestehenden, um die Höhe, die Sichtbeziehungen, die Verschattung, den Anteil der überbauten Grundfläche, den Verlust an Grünfläche, die Zahl der zu integrierenden Flüchtlinge, die Gesamtzahl der neuen Nachbarn, die Parkierung, den zusätzlichen Verkehr, den Wertverlust der Gebäude, den Wandel eines eher dörflichen und dünn besiedelten Bereichs zu einem urbanen Siedlungsgebiet und viele andere Themen, die nicht untypisch für solche Veränderungsprozesse sind. Mit solchen Sorgen und Einwänden muss man bei größeren Bauvorhaben in bestehenden Nachbarschaften eigentlich immer rechnen.

Hinzu kamen aber schwere Vorwürfe wegen des Verfahrens. Die IG Franzosenwiese äußerte den Verdacht, die Stadtverwaltung habe versucht, sie hinters Licht zu führen. Mit dem Bau der wesentlich kleineren Häuser habe man sich bei der Bürgeranhörung einverstanden erklärt, die Präsentation nahezu doppelt so großer Häuser ein halbes Jahr später interpretierten sie als eine Art Überrumpelungstaktik und werteten das als Vertrauensbruch. Mit Argumenten, die am Anfang des Prozesses vielleicht noch hilfreich gewesen wären, drangen wir nun nicht mehr durch.

So hatte der Gemeinderat zwar im Jahr 2009 unter öffentlicher Beteiligung einen Rahmenplan beschlossen, der Häuser in der nun vorgestellten Dimension vorsah. Die Anwohner hatten damals keine Einwände erhoben. Das verbanden sie nun aber mit der Erwartung, dass dieser Umbau ihrer Wohngegend wie geplant erst nach 2030 starte, darauf hätten sie sich verlassen.

Der plötzliche und nicht vorhersehbare Bedarf an Wohnraum für Flüchtlinge hatte uns zu einem abrupten Strategiewechsel, nämlich dem Vorziehen des Bauzeitpunkts um 15 Jahre, gezwungen. Um das einvernehmlich mit den Betroffenen zu klären, war die Zeit nicht da.

Wir versuchten daher, durch Kompromisse in der Ausgestaltung der Gebäude wieder einen Konsens herzustellen. Es wurden mit großem Aufwand mehr als ein halbes Dutzend Varianten untersucht. Doch eine Einigung war nicht mehr möglich. Die Anwohner wollten ein Geschoss weniger und höchstens 18 Wohnungen statt der geplanten 39. Der Gemeinderat entschied sich, auf einen Teil des obersten Geschosses und drei Wohnungen zu verzichten sowie das Gebäude um zwei Meter in der Länge und einen Meter in der Breite zu reduzieren. Außerdem wurde den Bewohnern zugesichert, die von ihnen geforderte Höchstzahl von 80 Flüchtlingen einzuhalten. Ein Drittel der Wohnungen sollte für Einwohner der Stadt auf der Suche nach günstigem Wohnraum reserviert bleiben.

Doch es half alles nichts. Der Protest wurde größer, die Anwohner starteten eine Unterschriftensammlung. Mehr als 700 Menschen unterstützen einen Aufruf der IG Franzosenwiese.

Als der Gemeinderat sich entschied, diese Forderungen und weitere Vorschläge der IG Franzosenwiese zurückzuweisen, erreichte die Empörung einen Höhepunkt. In mehreren Leserbriefen äußerten Nachbarn der Franzosenwiese nicht nur Kritik am Inhalt der Entscheidung, sie zogen auch ihre Legitimität in Zweifel: »Diskussionskultur? Würdigung von bürgerschaftlichem Engagement? Es ist ein dünnes demokratisches Mäntelchen, unter dem ich vor allem ausgeprägtes Machtbedürfnis und ein starkes Bedürfnis nach Selbstdarstellung wahrnehme. Mit meinen Schülern werde ich weiterhin faires Diskutieren üben. Nach dieser Erfahrung bitter nötig.« – »Wenn den Volksvertretern und Volksverwaltern das Volk zu nahe kommt, kann es ungemütlich werden. Und dann rückt man zusammen, und zwar weg vom Volk.« – »Die Gemeinderäte fühlen sich genug informiert, natürlich von der Stadtverwaltung. Die Meinung derer, die vor Ort wohnen, ist ihnen suspekt. Damit wird die Stadtverwaltung immer leichtes Spiel haben. Wozu brauchen wir dann noch einen Gemeinderat?«

Ich hielt diese grundsätzliche Ablehnung unserer kommunalen Demokratie für so besorgniserregend, dass ich sie zum Thema meiner Neujahrsrede machte und einen Appell an die Bürgerschaft formulierte: »Liebe Tübingerinnen und Tübinger, wenn wir uns in einer Sachfrage nicht einig sind, dann sollten wir das austragen. Wir werden es aber nicht schaffen, uns immer einig zu sein. Das müssen wir dann aushalten. Wenn uns eine Entscheidung des Gemeinderates nicht passt, dürfen wir deshalb nicht gleich die ganze kommunale Demokratie in die Tonne treten. Lassen Sie uns streiten, wenn es sein muss, wie die Kesselflicker, aber lassen Sie uns bei der Sache bleiben.«

Mir war klar, dass ich damit das Risiko einer weiteren Eskalation des Streits einging. Um das weitgehend zu entschärfen, erläuterte ich, dass es mir ausdrücklich nicht um die Frage gehe, ob die Gebäude zu groß, an der falschen Stelle oder für zu viele Geflüchtete geplant sind. Darüber müsse man in der Demokratie miteinander streiten können. Es gehe mir ausschließlich darum, dass wir in diesem Streit bei der Sache bleiben. Das hatte die Initiative leider nicht getan. Denn im Text ihrer Unterschriftenliste hieß es wörtlich: »Wir sind für eine Anschlussunterbringung für bis zu 80 Flüchtlinge. Aber hier in der Südstadt drei Gebäude zu errichten, die von ihrer Größe eine Maximalbelegung von ca. 300 Personen zulassen, ist keine kleinteilige Unterbringung.«

Die Fakten aber waren ganz andere: Es war völlig ausgeschlossen, dass dort jemals 300 Flüchtlinge untergebracht werden können. Die von der Stadt schriftlich genannte, rein theoretische Maximalbelegung lag bei 160 Personen, also der Hälfte. Der Gemeinderat und der Aufsichtsrat der städtischen Wohnungsbaugesellschaft hatten aber beschlossen, zur Erleichterung der Integration ein Drittel der Neubauten als Sozialwohnungen für heimische Mieter zu errichten. Gleichzeitig wurde verbindlich festgelegt, dass nicht mehr als 80 Flüchtlinge an diesem Standort unterkommen werden.

Wir wollten also genau das tun, wofür die Anwohnerinitiative nach ihren eigenen Worten eintrat: 80 geflüchteten Menschen eine neue Heimat geben. Die Unterschriften wurden aber mit dem Argument gesammelt, es könne ein fast viermal so großes Flüchtlingsghetto entstehen. Ich stellte daher in meiner Neujahresrede nüchtern fest, dass das eine sachliche Auseinandersetzung sehr schwierig mache.

Die Reaktion der so Angesprochenen ließ nicht lange auf sich warten. Mir wurde vorgeworfen, meine Stellung als oberster

Repräsentant der Stadt zu missbrauchen. Die Botschaft war nicht angekommen. Auch wenn die Entscheidung längst gefallen war, lud ich daher die Anwohner zur Aussprache ein. Fast vierzig von ihnen kamen. Der Austausch war lang und intensiv, die Atmosphäre meistens konstruktiv. Mein Hauptanliegen war es, das Misstrauen gegen die Institutionen der kommunalen Demokratie zu heilen. Ich weiß nicht, ob mir das gelungen ist, manches konnte ich aufklären, bei vielen blieb aber erkennbar Skepsis zurück. Immer wieder führte die Debatte auf die erste Skizze zurück. Eine Anwohnerin sagte: »Ich erwarte verlässliche Aussagen.«

Wer wollte da widersprechen? Diesen Anspruch sollte man an eine gut funktionierende Verwaltung haben. Als wir im Januar 2016 die Planungen vorstellten, gab es aber keine verlässlichen Aussagen. Ich hätte den Bundesinnenminister auch gerne auf eine verlässliche Zahl von Flüchtlingen festgelegt, für die wir Vorsorge treffen müssen. Es konnte uns aber niemand sagen, wie viele Flüchtlinge wir noch unterbringen sollen. Wir wussten nur, dass es sehr schnell gehen muss und dass sehr viele schon gekommen waren.

Ich warb wiederholt um Verständnis, dass in einer solchen Extremsituation eine handschriftliche Skizze keine verlässliche Aussage der Verwaltung sein konnte. Ich erklärte ausführlich, dass wir mit den Kompromissen, die wir gemacht hatten, bis an die Grenze des wirtschaftlich und politisch vertretbaren gegangen waren, wieviel wir von den Forderungen der IG Franzosenwiese aufgegriffen hatten, wieviel Zeit und Arbeit das auch den Gemeinderat und die Verwaltung gekostet hatte, obwohl wir diese Zeit eigentlich nicht hatten. Wieviel ich in diesem Dialog reparieren konnte, vermag ich nicht zu sagen. Aber ich verließ den Saal mit dem Gefühl, dass dieses Projekt dazu geführt hat, das Vertrauen der Bürger in die lokale Demokratie schwer zu schädigen.

Eine solche Diagnose erfordert kritische Reflexion. Hätten wir es besser machen können? An einigen Punkten wäre mir da durchaus etwas eingefallen. Wir hatten früh erkannt, dass dieses Projekt sozialen Sprengstoff enthält, weil die Offiziershäuser überwiegend von Mietern mit geringen Einkommen belegt sind. Das Alter und der Zustand der Gebäude waren kritisch. Es war eine naheliegende Idee, die Flüchtlinge in die Altbauten einziehen zu lassen und die Neubauten den bisherigen Sozialmietern zur Verfügung zu stellen. Das scheiterte jedoch an den Vorgaben des Landes. Die Förderrichtlinien für die Landeszuschüsse verbieten ausdrücklich eine solche Rochade. Die Flüchtlinge dürfen nur in den Neubauwohnungen untergebracht werden. Ein Wohnungstausch, der Flüchtlinge in die leider maroden Altbauten und die bisherigen Bewohner in die Neubauten einziehen lässt, ist nicht erlaubt.

Alle Versuche, dies zu ändern, schlugen fehl. Selbst die Unterstützung des Ministerpräsidenten reichte nicht aus, um formale Einwände zu überwinden. Das zuständige Wirtschaftsministerium lehnte eine entsprechende Ausnahme mit dem Hinweis ab, dies löse ein europarechtliches Risiko aus.

Ein Verweis auf Europa, der einen ratlos zurücklässt. Europa kann zwar keine solidarische Flüchtlingsunterbringung organisieren, lässt die die deutschen, schwedischen, italienischen und österreichischen Kommunen mit der Aufgabe allein, ist auch nicht in der Lage, seine Außengrenzen wirksam zu schützen – aber in welchen Wohnungen die Flüchtlinge bei uns wohnen dürfen, das kann man aus Brüssel trotzdem sehr gut bestimmen? Wie so oft war der Hinweis auf Europa aber auch eine Ausrede. Die Wahrscheinlichkeit, dass Brüssel in dieser Sache wegen verbotener Subventionen ein Beihilfeverfahren eingeleitet hätte, war äußerst gering. Man hätte dieses Risiko mit guten Gründen eingehen können.

Auch wenn wir im Verfahren zur Bebauung der Franzosenwiese Fehler gemacht haben, kann ich rückblickend angesichts der dramatischen Umstände nicht erkennen, wie es uns möglich gewesen wäre, den Streit mit der Nachbarschaft zu vermeiden – es sei denn durch die geforderte drastische Verkleinerung der Gebäude. Das heißt aber, auf dringend benötigten Wohnraum in der Stadt, für den wir keinen Ersatz haben, langfristig zu verzichten. Diese Option stand uns real nicht zur Verfügung.

Baubeginn der drei Gebäude ist nun im Herbst 2017. Die Fertigstellung wird nicht im Frühjahr 2017, sondern im Herbst 2018 erfolgen. Eine Verzögerung von mehr als einem Jahr, die dem aufwendigen Planungs- und Diskussionsprozess geschuldet ist.

Solche Konsequenzen muss man mit bedenken, wenn man darüber spricht, wie viele Flüchtlinge und Zuwanderer ein Gemeinwesen in kurzer Zeit aufnehmen kann. Streit mit der Nachbarschaft ist in deutschen Kommunen eher der Normalfall als die Ausnahme, wenn man zusätzliche Gebäude in bestehende Quartiere integrieren will. Wer dort wohnen soll, spielt dabei zunächst gar keine Rolle. Neue Nachbarn verstopfen die Straßen, machen Lärm, belegen Parkplätze, nehmen die Sicht, verbauen Freiflächen. In Tübingen ist der Protest sogar geringer, wenn es um Flüchtlingswohnungen geht, das ist andernorts eher umgekehrt.

Das Problem bleibt aber: Wer keine Gettos für Flüchtlinge schaffen will, sondern kleinere Einheiten an vielen Stellen einer Stadt zur Unterbringung errichten möchte, der braucht dafür Zeit, und die möglichen Flächen sind beschränkt. Wir sind mit dieser Strategie teilweise über die Grenzen der Belastbarkeit sowohl der politischen Gremien und der Verwaltung als auch der betroffenen Nachbarschaft hinausgegangen. Die daraus entstandenen Friktionen werden uns noch lange Zeit zu schaffen machen.

Wie kriminell sind Ausländer? Von den Tücken der Statistik

Ausländerkriminalität. Schon das Wort weckt Emotionen. Für die einen ist sie ein wesentlicher Grund, sich gegen unkontrollierte Zuwanderung zu wehren, für die anderen gibt es sie gar nicht, weil Kriminalität nichts mit Herkunft zu tun hat. Beide Seiten berufen sich auf die amtliche Kriminalstatistik . Die einen lesen dort Aussagen wie »40 Prozent aller Tatverdächtigen sind Ausländer« oder »Flüchtlinge begehen jede Stunde 23 Straftaten« heraus, die anderen sagen unter Berufung auf dieselben Daten »Kriminalität hat keinen Pass« oder formulieren vorsichtig »Es gibt keine Hinweise auf eine erhöhte Kriminalitätsbelastung von Ausländern«.

Ausländerkriminalität sollte vorurteilsfrei und nüchtern anhand von Fakten analysiert werden. Leider verhält es sich genau umgekehrt, die Debatte ist geprägt von Ängsten und Werthaltungen, die sich von Daten kaum beeinflussen lassen.

Das spiegelt sich in den zahlreichen Texten, die zu diesem Thema kontinuierlich veröffentlicht werden. In den Qualitätsmedien ist der Tenor, es sei zwar richtig, dass Ausländer überproportional häufig straffällig werden, doch verfälsche der Blick auf die Statistik das Bild, so dass sich am Ende zeige, dass Ausländer nicht häufiger straffällig würden als Deutsche. Den Beleg für diese These bleiben aber alle schuldig. Umgekehrt liest man vor allem auf Internetportalen viele mit Zahlen gespickte Texte, die behaupten, den Nachweis führen zu können, dass die amtliche Statistik die Ausländerkriminalität gezielt ausblende und die Medien die Wahrheit über diese Bedrohung verschweigen. Die Aussagen widersprechen sich diametral, doch keine Seite kann die andere hieb- und stichfest widerlegen, auch wenn die herrschende Meinung zweifellos die besseren Argumente hat.

Die Ursache dieser misslichen Debattenlage zur Ausländerkriminalität ist die Statistik selbst. So wie die Medien lange Zeit nach ihrem Kodex auf die Nennung der Herkunft eines Tatverdächtigen verzichtet haben, wenn dies nicht zum Verständnis der Tat notwendig war, so hat auch die amtliche Kriminalitätsstatistik für sehr lange Zeit keinen Fokus darauf gelegt, Kriminalität nach der Herkunft der Täter zu differenzieren, weil es weder nötig noch hilfreich war. Was früher sinnvoll war, um Stigmatisierung und Vorurteilen entgegenzuwirken, schafft heute ein Vakuum, in dem Spekulationen gedeihen können.

Das Problem wird noch dadurch zusätzlich verschärft, dass Wahrnehmung und öffentliche Darstellung weit auseinandergehen. Viele Menschen, die mit Kriminalität häufiger zu tun haben, sehen Ausländer als bedeutende Problemgruppe. In städtischen Brennpunkten der Kriminalität sind die Straßen sichtbar von Ausländern geprägt. Und wer mit Polizisten spricht, trifft viele, die einem sagen, dass sie den offiziellen Verlautbarungen zur Ausländerkriminalität keinen Glauben mehr schenken, weil sie im Alltag etwas anderes erleben, als sie später in der Presse lesen. Eine dieser Polizistinnen hat darüber ein Buch geschrieben, das im Herbst 2015 wochenlang auf der Beststellerliste ganz oben stand: »Deutschland im Blaulicht – Notruf einer Polizistin« von Tania Kambouri.

Ich habe sie kennengelernt. Sie kann plastisch davon berichten, wie sie im Einsatz als Frau beschimpft und beleidigt wird, wie häufig sie und ihre Kollegen gewaltsamen Widerstand und völligen Autoritätsverlust des Staates erleben – und wie sehr diese Phänomene auf Menschen ausländischer Herkunft oder Abstammung konzentriert sind. Ihre deutschen Kollegen würden es nicht anders sehen, könnten es aber nicht sagen, weil das von der Polizeiführung nicht erwünscht sei und sofort als ausländerfeindlich gelte. Das habe ich in Gesprächen mit Polizisten auch schon gehört. Einer schrieb mir mit der Bitte, dass sein Name nicht genannt werden dürfe: »Meiner Erfahrung nach tritt das Fehlverhalten genau bei den Gruppen auf, die wissen, dass sie kein Bleiberecht haben. Und genau so verhalten sie sich, auch oder vor allem meinem Beruf gegenüber. Es gibt fast keine Konsequenzen, nicht einmal bei einem Gewahrsam, man kann ja nichts holen.« Kambouri sagte mir, sie habe sich das nicht länger bieten lassen wollen und als griechischstämmige Frau könne sie die Probleme mit Ausländerkriminalität beim Namen nennen. Was Tania Kambouri schreibt und erzählt, mag zugespitzt sein und auch auf eine große Leserschaft zielen. Einen Grund, die Glaubwürdigkeit ihrer Schilderungen zu bezweifeln, habe ich nicht gefunden.

Auch in meiner täglichen Arbeit sind mir spezifische Probleme mit Ausländerkriminalität begegnet. Tübingen ist eine sehr sichere Stadt. Umso mehr fällt den Menschen auf, wenn Kriminalität offen zutage tritt. Mich erreichten im Jahr 2015 immer mehr Beschwerden über offenen Drogenhandel im Alten Botanischen Garten, Tübingens wichtigstem Park zwischen Altstadt und Universität. Eltern beklagten, sie könnten ihre Kinder dort nicht mehr allein durchgehen lassen, weil sie sofort von Drogendealern angesprochen würden. Junge Erwachsene fühlten sich belästigt und die Frage, warum die Stadt nicht in der Lage sei, derart offensichtliche Kriminalität mitten im Zentrum zu unterbinden, wurde immer drängender.

Zwar ist die Stadt hier nicht unmittelbar zuständig, sondern die Landespolizei. Dennoch erwartet die Bürgerschaft von ihrer Stadtverwaltung, dass sie etwas unternimmt. Ich bat also das Ordnungsamt und die Polizeibehörde, sich der Sache anzunehmen. Was ich daraufhin erfuhr, verblüffte mich einigermaßen: Die Thematik war nicht nur schon lange bekannt, sie wurde auch intensiv bearbeitet, nur leider nach vielen Monaten noch ohne greifbares Ergebnis. Selbst der Einsatz verdeckter Ermittler brachte die Beamten kaum weiter. Der Grund war der Aufenthaltsstatus der Drogenhändler: Sie waren allesamt schwarzafrikanische Asylbewerber und hatten ein darauf abgestimmtes Handelssystem entwickelt. Keine Tübinger Besonderheit übrigens. Alle Händler achteten strikt darauf, dass die Menge der Drogen, die sie mit sich führten, nicht zu einer Verurteilung zu einer Freiheitsstrafe ausreichte. Den Nachschub sicherten sie durch Depots, die sie an verschiedenen Stellen im Garten versteckten. Das Ordnungsamt konnte zwar Platzverweise gegen die Kleinkriminellen aussprechen, aber zu einer Freiheitsstrafe reichte es nie. Auch Geldstrafen liefen ins Leere, denn offiziell hatten die Asylbewerber kein Einkommen, auf das man hätte zugreifen könnte. Die Tatverdächtigen wussten auch sehr genau, dass sie nur minimale Chancen auf Anerkennung als Asylberechtigte hatten. Ebenso wussten sie, dass der Handel mit kleinen Mengen von Drogen keinerlei Einfluss auf ihren Aufenthaltsstatus hat. Damals musste ein Asylbewerber mindestens zu drei Jahren Haft verurteilt sein, um den Anspruch auf Asyl zu verwirken. Wegen kleinerer Delikte wie dem Drogenhandel im Park wurde kein Asylantrag abgelehnt und niemand abgeschoben. Kurz gesagt: Selbst ein Verdienst von 50 Euro am Tag war für diese Gruppe von Asylberechtigten ohne anderweitige Perspektive sehr attraktiv, weil sie keinerlei wirksame Sanktionen zu fürchten hatten. Das Strafrecht ist auf eine solche Strategie nur unzureichend eingestellt.

Am Ende erwies es sich als wirksamste Gegenmaßnahme, die Drogendepots aufzuspüren und zu beschlagnahmen. Zwar konnte man so keine Täter dingfest machen, aber der finanzielle Schaden für die Drogenhändler war auf die Dauer so groß, dass sie zeitweise klein beigaben und den Park räumten. Der Gesetzgeber hat mittlerweile erkannt, dass hier ein Problem liegt, und die Schwelle für die Ausweisung herabgesetzt. Seit 2016 genügt eine Verurteilung zu zwei Jahren Haft, bei Gewalt- und Sexualdelikten zu einem Jahr, für die Ausweisung des Täters. Ob das die gewünschte Wirkung hat, muss sich noch erweisen.

An diesem Beispiel kann man einige Probleme im Umgang mit Ausländerkriminalität beschreiben: Natürlich sind nur die wenigsten Schwarzafrikaner im Drogengeschäft tätig, eine Generalisierung ist gänzlich falsch. Trotzdem gibt es Gegenden, in denen Schwarzafrikaner das Drogengeschäft ziemlich stark beherrschen. Das ist leicht erkennbar und löst entsprechende Reaktionen in der Bevölkerung aus. Das Landeskriminalamt Baden-Württemberg sieht den Drogenhandel mittlerweile fest in der Hand gambischer Asylbewerber. Die Herkunft und der Status der Täter sind auch für die Antwort des Staates relevant, weil viele herkömmliche Sanktionen nicht greifen.

Auf dem Hintergrund solcher Erfahrungen, die viele Menschen im Straßenbild vor allem in den Städten machen, entsteht zumindest eine Irritation: Wie passt das mit der so oft wiederholten Aussage zusammen, Ausländer seien nicht häufiger kriminell als Deutsche?

Die amtliche Statistik des Bundeskriminalamtes weist für 2016 rund 6,3 Millionen Straftaten aus. Darin enthalten sind auch Straftaten, die nur Ausländer begehen können, vor allem Verstöße gegen das Aufenthaltsrecht. Um diesem Einwand zu begegnen, weist die Statistik mittlerweile auch die Zahlen ohne ausländerrechtliche Verstöße aus. Dies waren 2016 rund 5,9 Millionen Straftaten, die von ziemlich genau 2 Millionen Tatverdächtigen begangen wurden. Von diesen wiederum hatten 610 000 Tatverdächtige keinen deutschen Pass. Seit 2015 werden unter der Rubrik »Zuwanderer« Asylberechtigte separat erfasst. Unter den 610 000 Tatverdächtigen ohne deutschen Pass waren 2016 demnach 174 000 Asylbewerber.

Mit anderen Worten: Mehr als ein Viertel aller Personen, die einer Straftat verdächtigt wurden, waren Ausländer. Das ist weit mehr als der Anteil der Ausländer an der Wohnbevölkerung, der bei etwa 11 Prozent liegt. Im Bereich der Polizei Tübingen waren im Jahr 2016 sogar 48 Prozent der Tatverdächtigen Nichtdeutsche, ein Viertel davon Asylbewerber.

An dieser Stelle enden viele Internetanalysen. Auf den ersten Blick ist das Ergebnis ja eindeutig: Ausländer und Asylbewerber sind weit krimineller als Deutsche. So formuliert, ist es aber mit Sicherheit falsch. Darauf weisen nahezu alle Berichte über die Kriminalitätsbelastung hin, die in den Medien veröffentlicht werden. Denn es gibt eine Vielzahl von Gründen, warum Ausländer häufiger unter den Tatverdächtigen auftauchen als Deutsche.

Das beginnt damit, dass Millionen von Menschen nicht in Deutschland leben, sich aber zeitweise hier aufhalten und dabei auch kriminelle Aktivitäten entfalten können. Ein viel zitiertes Beispiel sind osteuropäische Banden, die sich auf Einbrüche spezialisiert haben. Die Statistik der Tatverdächtigen differenziert zwischen Kriminalität aus dem Ausland und Inländerkriminalität ohne deutschen Pass leider nicht. Wie groß der Effekt ist, lässt sich also nicht beziffern.

Dasselbe gilt für die Anzeigestatistik. Es ist bekannt, dass verdächtiges Verhalten von Ausländern häufiger angezeigt wird als von Einheimischen. Polizisten kontrollieren Menschen, die nicht wie Deutsche aussehen, häufiger. Dadurch werden auch Straftaten von Ausländern häufiger ermittelt. In welchem Umfang sich das auf die Statistik auswirkt, bleibt unklar.

Zu berücksichtigen ist weiterhin, dass Männer sehr viel häufiger straffällig werden als Frauen. Kriminalität hat auch eine Alterskomponente, am meisten betroffen sind junge Erwachsene. Ein weiterer Einflussfaktor ist der soziale und ökonomische Status. Wer wenig zu verlieren hat, sich ausgegrenzt oder benachteiligt fühlt und keine Perspektive hat, wird häufiger kriminell. Menschen in Städten sind krimineller als auf dem Land. Ausländer sind in all diesen Gruppen deutlich überrepräsentiert. Die Effekte wirken also kumulativ.

Die Sache wird noch komplizierter, weil es auch gegenläufige Effekte gibt, die auf rechten Internetseiten ins Feld geführt werden. In deren Sicht ist es eine Beschönigung der

Verhältnisse, dass Migranten mit deutschem Pass unter den deutschen Tatverdächtigen geführt werden.

Man müsste also ein ganzes Bündel statistischer Korrekturfaktoren auf die Daten der Kriminalstatistik anwenden, um zu einer belastbaren Aussage über Ausländerkriminalität zu kommen. Natürlich gibt es Studien über einzelne Faktoren und deren Effekte. Sie deuten alle in dieselbe Richtung: Kriminalität ist keine Frage der Herkunft, sondern des gesellschaftlichen Status. Vergleicht man zwei Gruppen deutscher und nichtdeutscher Wohnbevölkerung mit vergleichbarer Alterszusammensetzung, Einkommensverhältnissen, Schulbildung, Wohngegend und weiteren relevanten Merkmalen, so sind Ausländer mit einiger Sicherheit nicht krimineller als Deutsche. Aber es gibt keine Zahl, die das beweist und sich direkt und transparent aus der polizeilichen Statistik ableiten lässt. Es fehlt dazu schlicht die Datengrundlage.

Auf die Dauer wird eine so interpretationsbedürftige Statistik nicht ausreichen, um die Verunsicherung in Teilen der Bevölkerung, wie mit Ausländerkriminalität umzugehen ist, zu beseitigen. Wir benötigen für die öffentliche Debatte mehr Daten, um auch denen, die voreingenommen auf das Thema blicken, eine eindeutige Antwort zu geben. Ich vermute, dass sich dann zeigen wird, dass zwar insgesamt die Erkenntnis der Kriminologen bestehen bleibt, dass soziale Faktoren und nicht die Herkunft entscheidend sind, um Kriminalität zu verstehen. Gleichwohl wird es Arten von Straftaten, einzelne Städte und Regionen oder Gruppen aus bestimmten Ländern geben, bei denen dann doch die Herkunft entscheidend ist.

Eine solche Gruppe ist nach den Kölner Ereignisse ganz klar identifiziert worden: junge Männer aus den Maghrebstaaten, die weit überdurchschnittlich oft an Straftaten beteiligt sind. Solchen Fakten müssen wir ins Auge sehen. Nur dann kann die Polizei erfolgreich handeln und die Politik glaubwürdig bleiben.

An einer Erkenntnis führt aber auch bei der heutigen Datenlage und der gut abgesicherten Grundaussage, dass vergleichbare Gruppen von Ausländern und Deutschen keine relevant unterschiedliche Kriminalitätsbelastung aufweisen, kein Weg vorbei: Die Menschen, die über das Asylrecht zu uns gekommen sind, haben sehr viele Eigenschaften, die in unserem Land die Wahrscheinlichkeit, kriminell zu werden, nach oben treibt. Das betrifft nicht ihre Herkunft, aber ihr Geschlecht, ihr Alter, ihre Perspektive am Arbeitsmarkt, ihr Wohnviertel, ihren Bildungsgrad oder ihr Einkommen. Selbst wenn wir also gute Gründe haben, davon auszugehen, dass die zugewanderten Menschen bei gleichen Voraussetzungen nicht häufiger kriminell werden als die einheimische Bevölkerung, wäre es statistisch folgerichtig, wenn sie deutlich überdurchschnittlich häufig zu Straftätern werden.

Der für Tübingen zuständige Polizeipräsident hat das so formuliert: »Eine hohe Zahl von Flüchtlingen sind junge Männer. Und junge Männer sind im Vergleich mit anderen Bevölkerungsgruppen per se schon höher kriminalitätsbelastet. Kommt noch ein von Müßiggang geprägter Alltag hinzu, inklusive Sprachprobleme, Kulturkonflikte, eine ungewisse Zukunft und die ungewohnte Begegnung mit der westlichen Konsumwelt, ist ein idealer Nährboden für Kriminalität bereitet.«

Das darf uns nicht dazu verleiten, diese Menschen zu stigmatisieren. Das ist ein sehr starker Grund, sich um Integration und Chancen am Arbeitsmarkt zu bemühen. Es ist zugleich aber auch ein guter Grund, auf der Hut zu sein und Vorsichtsmaßnahmen zu treffen. Dass wir in Zukunft mehr Polizisten benötigen werden, ist zum Beispiel eine Schlussfolgerung, die zwingend erscheint.

Nein heißt Nein: Wenn sich das Nachtleben verändert

Junge Männer sind fast überall auf der Welt besonders gefährdet, Opfer von Gewalt oder selbst Gewalttäter zu werden. Es scheint in der Natur des Menschen und des sogenannten starken Geschlechts zu liegen, diese Stärke erst zu kennen, wenn ihre Grenze ausgetestet ist. Schon wenige Wochen nach der Merkelschen Grenzöffnung war daher klar, dass wir Grenzen setzen müssen, wenn wir nicht in große Probleme schlingern wollen. Denn junge Männer ohne familiäre Anbindung waren unter den Flüchtlingen auf der Balkanroute weit überrepräsentiert.

Es dauerte nicht lange, bis es in den Großunterkünften der Erstaufnahme zu Gewaltausbrüchen kam. In Baden-Württemberg geriet die Landeserstaufnahme in Ellwangen in die Schlagzeilen, weil eine Gruppe von maghrebinischen Asylbewerbern im Januar 2016 Massenschlägereien unter Einsatz von Eisenstangen anzettelte – und sich anschickte, das staatliche Gewaltmonopol herauszufordern. Ruhe kehrte erst wieder ein, als eine fast hundertköpfige Gruppe junger Männer aus Nordafrika in eine separate Einrichtung nach Stuttgart verlegt und mit massivem Polizeiaufgebot unter Kontrolle gebracht wurde.

Die Herkunft der gewaltbereiten Gruppe war kein Zufall. So wie auch in Köln, in Nordrhein-Westfalen oder in Sachsen der Anteil krimineller Intensivtäter unter den Asylbewerbern aus dem Maghreb extrem hoch war, waren auch in den Erstaufnahmestellen des Landes junge Männer aus dieser Region an den meisten Gewalttaten beteiligt. Die Opfer waren dabei meistens Flüchtlinge aus anderen Ländern, häufig auch Frauen. Bis heute werden solche Intensivtäter grundsätzlich verlegt, aber nicht mehr in spezielle Landeseinrichtungen, sondern in die kommunalen Aufnahmeeinrichtungen. Denn dem Bund gelingt es nach wie vor nicht, abgelehnte Asylbewerber aus den Maghrebstaaten in nennenswerter Zahl abzuschieben.

Die Beschreibung vielfach belegter Probleme mit Intensivtätern wird leider noch immer viel zu oft als rassistisch zurückgewiesen. Natürlich ist nicht die Ethnie die Ursache für die Kriminalitätsbereitschaft junger Männer aus dem Maghreb. Es muss Ursachen haben, die in der Situation in den Herkunftsländern und der Aufnahme bei uns in Deutschland liegen, also soziale, nicht genetische Faktoren. Trotzdem ist es zulässig, empirisch zu erkennen, dass bestimmte Gruppen von Asylbewerbern besonders kriminalitätsbelastet sind, das zu thematisieren und dagegen vorzugehen. Ja, es ist sogar die Voraussetzung für wirkungsvolle Gegenmaßnahmen. Denn wenn man die Gruppenmerkmale ausblendet, verschwinden die eigentlich leicht zu identifizierenden Täter in der Masse der friedlichen und gesetzestreuen Asylbewerber.

Die sozialen Probleme, die eine große Zahl junger Männer ohne gesellschaftliche Anbindung, ohne Arbeit, ohne Sprachkenntnisse und mit einer Prägung aus patriarchalischen Herkunftsländern mit sich bringen, sind so offenkundig, dass sie mir immer dann begegneten, wenn wir eine neue Flüchtlingsunterkunft eröffneten. Es war stets der Wunsch der Nachbarn, dort bitte Familien einzuquartieren und nicht die jungen Männer. Da das wegen der Zusammensetzung der Flüchtlinge nicht möglich war, habe ich immer wieder erlebt, wie mir besorgte Eltern sagten, sie hätten nun Angst um ihre Töchter. Laut sagten das die wenigsten, denn auch solche Äußerungen galten in der Anfangszeit der Willkommenskultur bereits als rassistisch oder AfD-Parole.

Zwei Jahre später haben wir überall in der Republik vielfältige Erfahrungen gesammelt, die leider bestätigen, dass nicht alle, aber doch viele Sorgen und Ängste wohlbegründet waren.

Mehr noch, weil es so lange nicht opportun war, über diese zu erwartenden Probleme zu sprechen, wurden auch die notwendigen Gegenmaßnahmen nicht ergriffen. Das ist gegenüber den Asylbewerbern ein fahrlässiges Versäumnis. Diejenigen, die mangels Grenzsetzung den Eindruck gewinnen konnten, es sei fast alles erlaubt, geraten auf eine schiefe Bahn und immer mehr in Konflikt mit dem Gesetz. Diejenigen, die sich gesetzestreu verhalten, werden wegen dieser zwar kleinen, aber wachsenden und sehr sichtbaren Zahl gewaltbereiter Asylbewerber in Sippenhaft genommen und unnötigen zusätzlichen Diskriminierungen ausgesetzt.

In Tübingen trat dies im Mai 2017 in einer Weise zutage, die ich selbst nicht für möglich gehalten hätte. In einem selbstverwalteten Jugendclub, dem »Epple«, wurden an einem Wochenende zwei Partys gefeiert, eine der Fachschaft Erziehungswissenschaft, eine zweite unter dem Motto »Queerdonism«. Der Jugendclub hat seinem Selbstverständnis folgend »Refugee Welcome« und »Refugee enter for free« in großen Graffito-Lettern ans Haus gesprüht. Direkt am Eingang. Eine schöne Geste, und im besten Falle auch eine Chance für Integration. Jedoch nur, wenn es klare Grenzziehungen gibt. Das war leider nicht der Fall. Nach den beiden Partys schrieben die Veranstalter gemeinsam auf Facebook:

»Bei den Veranstaltungen am Freitag und Samstag kam es zu nicht hinnehmbaren Grenzüberschreitungen und sexuellen Belästigungen. Mit diesen Problematiken sind wir schon länger konfrontiert und haben diverse Maßnahmen zum Schutz der Gäste und der Mitarbeiter*innen (Schutzpersonal, Hausverbote, Arbeitskreise) entwickelt.

An diesen Abenden haben wir die Situationen zusammen mit den Mitveranstalter*innen falsch eingeschätzt und waren diesen im späteren Verlauf der Veranstaltungen nicht mehr gewachsen. Dies tut uns leid. Wir stehen hinter den Betroffenen und haben bereits Schritte eingeleitet, um zukünftig angemessen zu reagieren und einen sicheren Raum für alle bieten zu können. Wir vermitteln bei Bedarf professionelle Unterstützungsmöglichkeiten.«

Ich habe von diesen Vorgängen über Facebook erfahren und dort eine Debatte über das Thema geführt. Nach und nach erhielt ich immer mehr Informationen auf diesem Weg, die ich zitierte und zur Diskussion stellte, so dass sich ein Bild von den Ereignissen der Nacht abzeichnete. Mehrere Opfer schrieben mir, was sie erlebt hatten. Ein Beispiel:

> Ich schreibe Ihnen bezüglich des Vorfalls im Epplehaus am vergangenen Freitag und auch bezüglich der Gesamtsituation in Tübingen, die sich in den letzten 5 Jahren seitdem ich herzog, sehr verändert hat. Das einst friedliche Studentendörfchen, in dem ich zu jeder Tages- und Nachtzeit mal mit einer, mal mit drei Weinschorlen intus heimgelaufen bin, hat sich zu einer Gefahrenzone entwickelt. Aufgrund von Verfolgungen, Übergriffen und Anmachen wird mein Alltag mittlerweile von anderen Menschen überdeterminiert, sprich wie ich wann wo wie gekleidet rumlaufe. Mein einst humanistischer Grundgedanke hat sich aufgrund von wiederholten Handlungen eines gewissen Phänotyps in ein Vermeidungsverhalten entwickelt. Dann der Vorfall am Freitag: gegen spätere Stunde mutierte die Feier zu einer Katastrophe. Ich wurde einfach angefasst, gezogen, man hat mich trotz mehrfacher Gegenwehr nicht in Ruhe gelassen, meine männlichen Freunde haben sich fast in eine Schlägerei verwickeln lassen, da auch diese nichts gegen die wildgewordenen Männer unternehmen konnten, bis wir die Party schließlich nach einer Stunde, maximal genervt, verließen. Ich möchte hier nicht detailliert auf die Vorfälle eingehen, da dies den Rahmen sprengen würde. Ich möchte nur einen kleinen Hilferuf im Namen von mir

> und meinen Freundinnen, Mitstudierenden etc. starten, die alle unter der Situation und der damit verbundenen Gefahren leiden. Ich möchte nicht sagen, dass alles schlecht ist, Tübingen ist immer noch ein schöner Ort, aber ich würde mich einfach gerne wieder frei von Belästigung bewegen. Ich weiß, dass Sie als Bürgermeister sich in einer verzwickten Lage befinden und die Situation nicht von heute auf morgen ändern können, trotzdem hoffe ich, dass man die Sache irgendwie in den Griff bekommt.

Der »bestimmte Phänotyp«, den die junge Frau offenbar nicht explizit ansprechen wollte, kam in anderen Opferberichten deutlicher zutage. Die Journalistin Sandra Müller berichtete im SWR-Hörfunk: »Bislang hatte ich mit einer einzigen Augenzeugin direkt Kontakt. Eine 20 Jahre alte Studentin. Sie schildert, wie sie von vielen Männern nacheinander massiv angegangen wurde. Man habe sie an Brust und Hüfte begrapscht, bedrängt, ein Nein wurde nicht akzeptiert. Als sie eine Freundin schützen wollte, habe sie einer der Männer angespuckt und bedroht mit den Worten: ›Ich bring dich um.‹ Sie sei dann irgendwann schockiert und voller Angst gegangen. So was habe sie noch nie erlebt. Auch nicht im Epplehaus. Sie sagt: Alle, die sie da bedrängt hatten, haben schwarze Hautfarbe. Das muss man offen ansprechen.«

Nach den Erlebnissen dieser jungen Frau waren also schwarzafrikanische Männer die Täter. Diese Beobachtung bestätigte eine ganze Reihe weiterer Zeugen. Eine 18-jährige Abiturientin schrieb mir einen Brief, den ich bewegend und erhellend finde. In bemerkenswerter Klarheit beschreibt sie den Konflikt zwischen der Welt, in der sie leben möchte, und der Wirklichkeit, mit der sie unerwartet konfrontiert ist:

Lieber Herr Palmer,
Ich gehe seit mehreren Jahren regelmäßig ins Epple und auch in andere Tübinger Clubs. Vor allem im Epple aber wird man als junge Frau oft angemacht, angegrabscht und belästigt.

Das ist für uns inzwischen normal, wir würden nie auf die Idee kommen jemanden anzuzeigen, so traurig das auch ist. Und auch wenn ich vor ein paar Jahren noch keinerlei Vorurteile gegenüber Afrikanern hatte, so hat sich das leider, wenn auch nur unterbewusst, geändert. Statt ab und zu mal blöd angemacht zu werden, gibt es seit einigen Jahren Partys wie die von letztem Freitag, auf denen ich den Abend nicht mehr genießen kann, weil ich mich so bedrängt fühle. Die Männer, die dafür verantwortlich sind, sind meistens Schwarze. Das Problem ist dabei jedoch nicht, angemacht zu werden, sondern die Penetranz. Meine Freundinnen und ich lehnen abendliche Gespräche mit Afrikanern inzwischen sofort ab, obwohl ich dort z. B. auch schon einen super netten Eritreer kennengelernt habe.

Natürlich gibt es immer Arschlöcher, wir wurden schon von allen möglichen Männern bedrängt. Ich denke, das Problem mit den Afrikanern ist die mangelhafte Integration. Eine Freundin von mir war ein Jahr in Ghana und hat berichtet, dass sie dort dauernd auf der Straße angemacht wurde, dass das dort nun mal so ist, dass Männer einfach aufdringlich sind – so wie wir Deutschen das wahrnehmen zumindest. Vielleicht sind die deutschen Frauen aus deren Sicht total freizügig, vielleicht wird das als Einladung für Sex angesehen. Sicher weiß ich nur, dass diesen Männern niemand beigebracht hat, wie deutsche Frauen sich benehmen und wie man uns richtig anspricht. Gegen Gespräche haben wir nämlich nichts.

Im Epple kümmern sich die Veranstalter immer sofort um unsere Beschwerden. Dort kommt es wahrscheinlich öfter zu solchen Fällen, weil das Epple im Gegensatz zu anderen Clubs auch Gruppen schwarzer Männer reinlässt. Wieso auch nicht? Die Gründe dagegen sind rassistisch, und genau das ist die Schwierigkeit, mit der auch wir als junge Frauen zu kämpfen haben. Wir wollen nicht voreingenommen sein, das sind wir mit der Zeit aber automatisch geworden.

Bei Gesprächen mit männlichen Freunden habe ich die Erfahrung gemacht, dass viele überhaupt keine Ahnung von den Schwierigkeiten hatten, die wir beim Feiern haben. Das liegt aber vor allem daran, dass wir uns nicht groß beschweren, das heißt auch niemanden anzeigen, aus dem simplen Grund, dass wir uns dran gewöhnt haben. Und das ist eigentlich schrecklich.

Auf diese Erfahrungen, die vor allem junge Frauen über die letzen Jahre verstärkt mit Schwarzen machen, versuchen die Veranstalter natürlich zu reagieren. In viele Clubs in Tübingen kommen schwarze Männer nur noch mit weiblicher Begleitung rein. Das ist verletzend und nicht gerechtfertigt. Vielleicht hat das Epple größere Probleme damit, es ist aber auch eine der wenigen Locations, die wenigstens probieren, unvoreingenommen zu sein. Und was wäre unsere Gesellschaft ohne diese Anstrengungen, ohne die Anstrengungen, trotz aller negativen Erfahrungen mit Menschen einer bestimmten Ethnie den einzelnen Mensch unvoreingenommen zu betrachten?

Ich hoffe, ich konnte Ihnen das Problem etwas näher bringen.

In den folgenden Tagen sprachen mich auch in der Stadt verstärkt junge Frauen an, die ähnliche Probleme schilderten und eine starke Zunahme sexueller Übergriffe beklagten. Übereinstimmend bestätigten sie, dass die Täter weit überwiegend Schwarzafrikaner oder Araber und hier aller Wahrscheinlichkeit nach junge Männer aus den Maghrebstaaten gewesen seien. Die wenigsten hatten aber Anzeige erstattet. Sie hatten die Erfahrungen von Generationen von jungen Frauen bereits übernommen, dass das nichts bringe.

In der Tat wurden sexuelle Übergriffe in Deutschland bis ins Jahr 2016 bagatellisiert. Die Männergesellschaft in Politik und Justiz stellte kollektiv die Frage: »Was ist denn dabei? Hat es wehgetan?« Das änderte sich aber nach den Kölner Ereignissen. Eine alte Forderung der Frauenbewegung wurde endlich erfüllt. Traurig, dass es diesen Anlass brauchte. Bezeichnend, dass es dazu erst kam, als Ausländer durch sexuelle Übergriffe besonders auffällig wurden. Und trotzdem ist es richtig, dass der neue Paragraph 184i Strafen bis zu fünf Jahren für Betatschen, Grapschen, Bedrängen und sexuell Belästigen vorsieht. Es wird aber leider noch einige Zeit dauern, bis sich das auch bei den jungen Frauen und den Angreifern herumspricht. Die Balance zwischen Sanktion und Prävention zu halten, ist dabei nicht einfach. Die Debatte darüber füllt Lehrbücher. Eine junge Studentin, die im Veranstalterkreis der außer Kontrolle geratenen Party mitgewirkt hatte, schrieb mir:

> Sehr geehrter Herr Palmer, Sie haben ganz klar öffentlich aus einer Sexismus-Debatte eine Rassismus-Debatte gemacht und das, ohne die veranstaltende Fachschaft zuerst persönlich zu fragen, wie diese Stellungnahme zu verstehen ist. Traurig, dass Sie es nötig haben, auf Kosten eines offenen, engagierten und sehr bemühten Kulturvereins und einer Fachschaft, die sich ebenfalls viele Gedanken um den Abend und die Geschehnisse gemacht hat, Wahlkampf zu betreiben. Das ist nun wirklich populistisch! Überlassen Sie es bitte in Zukunft den Leuten, die an der Sache beteiligt sind, die Dinge zu klären und zu bewerten. Sie wurden weder um Hilfe gebeten, noch zur Sache gefragt.

Es stimmt, die Veranstalter wollten die Vorkommnisse möglichst nicht öffentlich thematisieren, sondern selbst aufarbeiten. Die Polizei und die Stadt sollten dabei zunächst keine Rolle spielen. Die Studentin schrieb mir weiter:

> Ich kritisiere Sie vor allem dafür, dass Sie den Versuch der Fachschaft und des Epples, einen niveauvollen und respektvollen Umgang mit den Grabschereien zu finden, durch Ihren Kommentar unmöglich gemacht haben. Der Grund für das Nicht-Anzeigen von Typen, die einen angrabschen, liegt nicht daran, dass wir Frauen das vertuschen wollen. Die linke und weltoffene Szene macht solche Probleme nicht deshalb nicht öffentlich, weil sie es nicht wahrhaben will. Es liegt an Diskussionen in den sozialen Medien, wie die die Sie hier gestern Nacht angestoßen haben. Das ist so ekelhaft und respektlos, was da geschrieben wird. Und ich bin deshalb sauer auf Sie, weil Sie genau das provoziert haben. Sie haben mit Ihrem Post die Diskussion so groß werden lassen, die Medien darauf aufmerksam gemacht. Das ist ein grundlegend falsches Vorgehen mit einer Debatte, die sensibel geführt werden muss. Ich frage mich, warum Sie das getan haben. Und die einzige Antwort ist für mich, dass es als eine Imagekampagne zu Ihren Gunsten missbraucht wird.

Die Schlussbemerkung ist ein häufig wiederkehrendes Muster in der Flüchtlingsdebatte. Dass jemand eine Haltung, die der eigenen widerspricht, aus innerer Überzeugung vertritt, wird gar nicht für möglich gehalten. Sofort entsteht der Verdacht, in Wahrheit müsse ein ganz anderes, sachfremdes Motiv hinter der kritisierten Haltung verborgen sein.

In welchem inneren Zwiespalt sich junge Frauen, die eher linksalternativ denken, angesichts von sexuellen Übergriffen befinden, wenn diese eindeutig von Schwarzen und Arabern ausgehen, erläutert die nachfolgende Passage des langen Schreibens der Studentin, die sich an mich wandte, weil ich öffentlich dazu aufgerufen hatte, die Täter bei der Polizei anzuzeigen.

> Sie scheinen hier wirklich keinerlei Empathie aufbringen zu können für Betroffene und das Dilemma, vor dem betroffene Frauen und in diesem Fall auch das Epple oder die Fachschaft Erziehungswissenschaft steht. Was versprechen Sie sich denn von Anzeigen gegen sexistische Attacken und körperliche Übergriffe? Es ist als Frau nicht leicht, Anzeige zu erstatten gegen Männer, die einen anfassen ohne Erlaubnis und einen bedrängen. Sie sagen, das ist eine Straftat, aber die Grenze zwischen einem Flirt, blöden Spruch und einem sexuellen Übergriff verläuft fließend. Wen soll man denn anzeigen? Alle sind alkoholisiert, man hat keine Namen, das Aussehen zu beschreiben ist nicht leicht und selten eindeutig.
>
> Einerseits ist es für uns teilweise unangenehm, in Clubs zu tanzen – und ich sage Ihnen, da ist das Epple keine Ausnahme, die Grabscher sind überall und sie sehen auch sehr unterschiedlich aus – und nun werde ich auch noch – wohlbemerkt überwiegend von Männern – dafür kritisiert, dass ich versuche, nachhaltige Lösungen abseits der Anzeige zu finden?
>
> Es geht hier darum, Sexismus aufzuzeigen, egal von wem und gegen wen, da hat die Polizei selten geholfen. Grabschen im Club ohne Beweise ist noch lang kein Straftatbestand, Herr Palmer, das wissen Sie so gut wie ich. Die Taten im Epple sind unangenehm, aber keinesfalls die Ausnahme. Das ist allabendliches Verhalten von, ja überwiegend, Männern. Mit Ihren Kommentaren helfen Sie nicht, eine konstruktive Debatte über Sexismus anzuregen und konstruktive Lösungen für die Problematik auch mit Flüchtlingen und männlichem Verhalten in Clubs

> zu finden. Das ärgert mich. Sie stellen eine Gruppe gezielt in den Fokus, dabei ist es nicht ausschließlich ein Problem mit dieser Gruppe, sondern ein gesellschaftliches Problem. Über mediale Debatten zu sensiblen Themen kamen selten konstruktive Lösungen zustande. Von einem OB, zumal einem, der in den Medien so aktiv und präsent ist wie Sie, erwarte ich einfach, dass er die Mechanismen kennt und überlegt agiert. Das haben Sie meiner Meinung nach nicht.

Mich hat die Offenheit, mit der die junge Studentin ihre Wut aber auch ihre Motive beschreibt, sehr beeindruckt. Ausdrücklich ist sie der Auffassung, dass man auch Grapschereien niveauvoll und respektvoll begegnen könne. Ich verstehe die Absicht, und ich schließe mich der Auffassung an, dass es besser ist, die Dinge, die man ohne Polizei lösen kann, ohne Polizei zu lösen.

Dass junge Männer, die sich in Gruppen so massiv an Frauen vergehen, wie in den Opferberichten geschildert, sich auf solche Weise erreichen lassen, halte ich aber für eine Illusion. Man muss versuchen, sie mit Sozialarbeit und Aufklärung zu erreichen. Aber es wird immer eine Gruppe geben, die darüber eher lacht und in der nächsten Nacht weitermacht, wenn es dafür keine Sanktionen gibt. Sanktionsfreie Pädagogik ist immer wieder ausprobiert worden. Soweit ich das sehen kann, niemals mit Erfolg.

Das Dilemma der linksalternativen Szene im Umgang mit gewaltbereiten Flüchtlingen ist mittlerweile in vielen Städten aufgetreten. In Freiburg, auch einer toleranten, weltoffenen und grün geprägten Stadt, wurden Asylbewerber nach massiven Problemen in einige Clubs schon 2016 nicht mehr eingelassen. Im »Conne Island«, einem Leipziger Club, verzweifelten die Organisatoren so an der Lage, dass sie ihr Scheitern im Herbst 2016 in einem offenen Brief in die Welt trugen. Häme wäre da völlig fehl am Platz. Es ist ein menschliches Ideal, einen Freiraum zu schaffen, in dem alle Menschen gleich sind, egal welchen Geschlechts und welcher Herkunft oder welcher Hautfarbe. Wenn das von Menschen missbraucht wird, die ausgerechnet den Gruppen angehören, die häufig diskriminiert werden und benachteiligt sind, ist das besonders tragisch.

Die Sorge, man leiste Rassismus Vorschub, wenn man Probleme mit Asylbewerbern thematisiert, ist ja berechtigt. Im Zeitalter der sozialen Medien und bei zu vielen Beteiligten funktioniert die stille Lösung aber nicht mehr. Denn der Versuch, die Sache unterm Deckel zu halten, macht alles nur noch schlimmer. Dafür ist Köln der beste Beleg. Wir müssen die Probleme offensiv lösen, damit der Rassismus sich nicht ausbreitet.

Auf meiner Facebook-Seite gab es leider auch eine große Zahl von rechtslastigen Kommentaren, aus denen Verachtung und teilweise auch Hass triefte. Schadenfroh einen Jugendclub für Angela Merkels Politik verantwortlich zu machen, »selbst schuld« zu rufen, Gewalt gegen Flüchtlinge zu rechtfertigen, Selbstjustiz und Abschiebung zu verlangen, alle abschieben zu wollen – das ist menschenfeindlich und zutiefst beschämend. Ja, wir müssen Straftaten von Flüchtlingen ohne Scheuklappen verfolgen und dürfen sie nicht vertuschen. Aber nein, wir dürfen Flüchtlinge nicht pauschal zu Vergewaltigern abstempeln und aus dem Land werfen.

In Tübingen haben wir nach den Ereignissen Anfang Mai mit der Polizei eine Null-Toleranz-Strategie vereinbart. Wir ermutigen junge Frauen, jeden Übergriff anzuzeigen. Wir verpflichten die Club-Betreiber, bei solchen Vorfällen nicht nur mit einem Rauswurf zu reagieren, sondern konsequent die Polizei einzuschalten und die Täter festzuhalten, damit die Personalien festgestellt und Strafen ausgesprochen werden können. Ich halte das für absolut unabdingbar, um den jungen Männern, die offenbar kein Unrechtsbewusstsein haben, dermaßen aggressiv und in Gruppen Frauen ihrem Willen zu unterwerfen, klarzumachen, was in unserem Land verboten ist, und sie rechtzeitig vor weiteren Konflikten mit dem Gesetz zu bewahren. Zu diesem Zweck werden wir auch gezielte Aufklärungsarbeit in den Unterkünften für Asylbewerber leisten. Wir wollen, dass alle unbeschwert feiern können.

3
Illusionen und Tabus

Psst. Der Unterschied zwischen öffentlicher und halböffentlicher Rede

Zu Beginn des Jahres 2015 war der damalige Chef des Bundesamtes für Migration und Flüchtlinge, Manfred Schmidt, auf Einladung des SPD-Abgeordneten Dr. Martin Rosemann zu Gast in Tübingen. Im Kreis von Verwaltungschefs und Bürgermeistern analysierte er nüchtern die Lage: Vom Balkan aus sei eine regelrechte Einwanderungsbewegung nach Deutschland in Gang gekommen, die ganze Dörfer erfasst habe. Maßgeblich hierfür sei ein Urteil des Bundesverfassungsgerichts, das auch Asylbewerbern ohne jede Aussicht auf Anerkennung das kulturelle Existenzminimum in Deutschland zubillige. Mit 300 Euro pro Monat sei in Deutschland schwer auszukommen, aber angesichts der bitteren Armut im Kosovo könne man verstehen, dass Menschen ohne andere Hoffnung zu uns kommen, um dieses Geld zu erlangen und schlimmstenfalls einen Teil davon mit nach Hause zu nehmen. Im Sog dieser Wanderungsbewegung seien die Flüchtlingszahlen auf der Balkanroute nun auch für Flüchtlinge aus Herkunftsländern jenseits des Bosporus im Anstieg begriffen. Sein Amt, so Schmidt, sei personell völlig überfordert, seine Stellenanforderungen seien über lange Zeit in der Politik auf taube Ohren gestoßen.

Es war aus all dem nicht schwer zu schließen, dass uns eine schwierige Zeit bevorstand.

Im Kollegenkreis, unter Bürgermeistern und Landräten, war die Stimmung schon nach dem Jahreswechsel 2015 gekippt. Die Flüchtlingspolitik der Bundesregierung kommentierten die meisten mit zunehmender Empörung. »Die haben den Schuss nicht gehört« war eine der milden Formulierungen. Zu diesem Zeitpunkt gingen wir noch von 400 000 Flüchtlingen im Jahr aus.

Als die Zahlen auf 10 000 Einreisen pro Tag hochschnellten, machte sich bei vielen Entsetzen breit: »Das kann nicht gut gehen«, war die nahezu einhellige Einschätzung.

Das Parteibuch spielte keine Rolle. Auch in Berlin traf ich bei Konferenzen ausschließlich Politiker, Journalisten und Wissenschaftler, die Merkels Grenzöffnung als schweren Fehler betrachteten. Zur gleichen Zeit feierte sich das ganze Land im Rundfunk und in anderen Medien für die Öffnung der Grenzen, und die Welt staunte. Ich fand mich zunehmend im falschen Film wieder und fragte mich: Wie ist es möglich, dass der öffentliche und der halböffentliche Diskurs so auseinanderfallen?

Warum haben so viele Verantwortungsträger ihre Einschätzung der Lage nur im kleinen Kreis kundgetan und nicht in der Öffentlichkeit? In vielen Gesprächen wurden mir immer zwei Argumente dafür genannt. Erstens dürfe man die zigtausend Ehrenamtlichen nicht entmutigen, ohne deren Mitarbeit die staatliche Organisation der Flüchtlingshilfe zu diesem Zeitpunkt zusammengebrochen wäre. Und zweitens bereite man mit der direkten Ansprache der mannigfachen Probleme in der Flüchtlingsversorgung nur der AfD das Feld. Es sei daher besser, die Dinge still anzugehen und alle vorhandenen Kräfte zu mobilisieren, bis sich Lösungen der Probleme abzeichnen.

In manchen Situationen ist diese Haltung sicher vernünftig. Es gibt in der Politik Konjunkturen, die man besser nicht befördert. Wenn Probleme mit der Flüchtlingsaufnahme ins Zentrum der Debatte rücken, dann stärkt dies regelmäßig Parteien des rechten Rands.

Allerdings gibt es zwei Voraussetzungen dafür, dass eine solche Strategie der stillen und effizienten Problemlösung aufgehen kann. Zum einen muss sich die Debatte noch in einem frühen Stadium befinden, in der sich ihre Reichweite in der Bevölkerung begrenzen lässt. Und zum anderen muss man absehen können, wie und in welcher Zeit das Problem, das man nicht zum Thema machen möchte, gelöst werden kann.

Beides war nach meiner Überzeugung im Spätherbst 2015 nicht mehr der Fall. Die Debatte war ohnehin schon das bestimmende politische Thema und eine Lösung der Probleme konnte ich damals nirgendwo erkennen. In dieser Lage zielt die Strategie stiller Problemlösung vollends ins Leere und bewirkt sogar das Gegenteil. Sie beruhigt die Lage nicht, sondern verschärft sie.

Wenn ohnehin alle sehen, dass es immer schwieriger wird, den Flüchtlingen auch nur ein Dach über dem Kopf zu verschaffen, wenn in den Kommunen überall Turnhallen zu Flüchtlingslagern umfunktioniert werden und Zeltstädte im Winter entstehen, dann ist es höchste Zeit, über die Probleme zu reden. Des Kaisers neue Kleider: Mit einer Neuauflage dieses Märchens ist in einer Gesellschaft, in der jeder über sein Handy zum Produzent von Nachrichten werden kann, kein Staat mehr zu machen. Wenn man dann nicht sagt, was los ist, entsteht ein Vakuum, das von denen gefüllt wird, denen man gerade nicht den Boden bereiten will. Das Verschweigen offensichtlicher Probleme ist der perfekte Nährboden für Parteien wie die AfD.

Die Ehrenamtlichen waren im Herbst 2015 tatsächlich der letzte Rettungsanker einer überforderten staatlichen Organisation. Hunderttausende brachten Spenden zu Flüchtlingsunterkünften, leisteten 24-Stunden-Dienste für Hilfsorganisationen wie das DRK oder menschlichen Beistand für traumatisierte Kriegsopfer. Aber diese Menschen hatten auch einen sehr klaren Blick für die Schwierigkeiten und Probleme, vor denen das ganze Land stand. Man musste ihnen nicht vorenthalten, wie kritisch die Lage war, sie wussten es selbst, und gerade deswegen setzten sie sich mit voller Kraft für die gute Sache ein. Den meisten dürfte durchaus klar gewesen sein, dass es ein Kraftakt war, der sich nicht mehr allzu lange in dieser Form durchhalten ließ. Das auszusprechen, hat sie nicht entmutigt. Sie wollten wissen, wie das System wieder in einen geordneten Zustand kommen kann und was die Politik dafür unternehmen will.

In den meisten Medien hat die Zurückhaltung so vieler Verantwortungsträger im Herbst 2015 einen Widerhall wie auch ein Pendant gefunden. In der Hochzeit der Willkommenskultur gab es so gut wie keine kritischen Stimmen, die man guten Gewissens senden oder zitieren konnte. Denn das waren fast ausschließlich Vertreter von Pegida oder AfD. Denen räumte man allenfalls Platz ein, um zu zeigen, dass die Unterstützung der Flüchtlingshilfe erst am äußersten rechten Rand der Gesellschaft endet. Insoweit spiegelten die Medien die öffentliche Haltung der politischen Klasse.

Dabei verstärkte die veröffentliche Meinung diese Haltung der Politik noch zusehends, indem sie ihrerseits der Positivberichterstattung sehr viel Raum gab. Gut sichtbar wurde dies durch die Auswahl der Motive für Film- und Bildbeiträge. Fast immer waren Familien mit Kindern im Zentrum. Das weckt Sympathien und Mitleid. Größere Gruppen junger Männer sah man seltener. Ein realistisches Abbild war das nicht. Umgekehrt wurden kritische Äußerungen sofort unter Beschuss genommen. Wer es zu diesem Zeitpunkt wagte, sich gegen die Flüchtlingspolitik der Kanzlerin zu stellen, musste mit sehr kritischen Nachfragen rechnen und mindestens erklären, worin der Unterschied zu Horst Seehofer – dem Beelzebub der Flüchtlingspolitik – oder gar zur AfD bestehe. Die Medien bildeten kaum, wie es eigentlich ihre Aufgabe sein sollte, die Realität ab, sie machten sich auch jenseits von Meinungsbeiträgen mit der guten Sache der Flüchtlingshilfe gemein.

Die Spannung zwischen Wirklichkeit und Wirklichkeitsbeschreibung wurde auf diese Weise immer größer. Immer mehr Menschen begannen, sich zu fragen, wie lange das Land noch Hilfe in dieser Dimension leisten könnte, und kamen für sich zu dem Schluss, dass wir auf dem besten Wege waren, uns zu überfordern. Schon im November 2015 erklärte knapp die Hälfte der Deutschen, das Land könne die große Zahl der Flüchtlinge nicht mehr verkraften. In den Leitartikeln und

Kommentaren fand man diesen Gedanken höchstens in der *FAZ*. In der Politik war er weitgehend verpönt und ausgegrenzt. Ein Leitartikel wie jener der *Süddeutschen Zeitung*, in dem es nach dem AfD-Bundesparteitag im April 2017 hieß, Merkels Flüchtlingspolitik habe im Herbst 2015 das »wohl größte Konjunkturprogramm für eine rechte Partei frei Haus geliefert«, war in dieser Phase undenkbar.

In mir ist aus diesen Beobachtungen die Überzeugung gewachsen, dass Stillhalten nicht mehr die richtige Strategie ist. Das Motto des *Spiegel* »Sagen, was ist« schien mir besser zur Lage zu passen. Aus dieser Motivation heraus verfasste ich im Oktober 2015 meinen Facebook-Post »Wir schaffen das nicht«, ohne den dieses Buch vermutlich nicht entstanden wäre. Im Rückblick denke ich, dass die Spannung zwischen öffentlicher Meinung und dem halböffentlichen Diskurs, also dem, was man am Arbeitsplatz oder unter Freunden bespricht, zu groß gewesen ist und zu lange angehalten hat. Die Zustimmung für die AfD schnellte in die Höhe, als man den Eindruck gewinnen konnte, die Probleme werden von den anderen Parteien nicht offen angesprochen.

Dass der Spannungsbogen überdehnt war, kann man auch daran erkennen, wie er sich löste: Fast auf einen Schlag, nämlich in der Kölner Silvesternacht 2015. Schon zwei Wochen danach stellten die Demoskopen eine 60-Prozent-Ablehnung von Angela Merkels Flüchtlingspolitik fest. Die Medien bemerkten erschreckt, dass sie ein Thema mehrere Tage übersehen hatten, obwohl es in den sozialen Netzwerken bereits alles andere dominierte. Das war ein Wendepunkt. Die etwa dreimonatige Phase der Willkommensberichterstattung endete abrupt. Von nun an fanden auch alle kritischen Aspekte der Flüchtlingsdebatte angemessenen Raum. Es war nun plötzlich möglich, auch über Kriminalität oder sexuelle Gewalt von Flüchtlingen zu diskutieren, ohne sich den Vorwurf der Rechtslastigkeit gefallen lassen zu müssen.

Mittlerweile hat sich Situation wieder normalisiert. Zum einen sind die Flüchtlingszahlen deutlich geringer. Zum anderen ist die staatliche Organisation sehr viel besser. Und überdies ist die öffentliche Debatte wirklichkeitsgetreuer. Allerdings zeigt sich, dass es relativ lange dauert, verloren gegangenes Vertrauen zurückzugewinnen. Die Zustimmung zur AfD geht nur langsam zurück. Die Erfahrungen in der Willkommensberichterstattung sind ein Grund, warum heute fast ein Viertel der Deutschen den Medien misstraut.

Das sind Befunde, die man ernst nehmen muss, so ernst wie die Menschen, die hinter diesen Zahlen stehen. Ich bin überzeugt, dass der offene Dialog ohne Scheuklappen die beste Möglichkeit ist, dies langfristig zum Positiven zu wenden. Für die anstehenden Aufgaben ist es sowieso besser, man redet darüber, was gut läuft und was nicht gut läuft. Kein Problem wurde je durch Wegschauen gelöst.

Augen zu nutzt nix: Junge Männer verändern unser Land

»Derzeit sind über 70 Prozent der Flüchtlinge junge Männer, die ganz andere Vorstellungen von der Rolle der Frauen, der Religion, Meinungsfreiheit, Homosexualität oder Umweltschutz in der Gesellschaft haben als wir Grüne.« Dieser Satz stammt aus dem ersten Interview, das ich einer Zeitung nach der Öffnung der Grenzen im September 2015 gegeben habe. Es erschien in der *taz*, immer noch ein Leitmedium grün-alternativer Meinungsbildung. Zu dieser Zeit waren auf Bildern von Flüchtlingen im Fernsehen und in den Zeitungen fast immer Familien mit kleinen Kindern zu sehen. Ich wollte in meinem eigenen Milieu darauf aufmerksam machen, dass die Wirklichkeit sich stark von diesem Bild unterscheidet und zwischen unserem Ideal der Flüchtlingshilfe und unseren gesellschaftspolitischen Zielen ein Spannungsfeld entstanden war.

Im Herbst 2015 wusste niemand genau, wer die Menschen waren, die plötzlich in so großer Zahl Hilfe in Deutschland suchten. Das Bundesamt für Asyl war angesichts der rapide steigenden Zahlen hoffnungslos überfordert. Die Mehrzahl der Flüchtlinge konnte gar keinen Asylantrag einreichen, weil niemand ihn entgegennahm. Statistische Daten veröffentlichte das Amt aber nur für die Minderheit der Asylantragsteller. Von den Registrierungen bei der Einreise war nur die bloße Zahl bekannt, und auch hier erwies sich später, dass man um ehr als zehn Prozent danebenlag.

Über die Herkunft, das Alter und Geschlecht der Flüchtlinge, die nach der Öffnung der Grenze von Ungarn nach Österreich zu uns kamen, gab es deswegen nur Schätzungen und erste Eindrücke, zum Beispiel aus den Erstaufnahmeeinrichtungen und in der kommunalen Unterbringung. In den Kreisen der Landräte, in deren Zuständigkeit die Verteilung der Flüchtlinge auf die Gemeinden in Baden-Württemberg ist, hörte ich im Herbst 2015, die Verteilung von geflüchteten Familien auf die Gemeinden sei kein Problem, niemand wolle aber die vielen jungen Männer, und mittlerweile kämen fast nur noch diese zu uns.

Aus diesen Quellen hatte ich die Zahl von 70 Prozent geschöpft. Das erschien mir auch plausibel, denn die Reise aus Syrien, dem Irak oder Afghanistan auf eigene Faust und ohne Visum ist gefährlich, teuer und physisch äußerst anstrengend. In den wenigsten Fällen ist es ganzen Familien möglich, die Mittel für eine solche Odyssee aufzubringen, und viele Eltern werden das Risiko für ihre Kinder nicht eingehen. Da erscheint es nur logisch, diejenigen vorauszuschicken, die am ehesten in der Lage sind, solche Gefahren zu meistern, um später die Familie nachzuholen: junge Männer.

Rückblickend war es ein Fehler, die konkrete Zahl von 70 Prozent junger Männer unter den Flüchtlingen zu nennen. Zumindest hätte ich deutlich machen müssen, dass dies nur eine Schätzung und keine verlässliche Größe ist. Mir ging es ja nicht um den exakten Wert, sondern um die Grundaussage, dass ein sehr großer Teil der Flüchtlinge einer Gruppe angehört, auf die wir besonders achten müssen. Alleinstehende junge Männer sind in jedem Kulturkreis der Welt schwieriger in die Gesellschaft zu integrieren als Mütter, Großväter oder Kinder. Darauf muss sich eine Aufnahmegesellschaft vorbereiten.

Zwei Jahre später sind wir etwas klüger, was die Fakten angeht. Von den insgesamt 1,16 Millionen Asylanträgen, die in den Jahren 2015 und 2016 angenommen wurden, stammten 465 000 von Männern im Alter zwischen 16 und 35 Jahren. Das sind in der Tat weitaus weniger als 70 Prozent, nämlich 40 Prozent. Aber auch das bedeutete gleichwohl, dass junge Männer unter den Flüchtlingen massiv überrepräsentiert sind. Der Anteil der Männer im

Alter von 16 bis 35 Jahren beträgt in Deutschland nämlich 13 Prozent. Für unsere Gesellschaft sind fast eine halbe Million junger Männer unter den Flüchtlingen eine spürbare Veränderung. Flüchtlinge stellen in dieser Altersgruppe nun beachtliche fünf Prozent der männlichen Bevölkerung. Die großen Einwanderungsländer dieser Welt nehmen in der Regel nicht mehr als ein Prozent ihrer Bevölkerung pro Jahr auf.

Asylbewerber sind schwieriger zu integrieren als Einwanderer, die nach bestimmten Kriterien, etwa Bildungsgrad oder Leistungsfähigkeit, ausgewählt werden. Ein Anteil von fünf Prozent an der relevanten Altersgruppe der jungen Erwachsenen ist an der Grenze der Belastbarkeit einer Aufnahmegesellschaft. Der Effekt verstärkt sich sogar, weil den 465 000 Männern zwischen 16 und 35 Jahren nur 160 000 Frauen in derselben Altersgruppe der Flüchtlinge gegenüberstehen. Und von den Antragstellerinnen ist ein besonders großer Teil nicht asylberechtigt, weil sie aus dem Balkan stammen.

Das waren im Jahr 2015 immerhin noch 20 Prozent aller Anträge. Während Frauen unter allen Asylbewerbern nur 30 Prozent ausmachten, stellten sie unter denen aus den Balkanländern die Hälfte. Auf dem sicheren Landweg waren ganze Familien zu uns gekommen, nicht nur die jungen Männer. Asylanträge vom Balkan werden aber so gut wie immer abgelehnt. Das führt dazu, dass die Anerkennungsquote von Frauen im Asylverfahren signifikant niedriger ist als die von Männern. Wenn aus der Ablehnung auch die Ausreise folgt, wie es unser Rechtssystem eigentlich verlangt, bedeutet dies, dass sich der Männerüberhang weiter vergrößert.

Zwei Wochen nach meinem *taz*-Interview schrieb der *Spiegel-Online*-Kolumnist Jan Fleischhauer ebenfalls, dass 70 Prozent der Flüchtlinge junge Männer seien, und machte sich Gedanken über die Folgen einer zahlenmäßigen Dominanz dieser Gruppe unter den Asylbewerbern:

> Der Soziologe Armin Nassehi, der übrigens ein Befürworter von mehr Zuwanderung ist, spricht von einer »Maskulinisierung« des öffentlichen Raums, auf die man sich beizeiten einstellen sollte. Man wird sehen, wie das aufgeklärte Deutschland reagiert, wenn das neue Eckensteher-Milieu die inneren Großstädte erreicht. Für die #Aufschrei-Welt, in der schon ein zu offensiver Blick auf Po oder Busen einen sexuellen Übergriff markiert, verheißt das Wort »Maskulinisierung« jedenfalls nichts Gutes. Möglicherweise wird sich in den grünen Vierteln das Verhältnis zum Flüchtling merklich abkühlen, wenn zutage tritt, dass er die Etikette im Umgang der Geschlechter nicht beherrscht.

Ob Jan Fleischhauer eine eigene Quelle für den Anteil von 70 Prozent junger Männer unter den Flüchtlingen hatte oder sich, ohne es zu kennzeichnen, auf mich bezog, weiß ich nicht. Er hat die Zahl jedenfalls so wenig überprüft, wie ich es fahrlässigerweise nicht getan hatte. Zu Recht wurden wir deshalb gemeinsam in einem Portal kritisiert, das sich dem Faktencheck von Nachrichten besonders aus der *Bild*-Zeitung verschrieben hat: Der *BILDblog* rechnete vor, dass zwar 70 Prozent der Flüchtlinge Männer sind, aber nur 38 Prozent in die Altersgruppe 18 bis 35 fallen, und kommentierte: Viele »besorgte« Bürger und Medien stellen insbesondere die jungen, alleinreisenden Männer unter den Flüchtlingen als Gefahr dar. Behauptungen wie die von Fleischhauer und Palmer erleichtern ihnen die Panikmache, denn wenn sogar die Gutmenschenmedien 70 Prozent Eckensteher-Flüchtlinge ausmachen, ist die endgültige Schändung des Abendlandes ja praktisch nicht mehr aufzuhalten.«

Mit den Zahlen hatten die Faktenchecker Recht. Mit der Schlussfolgerung eher nicht. Der Text von Jan Fleischhauer wurde im Oktober 2015 veröffentlicht, also zwei Monate vor der Silvesternacht von Köln. *BILDblog* hätte sich danach vermutlich schwergetan, sich dermaßen sarkastisch über die Warnungen von Fleischhauer hinwegzusetzen.

Als sich herausgestellt hatte, dass sexuelle Übergriffe auf Hunderte junger Frauen am Kölner Hauptbahnhof zu einem großen Teil von in Gruppen attackierenden Asylbewerbern ausgegangen waren, kam eine erbitterte Debatte über die Frage auf, wer die Menschen sind, die da zu uns kommen und um Hilfe bitten. Von rechts außen, von Pegida oder AfD, wurden die Flüchtlinge pauschal verunglimpft und in einen Topf geworfen. Vor allem im Netz verwoben die Anhänger rechter Bewegungen die muslimische Herkunft der meisten Flüchtlinge und die Nachrichten von sexuellen Übergriffen durch Asylbewerber zu einer »Migranten-Vergewaltigungskrise«. Ein Flüchtling war für sie automatisch ein potenzieller islamistischer Terrorist, Vergewaltiger oder Mörder.

Diesen inhumanen und die Individualität jedes Menschen missachtenden Pauschalverurteilungen entgegenzutreten war eine patriotische Pflicht im Sinne der Werte unseres Grundgesetzes. Die Gegenwehr, die den Rechtsextremen entgegenschlug, war aber so vehement, dass sie auch Differenzierung fast unmöglich machte. Jede Überlegung, welche Folgen die Herkunft, das Alter und das Geschlecht der Flüchtlinge haben könnten, wurde harsch kritisiert. Ich musste mich deswegen beinahe täglich der Aufforderung erwehren, in die AfD einzutreten, wurde auf Facebook als Rassist oder »grüne Pegida« beschimpft und der »gruppenbezogenen Menschenfeindlichkeit« bezichtigt.

In der Denkschule dieser Kritiker ist es bereits inhuman, Gemeinsamkeiten von Menschen zu suchen und zu beschreiben, wenn dies damit verbunden ist, einzelnen Gruppen negative Eigenschaften zuzuschreiben. Das ist eine weltfremde Haltung, wie sich an einem einfachen Beispiel belegen lässt. In allen Gesellschaften auf der Welt werden Gewaltverbrechen überwiegend von Männern begangen. In Deutschland sind 85 Prozent aller Mörder und Gefängnisinsassen Männer. Das Risiko, dass von einer Gruppe von Menschen Gewalt ausgeht, ist größer, wenn sie nur aus Männern besteht. Diese Tatsache festzustellen, ist kein Pauschalurteil über alle Männer. Denn selbstverständlich sind 99,99 Prozent aller Männer keine Mörder. Es ist auch nicht unnötig oder stigmatisierend, die höhere Kriminalitätsrate von Männern zu thematisieren. Denn sowohl in der Prävention als auch in der Strafverfolgung ist es für die Effektivität der Arbeit wichtig, die Zielgruppe zu kennen.

In ähnlicher Weise ist es für ein Land, das mehr als eine Million Menschen in kurzer Zeit aufnehmen und integrieren will (oder muss, je nach Perspektive, an der Tatsache an sich führt kein Weg vorbei), von elementarer Bedeutung, sich Gedanken zu machen, was die Neuankömmlinge mitbringen.

Solange es um die Beschreibung und Bewertung der Zustände in den jeweiligen Herkunftsländern von Flüchtlingen geht, herrscht durchaus Einigkeit von rechts bis links. In Afghanistan, in Syrien, im Irak und in den meisten arabischen Ländern werden Frauenrechte missachtet, bestehen patriarchalische Geschlechterrollen fort, werden Schwule und Lesben diskriminiert, ist die Meinungsfreiheit massiv eingeschränkt, fehlt es an demokratischen Strukturen, und zudem liegen all diese Länder im Stand von Technik, Wirtschaft und Bildung weit hinter Europa zurück. Das können wir ansprechen. Die einen, weil sie dies als Problem der Weltgemeinschaft begreifen und Schritt um Schritt lösen wollen, die anderen, weil sie damit am liebsten nichts zu tun haben möchten.

Sobald aber Menschen aus diesen Ländern sich auf den Weg zu uns machen, verändert sich die Diskussion. Dann ist es kaum noch möglich, diese Umstände anzusprechen, ohne einen ideologischen Streit auszulösen. Für die einen sind die Zustände in den Herkunftsländern der Flüchtlinge nur der Grund, warum sie ein Recht haben, unsere Hilfe zu suchen, für die anderen sind dieselben Zustände der Grund, warum man am besten niemanden aus diesen Ländern bei uns einlassen sollte.

Besser wäre es, sich bewusst zu werden, dass die Flüchtlinge mit Vorprägungen zu uns kommen, die nicht nur persönlicher, sondern auch kultureller, gesellschaftlicher und religiöser Art sind, ohne sie deswegen alle gleichzusetzen. Wenn Syrien und Pakistan auf den letzten Plätzen des Global Gender Gap Report stehen, der Auskunft über die Möglichkeiten von Frauen zur gesellschaftlichen Teilhabe gibt, dann sagt das zwar nichts über den einzelnen Mann aus einem dieser Länder aus, sehr wohl aber über Zehntausende Männer, die von dort zu uns kommen.

Nicht anders verhält es sich, wenn die meisten arabischen Länder als besonders homophob einzustufen sind. Es ist nach dem statistischen Gesetz der großen Zahl nicht denkbar, dass die Prägungen der jeweiligen Herkunftsländer bei zigtausenden Geflüchteten nicht vorzufinden sind. Und genauso wenig ist es denkbar, dass aus dem Entschluss zur Flucht plötzlich folgen würde, alles hinter sich zu lassen, was man bis dahin an Überzeugungen und Haltungen erworben hat, woran man glaubt und wie man lebt. Es kann also gar nicht anders sein, als dass sich die Haltungen und Einstellungen der jeweiligen Herkunftsländer unter den Geflüchteten wiederfinden lassen. Und da sich diese Länder in vielen zentralen Wertefragen stark von Europa unterscheiden, ganz besonders, wenn es um die liberale, offene, tolerante Gesellschaft geht, bringen die Flüchtlinge einen Konflikt mit sich, wenn sie zu uns kommen.

Dieser Konflikt betrifft die Flüchtlinge zunächst selbst, denn die meisten versuchen, sich den Normen und Werten des Gastlandes anzupassen, zumindest, sie nicht zu übertreten. Das gelingt nicht immer, oft dauert es mehrere Generationen, bis aus einer Kluft Vielfalt wird.

Aber auch die Aufnahmegesellschaft setzt sich einem Konflikt aus, wenn sie Menschen so andersartiger Prägung aufnimmt. Sind die Zahlen klein, fällt dies nicht ins Gewicht. So war es in Deutschland die letzten zwei Jahrzehnte. Wir haben nur eine winzige Zahl von Flüchtlingen aufgenommen, die etwa 0,1 Prozent unserer Bevölkerung entsprach. Wenn die Zahl der Geflüchteten aber auf 1 Prozent anwächst, wie es 2016 in Deutschland geschah, dann ändert sich die Situation. Eine so große Zahl von Menschen ganz anderer Werthaltungen hat das Potenzial, das Aufnahmeland stärker zu verändern, als den meisten lieb ist.

Eine solche Gefahr zu beschreiben, ist ein Gebot der Klugheit. Denn natürlich gibt es keine Vorbestimmtheit des Integrationsprozesses. Eine Gesellschaft kann mehr Zuwanderung und Flucht bewältigen, wenn sie sich ihrer eigenen Erwartungen und Werte genauso bewusst ist wie der Differenzen zu den Einwanderern und Geflüchteten. Fehlt dieses Bewusstsein aber, wird schon eine sehr viel kleinere Zahl von Geflüchteten und Zuwanderern zum Problem. Aus diesem Grund ist es im Interesse der Flüchtlinge wie unserer eigenen Gesellschaft unverzichtbar, Vorprägungen und Differenzen präzise zu analysieren. Nur dann können wir auch klar formulieren, was wir in unserer Gesellschaft tolerieren und was nicht.

Das gilt besonders für meine Partei. Denn würde man unter der Million geflüchteter Menschen der letzten beiden Jahre Werthaltungen ermitteln, so wäre mit ziemlicher Gewissheit der Unterschied zu keiner Gruppe der Deutschen größer als zu den Wählerinnen und Wählern der Grünen. Wir sollten nicht vergessen, dass die heutige Toleranz und Offenheit unserer Gesellschaft erst in den letzten 50 Jahren erkämpft wurde. Die 68er und die Grünen hatten daran einen wesentlichen Anteil. In den Herkunftsländern der meisten Flüchtlinge gab es beide Bewegungen nicht.

Eine Reise von Afghanistan nach Deutschland ist nicht nur 7000 Kilometer lang, sie bedeutet auch ein Zeitsprung um viele Jahrzehnte. Es ist eine Ironie der Geschichte, dass viele Menschen, die zu uns geflüchtet sind, ausgerechnet mit den Werten der Menschen, die sich am stärksten für sie einsetzen, am wenigsten gemeinsam haben. Eine Frau, die das immer wieder mit spitzer Feder und Zunge auf den Punkt gebracht hat, ist Alice Schwarzer. Als die meisten Medien über die Ereignisse der Kölner Silvesternacht erst zu berichten begannen, schrieb sie in einem Text auf ihrem Blog bereits über die Täter: »… die Mehrheit waren vermutlich die Flüchtlinge von gestern bzw. Migranten und ihre Söhne. Die träumen davon, Helden zu sein wie ihre Brüder in den Bürgerkriegen in Nordafrika und Nahost – und spielen jetzt Krieg mitten in Europa.«

Die von Alice Schwarzer maßgeblich geprägte *Emma* schrieb in der letzten Ausgabe 2015: »Denn eines ist klar: Nicht nur die Frauen und Mädchen in den Aufnahmelagern sind in besonderer Gefahr (und haben nicht selten schon in ihren Heimatländern oder auf der Flucht sexuelle Gewalt über sich ergehen lassen müssen). Auch unsere Gleichberechtigung ist in Gefahr, wenn jetzt Hunderttausende meist junger Männer in unser Land strömen. Sie kommen aus frauenverachtenden Traditionen und (Bürger)Kriegsländern und sind geprägt von Gewalt. Das könnte unsere in den letzten zweihundert Jahren erkämpften Menschenrechte und die in den letzten 40 Jahren errungene Gleichberechtigung durchaus ins Wanken bringen.«

Alice Schwarzer muss sich seit dieser klaren Positionierung dem Vorwurf des Rassismus und sogar des Sexismus erwehren. Die *taz* verpasste ihr den Titel »Pegida-Versteherin«. Diesen Reflexen liegt verlässlich immer dieselbe Verwechslung zugrunde: Es ist nicht dasselbe, Eigenschaften einer Gruppe von Menschen zu beschreiben oder sie zu einer Masse ohne menschliche Individualität zu machen. Wir dürfen über Prägungen reden, die Menschen bestimmter Herkunft haben, einfach weil es sie gibt. Was wir niemals dürfen, ist Menschen zu unterstellen, sie seien durch Herkunft bereits auf solche Eigenschaften festgelegt und faktisch austauschbar.

Wir müssen darüber sprechen, dass die Übergriffe der Kölner Silvesternacht weit überwiegend von arabischstämmigen

Männern ausgingen und darunter viele Asylbewerber waren. Niemals dürfen wir daraus schließen, dass alle jungen arabischen Männer die Absicht haben, deutsche Frauen zu erniedrigen. Wir müssen kollektive Prägungen im Blick haben, um angemessen reagieren zu können. Wir dürfen dabei aber niemals das Individuum aus den Augen verlieren, wenn zum Beispiel über einen Asylantrag zu entscheiden ist.

Noch schärfer als Alice Schwarzer ist der aus Syrien stammende Politologe Bassam Tibi mit arabischen jungen Männern ins Gericht gegangen. In einem Interview in der *Welt* sagte er: »es geht dem arabischen Mann bei der ausgeübten sexuellen Gewalt nicht nur um die ›sexuelle Attraktion‹ der europäischen Frau, sondern auch um den europäischen Mann, dessen Ehre der Orientale beschmutzen will. So ist es auch in Köln geschehen.«

Ich gebe zu, mich haben Tibis Thesen eher verschreckt. Er formuliert sie in einer Schärfe, die unweigerlich zurückzucken lässt. »Der arabische Mann« ist eine Verallgemeinerung, die den entscheidenden Schritt zur Entmenschlichung und Entindividualisierung vollzieht. Seit ich Bassam Tibi persönlich kennenlernen durfte und mich mehr mit seinen Schriften befasst habe, halte ich das zwar immer noch für eine unzulässige Zuspitzung, erkenne darin aber eher einen Aufschrei: Seht her, verschließt nicht länger die Augen!

Würde Bassam Tibi nicht von »dem arabischen Mann« sprechen, sondern differenzierte kulturwissenschaftliche Formulierungen verwenden, könnte er seinem Anliegen mehr dienen. Ich finde den Gedanken, die Übergriffe auf Frauen zielten auf die Ehre von Männern, zwar nach wie vor äußerst befremdend und es fehlt mir jede persönliche Erfahrung damit, aber ich vertraue Professor Tibi, dass er nicht fahrlässig auf ein Motiv hinweist, das ein Teil der Erklärung jener für mich ansonsten immer noch völlig unerklärlichen Ereignisse in Köln sein könnte. Die deutsche Öffentlichkeit scheint mir Tibis Thesen bislang nicht recht ernst zu nehmen. Ich finde das fahrlässig.

Wenn er Recht hätte, würde das gravierende Konsequenzen für unsere Integrationsanstrengungen haben. Wir sollten das nicht auf die leichte Schulter nehmen und erforschen, ob es solche Einstellungen unter den geflüchteten Männern gibt und wie weit sie verbreitet sind.

Je länger ich mich mit diesen Fragen beschäftigt habe, umso deutlicher ist mir geworden, dass es für Integration der Flüchtlinge aus dem arabischen Raum nicht ausreicht, die Werte des Grundgesetzes hochzuhalten. Das Grundgesetz ist unter anderem deshalb so gelungen, weil es den Menschen große Entfaltungsspielräume zusichert. Es ist im Rahmen des Grundgesetzes zulässig, ein Pascha, eine Umweltsau oder ein Schwulenverächter zu sein, solange man nicht gegen Gesetze verstößt. Wenn unsere Gesellschaft jedoch nur aus solchen Menschen bestünde, wäre sie eine andere, und zwar eine, in der die meisten, die heute in Deutschland leben, nicht leben wollen. So wenig übrigens, wie wir heute im Mief der fünfziger Jahre leben wollten, der im Rahmen des Grundgesetzes ein Maß an Autoritätshörigkeit, Gender-Inequality und Umweltzerstörung hervorbrachte, das wir heute nicht ertragen könnten.

Wenn eine sehr große Zahl von Menschen zu uns kommt, deren Haltungen zwar vom Grundgesetz gedeckt sind, aber in unserem Land gänzlich unbekannt und im Allgemeinen nicht akzeptiert sind, dann verändert das unser Land in einer Weise, die wir nicht wollen können.

Daher braucht es über das Grundgesetz hinaus noch eine Orientierung für uns und für die Neuankömmlinge. Als diese Debatte in Deutschland unter dem Begriff »Leitkultur« im Jahr 2000 erstmals im Rahmen der Diskussion über Zuwanderung intensiv geführt wurde, habe ich sie nicht verstanden und als lächerlich angesehen. Leitkultur, damit schien mir das bayrische Bierzelt gemeint. Heute sehe ich das etwas anders. Ich habe nachgelesen, dass Bassam Tibi den Begriff 1996 in die Debatte eingeführt hat, und finde, dass er damit etwas beschrieben hat, das wir in Deutschland tatsächlich brauchen, um zu einer erfolgreichen Einwanderungsgesellschaft zu werden.

Leider ist Leitkultur bei uns bevorzugt in Wahlkämpfen ein Thema. Als Bundesinnenminister de Maiziere im April 2017 über die *Bild am Sonntag* seine zehn Thesen zur Leitkultur veröffentlichte, ging es erkennbar vor allem darum, der CDU wieder Stimmen von rechts zu sichern. Gut möglich, dass ihm das sogar gelungen ist. Als wenige Tage später in Nordrhein-Westfalen gewählt wurde, hat die CDU überraschend gewonnen und auf die Umfragewerte der Bundes-CDU sind auf die höchsten Werte seit Beginn der Flüchtlingskrise gestiegen. Der Sache tut man damit nichts Gutes. Ganz besonders gilt das für plakative Sätze wie: »Wir sind nicht Burka.« Niemand ist Burka. Selbstredend habe ich auch andere Vorstellungen von Leitkultur als de Maiziere. Händeschütteln würde ich im Winter gerne abschaffen. Eine asiatische Verbeugungskultur ohne Körperkontakt könnte in unserem trockenen Heizungsklima die Ausbreitung vieler Grippewellen verhindern. Aber auch wenn der Begriff verbrannt ist und die Debatte meistens so unproduktiv geführt wird wie von de Maiziere, bin ich heute sicher, dass wir eine Vergewisserung über das benötigen, was unsere Vorstellung einer Gesellschaft jenseits gesetzlicher Regelungen ausmacht.

Bassam Tibi schreibt in einem Aufsatz der Bundeszentrale für politische Bildung: »Das Problem der – oft beabsichtigten – Missverständnisse fängt damit an, dass Deutsche sich eine Leitkultur sowie die hierzu gehörige eigene kulturelle Identität versagen. Es wird unterstellt, dass Leitkultur von einer homogenen Bevölkerung ausgeht und eine ›Unter-/Überordnung in der Beziehung zu den Fremden‹ beinhaltet. Das ist nicht korrekt. Es ist eine in allen anderen Demokratien selbstverständliche Tatsache, dass ein Gemeinwesen – gleich, ob monokulturell oder kulturell vielfältig – einen Konsens über Werte und Normen als eine Art innere Hausordnung benötigt. Dies ist die unerlässliche Klammer zwischen den in diesem Gemeinwesen lebenden

Menschen, unabhängig von ihrer Religion, Ethnie oder Ursprungskultur. Diejenigen, die eine Leitkultur als Klammer zwischen Deutschen und Einwanderern ablehnen, verweisen auf die Gesetze und meinen, deren Befolgung durch Einwanderer sei ausreichend. Dies wäre praktisch eine Gleichsetzung von Verfassungspatriotismus (Sternberger und Habermas) mit einem ›BGB-Patriotismus‹.

Besser kann man es kaum sagen. Daraus folgt allerdings, dass die vor uns stehende Aufgabe weitaus größer ist als der ohnehin schon große Kraftakt, für eine Million Menschen Wohnungen, Ausbildung und Arbeit zu organisieren. Wir müssen zusätzlich eine Doppelaufgabe bewältigen, die mental nicht weniger Anstrengung erfordert. Wir müssen uns unserer Selbst vergewissern und zugleich die Andersartigkeit der Fremden, die zu uns kommen, erkennen und sachlich beschreiben. Nur wenn wir wissen, wer wir sind und was wir von Menschen erwarten, die zu uns kommen, kann es gelingen, Vielfalt zu leben, ohne die eigene Identität zu verlieren.

Das Nafri-Problem: Die Grünen und ihr Verhältnis zur Polizei

Am 31. Dezember 2016 setzte die Kölner Polizei um 23.08 Uhr einen Tweet ab, der Furore machte: »#PolizeiNRW #Silvester2016 #SicherInKöln: Am HBF werden derzeit mehrere Hundert Nafris überprüft. Infos Folgen.« Christoph Herwatz schilderte das Vorgehen der Polizei in einer Reportage für die *taz* wie folgt: »Die Polizei versucht in der Stunde vor Mitternacht, möglichst viele zu kontrollieren, die den Bahnhof verlassen wollen. Bundespolizisten stehen an den Ausgängen und weisen alle einer Tür zu. Weiße und Gruppen, zu denen Frauen gehören, dürfen die linke Tür nehmen. Von dort kommen sie zum Dom, ans Rheinufer, zum Roncalliplatz. Männer anderer Hautfarbe oder mit südländischem Aussehen müssen nach rechts. Das Muster ist eindeutig. Dort landen sie in einem von einer Kette aus Landespolizisten abgetrennten Bereich. In einer Ecke kann man seinen Ausweis vorzeigen und wird durchgelassen, wenn alles in Ordnung ist. Davor bildet sich eine Menschentraube.«

Wie man die Szene beurteilt, die Herwatz hier beschreibt, hängt maßgeblich davon ab, wessen Perspektive man einnimmt. Aus Sicht der Beamten ist es ein knochenharter Einsatz durch die ganze Nacht, bei dem das oberste Ziel darin besteht, Übergriffe wie im Vorjahr zu verhindern. Aus Sicht junger Frauen, die Opfer solcher Übergriffe geworden sind, holt der Staat etwas nach, was sie von ihm erwartet und schmerzlich vermisst haben. Aus Sicht eines in Deutschland geborenen Sohnes nordafrikanischer Eltern, der nichts vorhatte, außer friedlich mit seinen Kumpeln Silvester zu feiern, ist eine Kontrolle und Zurückweisung eine unverständliche Demütigung. Das sind berechtigte Perspektiven. Nur die Sicht eines Asylbewerbers aus dem Maghreb, der versuchen wollte, wie im Vorjahr Frauen einzukesseln, will ich nicht übernehmen.

Die *taz* entschied sich für die Perspektive der Menschen, die beim Verlassen des Kölner Hauptbahnhofs die rechte Türe nehmen mussten. Junge Männer mit vermeintlich nordafrikanischem Aussehen. Sie arbeitete durch gute journalistische Recherche heraus, dass die Polizei ihr Handeln teilweise widersprüchlich erklärte. Im Tweet, der alles auslöste, war nur von Nafris die Rede. Die Polizei behauptete, 98 Prozent der Kontrollierten seien Nordafrikaner gewesen.

Erst später schob sie nach, dass selbstverständlich nicht nur das Aussehen, sondern auch das Auftreten der Betroffenen für die Kontrollen maßgeblich gewesen sei. Die Auswertung der Polizeiarbeit ergab allerdings, dass nur fünf Prozent der Kontrollierten aus Marokko oder Algerien stammten, viel häufiger waren Syrer, Afghanen und Deutsche unter diesen Personen. Die *taz* urteilte deshalb, die Kölner Polizei sei »entweder inkompetent oder rassistisch«. Weniger harsch, aber in der Stoßrichtung gleichlautend, kritisierte die *taz* in zahlreichen Artikeln, die Polizei habe verbotenerweise »Racial Profiling« eingesetzt.

Racial Profiling, also die Auswahl von Zielpersonen für polizeiliche Überprüfung allein anhand der ethnischen Herkunft, ist zum Beispiel in den USA seit Langem verboten. Eine Konsequenz aus den heftigen Rassenkonflikten des 20. Jahrhunderts, die bis heute fortwirken: Weiße Polizisten gehen immer wieder mit brutaler Gewalt gegen unschuldige schwarze Mitbürger vor und regelmäßig kommt es zu tödlichen Schüssen. Ferguson, Baltimore und Chicago standen am Ende der Amtszeit von Barack Obama für solche tragischen Ereignisse. Es gibt also gute Gründe, der Polizei abzuverlangen, alle Menschen gleich zu behandeln und nicht rassistisch zu diskriminieren.

Von der gewaltsamen Spannung, die in den USA herrscht, sind wir zum Glück weit entfernt. Aber auch bei uns ist Wachsamkeit und Sensibilität erforderlich. Wer sich mit jungen Männern unterhält, deren Aussehen den Eindruck einer afrikanischen, türkischen oder arabischen Herkunft erweckt, der erfährt, dass sie sich von häufigen Kontrollen gedemütigt fühlen. Einmal sprach mich im Tübinger Hauptbahnhof ein solcher junger Mann an. Er schilderte mir, dass er nahezu jede Woche seinen Ausweis vorzeigen müsse. Selbstverständlich dürfe er dann immer passieren, aber keiner seiner weißen Freunde sei jemals kontrolliert worden. Ich konnte spüren, wie dies an ihm nagte und wie ihn das von seinem Geburtsland Deutschland entfremdete.

War es also Racial Profiling, was die Kölner Polizei in der Silvesternacht praktizierte? Im Einzelfall halte ich das durchaus für möglich. Die Aufgabe der Polizei war es, sich einen Eindruck zu verschaffen, ob von einer bestimmten Person eine erhöhte Gefahr für Sicherheit und Ordnung ausgeht. Dabei müssen viele Faktoren zusammenkommen. Alter, Geschlecht, Aussehen, Kleidung, Alkoholisierungsgrad, aggressives Verhalten, Gruppenbildung – die vermeintliche Herkunft darf nur ein Faktor unter vielen sein. Die Polizisten hatten für ihre Urteilsbildung aber nur wenige Sekunden zur Verfügung.

Ich habe im Amt oft erlebt, dass man schnell entscheiden muss und keine Zeit hat, jede Handlung von fünf Juristen prüfen zu lassen. Als Oberbürgermeister muss ich häufig einen Weg durch einen Dschungel von Vorschriften finden, bei dem Augenmaß gefragt ist. Oft stehen Vorschriften zueinander in einem Spannungsverhältnis, man muss abwägen und fünf gerade sein lassen. Daher konnte ich mich sehr gut in die Situation der Polizei in Köln versetzen.

Erinnern wir uns: Ein Jahr zuvor, an Silvester 2015, war die Polizei zu Recht massiv in die Kritik geraten, weil sie mehr oder weniger untätig dabeistand, wie Hunderte von Frauen belästigt, angegrapscht und vergewaltigt wurden. Die ganze Republik erwartete, dass sich das nicht wiederholt. Folgerichtig wurde das Polizeiaufgebot von 150 Beamten an Silvester 2015 auf 1500 Beamte an Silvester 2016 verzehnfacht.

2015 hatte die Polizei mehrere Tage gebraucht, um das Ausmaß der Übergriffe zu erkennen und einzugestehen. Vor der Polizei waren es Videos und Augenzeugenberichte, die den Skandal an die Öffentlichkeit brachten. Auch die Tatsache, dass die Mehrzahl der Tatverdächtigen aus dem arabischen Raum stammte und viele Asylbewerber unter ihnen waren, wurde erst nach und nach bekannt.

Folgerichtig nahm die Polizei nun die Tätergruppe des Vorjahres besonders ins Visier. Das oberste Ziel musste es sein, eine Wiederholung der Silvesterkrawalle zu verhindern. Dabei durfte die Polizei auch an die Grenzen des rechtlich Zulässigen gehen.

Man stelle sich vor, die Polizei hätte in Köln junge deutsche Frauen, ältere Damen und nordafrikanische junge Männer in gleicher Weise kontrolliert und dabei eine Gruppe von Asylbewerbern übersehen, die sich erneut an Frauen vergriffen hätte. Die Polizeiführung hätte den Rücktritt einreichen können. Die Polizei hat daher bestimmt nicht »alles richtig« gemacht, aber sie hat angesichts der Vorgeschichte angemessen reagiert. Ganz sicher sind dabei auch Personen ungerechtfertigt verdächtigt und ausgesondert worden. Bei diesen sollten wir uns entschuldigen und sie um Verständnis bitten. Wenn tausend Personen in kurzer Zeit kontrolliert werden, kann es dem einzelnen Beamten nicht gelingen, in jedem Fall eine hundertprozentig richtige Entscheidung zu treffen. Aber wenn man schon vorher immer genau wüsste, ob der Verdacht begründet ist, dann bräuchte man ja nicht zu kontrollieren.

Nun sind wir Grüne nicht als Polizeiversteherpartei gegründet worden. Im Gegenteil, unsere Wurzeln liegen in der 68er-Bewegung und dem durchaus berechtigten Aufbegehren gegen einen Staat, der erst noch lernen musste, die Verhältnismäßigkeit der Mittel im Einsatz von Polizeigewalt zu wahren. Die Grünen sind als Opposition zu den damals etablierten Parteien und in Demonstrationen gegen Nachrüstung oder Atomkraftwerke entstanden. Als Bürgerrechtspartei stehen wir seither für den Schutz der Bürger vor dem Staat. Eine polizeikritische Haltung gehört gewissermaßen zur DNA meiner Partei.

Wenn eine öffentliche Debatte über einen Polizeieinsatz entsteht, ist es die Rolle der Grünen, das Handeln der Polizei zu hinterfragen. Das hat unser Land liberaler und die Polizei besser gemacht.

In dieser Tradition hat die grüne Bundesvorsitzende Simone Peter die Kölner Kontrollen – wie sie selbst später einräumte – etwas voreilig schon am Neujahrstag kommentiert: »Allerdings stellt sich die Frage nach der Verhältnis- und Rechtmäßigkeit, wenn insgesamt 1000 Personen allein aufgrund ihres Aussehens überprüft und teilweise festgesetzt wurden. Völlig inakzeptabel ist der Gebrauch von herabwürdigenden Gruppenbezeichnungen wie ›Nafris‹ für Nordafrikaner durch staatliche Organe wie die Polizei.«

Das waren dem Wortlaut nach vorsichtige Bemerkungen. Fragen nach der Verhältnismäßigkeit eines Polizeieinsatzes muss man immer stellen dürfen. Und in der Tat taugt der Begriff »Nafri« für eine offizielle Kommunikation der Polizei so wenig wie »Spaghettis« für Italiener oder »Krauts« für Deutsche. Und das gilt auch dann, wenn man solche Begriffe im privaten Umfeld für harmlos hält oder selbst benutzt.

Trotzdem schwappte eine Welle der Empörung über Simone Peter zusammen. Zuerst ergoss sich Wut, Häme und Verachtung im Internet, dann sprang die *Bild*-Zeitung auf: »Dumm, dümmer, GRÜFRI«. Grüfri war mit einem Sternchen versehen, das die Auflösung mitlieferte: »GRÜn-Fundamentalistische-Realitätsfremde Intensivschwätzerin.« Es war nicht die erste Kampagne der *Bild* gegen uns Grüne, aber doch eine der bosärtigsten. Gegen die oft widerwärtigen persönlichen Beschimpfungen und Bedrohungen, die Simone Peter in dieser Zeit über sich ergehen lassen musste, habe ich sie öffentlich in Schutz genommen. Und dennoch hat sie einen gravierenden Fehler gemacht: Sie ließ die Perspektiven der Beamten und der Opfer der sexuellen Übergriffe des Vorjahres außer acht. Das erzeugte den Eindruck, die Grünen stellen sich selbst dann noch gegen die Polizei, wenn diese unter größtem Einsatz Frauen vor Vergewaltigungen auf offener Straße schützen muss.

Am eindrücklichsten wurde dies aus der Wortmeldung der Frau eines der am Einsatz beteiligten Polizisten deutlich. Sie schrieb auf der Facebook-Seite von Simone Peter einen Kommentar, der im Netz hunderttausendfach kommentiert und geteilt wurde: »Sehr geehrte Frau Peter, als Frau eines Kölner Polizeibeamten kann ich meine Wut über Ihre Aussage kaum zügeln. (…) Mein Mann kam gestern morgen nach 15 Stunden Dienst vollkommen erschöpft und durchgefroren nach Hause. Er war so durchgefroren, dass er erst gar nicht einschlafen konnte. Er und seine Kollegen schieben jeder Hunderte Überstunden vor sich her und wir als Familien tragen dies mit. Während Sie sicherlich eine schöne Silvesternacht gehabt haben, stand mein Mann bei eisiger Kälte in Köln kund hat nach bestem Wissen und Gewissen alles Nötige getan, um den Menschen ein friedliches Feiern zu ermöglichen! Ich bin entsetzt über Ihre Aussage. Und ich bin gleichzeitig dankbar für all die positiven Feedbacks bzgl. Der Arbeit der Kölner Polizei. Das tut den Jungs und Mädels gut, die tagtäglich den Kopf hinhalten müssen für alle möglichen Anfeindungen. Sie sollten sich schämen. Unglaublich.«

Das gesellschaftliche und mediale Echo auf Simone Peters Polizeikritik war insgesamt äußerst negativ. Ich vermute, das war für unsere Bundesvorsitzende überraschend – sie hatte schließlich nichts gesagt, was Grüne nicht schon oft gesagt haben. Vergleichbare Kritik hatte früher zwar auch schon zu Debatten geführt, aber dabei waren wir Grüne meistens die Kritiker und in der Offensive. Das hatte sich nun radikal umgekehrt. Ein Umstand, der daraufhin hinweist, dass sich durch die zwei Kölner Silvesternächte in unserer Gesellschaft etwas massiv verändert hat. Es war bis dahin nicht opportun, die Kriminalitätsbelastung einzelner ethnischer Gruppen laut zu thematisieren. Nach Köln musste man das sogar tun: In der Silvesternacht 2015 sind etwa 650 Frauen Opfer von sexuellen Übergriffen geworden. Fast alle Täterbeschreibungen weisen auf junge arabische Männer hin. Von 300 ermittelten Tatverdächtigen waren 160 aus Algerien und Marokko. Wegen Sexualdelikten verurteilt wurden hingegen nur zwei Männer. Bei allen anderen ließen sich die Taten nicht individuell nachweisen. Das brachte sogar Heribert Prantl dazu, seine Haltung zur Videoüberwachung zu revidieren. Er, der über viele Jahrzehnte den Eingriff in die Freiheit des Bürgers gerade gegen Videoüberwachung verteidigt hatte, stellte nun fest, dass sie an Orten wie dem Kölner Bahnhofsplatz gebraucht werde, um den Tätern die Tat nachweisen zu können. Für die Opfer bleibt es eine Demütigung, dass die Taten ungesühnt bleiben, weil die Täter sich in Gruppen von Mittätern erfolgreich verstecken konnten.

Angesichts dieser Vorgeschichte hatte sich die Erwartungshaltung der meisten Menschen im Land verändert. Sie erwarteten jetzt primär Schutz vom Staat, nicht Schutz vor dem Staat. Dass Polizei und Justiz erst die Taten nicht verhindern, die Opfer nicht schützen und dann die Täter nicht bestrafen können, das wollte niemand ein zweites Mal hinnehmen. Das alte grüne Muster, sich auf die Seite der Schwachen zu stellen und deshalb die Wahrung der Grundrechte auch für »Nafris« anzumahnen, wirkte plötzlich völlig deplatziert. Für viele Menschen machte das die Täter zu Opfern und die Opfer zu Tätern. Sie wollten in der Silvesternacht Schutz für junge Frauen vor sexueller Gewalt und nicht Schutz für junge Männer vor Polizeikontrollen.

Fünf Monate nach der Nafri-Debatte wurde in Nordrhein-Westfalen der Landtag gewählt. Die CDU führte einen Wahlkampf, der innere Sicherheit zu einem der wichtigsten und nach den Daten der Demoskopen neben der Bildungspolitik zu einem wahlentscheidenden Thema machte. SPD und Grüne hatten den Plakaten mit der Aufschrift »Ich fühle mich nicht mehr sicher.

Warum tun die nichts?« wenig entgegenzusetzen. Giovanni di Lorenzo, der Chefredakteur der *Zeit*, stellte am Wahlabend die rhetorische Frage, warum sich linke Parteien so unendlich schwer damit täten, dass die Leute nicht beklaut werden wollen und sich in der S-Bahn sicher fühlen möchten. Gerade linke Parteien müssen Innenminister stellen, die nicht zulassen, dass Sicherheit überhaupt zum Thema wird. Denn davon profitieren immer die Parteien des rechten Spektrums. So war es auch in NRW. Die CDU regiert heute die Herzkammer der Sozialdemokratie.

Abschiebungen nach Afghanistan: Können Zahlen zynisch sein?

Im Sommer 2016 war ich als Gastredner auf einer Konferenz in Chicago eingeladen. Mayor Rahm Emanuel, damals ein enger Berater Barack Obamas, begrüßte eine Runde von Bürgermeistern aus der ganzen Welt, die sich zum Thema Klimaschutz und Stadtentwicklung austauschten. Emanuel machte auf mich einen sehr agilen Eindruck, aber in den vielen Gesprächen am Rande der Konferenz erfuhr ich, dass er mitten im Strudel eines Polizeiskandals steckte.

Die Polizei ist in den USA meist kommunal organisiert, der Bürgermeister ist also direkt verantwortlich. Chicago war 2014 durch den Skandal um eine kaltblütige Hinrichtung eines unschuldigen Schwarzen nach einer Polizeikontrolle aufgewühlt worden. Die Polizei von Chicago, so erfuhr ich, war gleichermaßen gewalttätig wie erfolglos. In den armen Vororten müsse man jederzeit mit Schießereien rechnen. Emanuel habe die Kontrolle verloren. Chicago sei die gefährlichste Stadt in den USA. Die Zahlen belegen dies: Im Jahr 2016 wurden in Chicago 762 Menschen umgebracht. Chicago hat 2,7 Millionen Einwohner. Das Risiko, ermordet zu werden, liegt in Chicago also bei 1 zu 3500. Mich hat das sehr beschäftigt. Trotzdem fühlte ich mich in Chicago nicht unsicher. Die Gefahr blieb abstrakt. Und Touristen waren selten unter den Opfern.

Ein halbes Jahr später, im Februar 2017, begann Deutschland gezielt damit, Asylbewerber nach Afghanistan abzuschieben. Grundlage war ein entsprechendes Abkommen mit der afghanischen Regierung. Das führte zu einem intensiven Streit über die Frage, ob Abschiebungen nach Afghanistan gerechtfertigt werden können. Ausgangspunkt der Debatte war eine sogenannte Sammelabschiebung, bei der etwa 30 abgelehnte, überwiegend zu Haftstrafen verurteilte Asylbewerber das Land verlassen mussten. Die *Stuttgarter Zeitung* schrieb dazu am 6. Februar 2017:

> Die Kontroverse erhält neue Nahrung durch die am Montag veröffentlichten Zahlen der Vereinten Nationen zur Gewalt am Hindukusch. Demnach hat die Zahl der getöteten oder verletzten Zivilisten mit 11418 Fällen 2016 einen neuen Höchststand seit Beginn der systematischen Erfassung im Jahr 2009 erreicht, wie die UN-Mission Unama berichtete. Demzufolge wurden 3498 Menschen getötet – unter ihnen 923 Kinder, so dass schon mehr als jedes vierte Opfer jünger als 18 Jahre war. 7920 Menschen wurden verletzt – unter ihnen 2589 Kinder, die Schäden bis zur Erblindung und schweren Verkrüppelungen davontrugen. Während die Zahl der Toten um fast zwei Prozent zurückging, stieg der Wert der Verletzten um sechs Prozent.

Wer das liest, kann eigentlich nur den Eindruck gewinnen, dass Abschiebungen in solch ein gewalttätiges Land unmenschlich sind. Das Wort »Höchststand« und die unvorstellbaren, grausamen Zahlen prägen die Botschaft. Dabei ergibt ein Blick auf die Daten ein ganz anderes Bild.

Der starke Anstieg der Opferzahlen liegt bereits vier Jahre zurück und fällt zeitlich mit dem Rückzug der US-Truppen zusammen. Einen Höchststand gibt es auch nur, weil die Daten vor 2009 nicht erfasst wurden. Das Jahr 2016 beschreibt eher eine Stabilisierung, denn der starke Anstieg ist vorbei. In den Regionen, die von der Regierung kontrolliert werden, sinken die Opferzahlen. All das steht in dem UN-Bericht, der die Quelle der Berichterstattung in Deutschland war. Auf einen Vergleich, der es ermöglichen würde, die Zahlen einzuordnen, verzichteten aber so gut wie alle deutschen Medien. Das wäre aber erforderlich, denn natürlich ist jeder Tod eines unschuldigen Menschen furchtbar. Ganz verhindern können wir das aber nicht, auch nicht im sichersten Land der Welt. Es geht also immer darum, das Ausmaß solcher Barbarei zu beurteilen.

Dafür gibt es nur einen Weg: den Vergleich statistischer Größen. Der Vorwurf, Schicksale schrumpften dabei zu Zahlen, ist richtig, geht aber ins Leere. Denn um Risiken beurteilen zu können, bleibt uns nichts anderes übrig, als sie zu quantifizieren. Im konkreten Fall bedeutet dies, die Zahlen aus Afghanistan mit denen anderer Länder zu vergleichen.

Ein Krieg wie der in Syrien fordert bedeutend mehr Opfer als die unruhige, aber eben doch einigermaßen befriedete Lage in Afghanistan. Das Land hatte 2010 etwa 17 Millionen Einwohner, im Krieg sind nach Schätzungen der UN über 400 000 Menschen umgekommen, pro Jahr an die 100 000 Menschen. Das ergibt eine schauerliche Todesrate von etwa 1 zu 200. Eine Abschiebung nach Syrien ist wegen dieser erheblichen und konkreten Gefahr nicht zulässig.

In Afghanistan leben 33 Millionen Menschen. Wenn von diesen 3500 zivile Todesopfer in Folge des Konflikts mit den Taliban zu beklagen sind, so ist das eine Rate von 1 zu 9000. Auch wenn hier die Opfer der Konfliktparteien, der Polizei, der Taliban und der ausländischen Truppen, anders als in Syrien, nicht mit gezählt sind, ist das doch eine Dimension, die weit weg von einem Krieg ist. Mit welchem Land, mit welcher Sicherheitslage könnte man Afghanistan dann eher vergleichen?

Mir kam die Situation in Chicago in den Sinn und ich begann nachzurechnen. Chicago ist zwar die gefährlichste Großstadt in den USA. Trotzdem erstaunte es mich, dass dort mehr als doppelt so viele Todesfälle durch Waffengewalt pro Einwohner registriert wurden als in Afghanistan. Chicago: 1 Mord an Zivilisten pro 3500 Einwohner. Afghanistan: 1 Tod eines Zivilisten im innerstaatlichen Konflikt auf 9500 Einwohner. Noch erstaunlicher fand ich, dass der Wert für die gesamten USA dem von Afghanistan ziemlich nahe kommt. In exakten Zahlen ausgedrückt: Die USA haben 320 Millionen Einwohner und beklagen seit Jahren etwa 15 000 Morde jährlich. Das ergibt ein Risiko von 1 zu 22 000.

Aufschlussreich ist auch der globale Vergleich. Die Vereinten Nationen haben dazu zuletzt Daten aus dem Jahr 2012 veröffentlicht. Demnach werden weltweit pro Jahr fast eine halbe Million Menschen ermordet. Der globale Mittelwert liegt bei 1 zu 15 000, also etwa in der Mitte zwischen Afghanistan und den USA. In der Liste der Länder mit den höchsten Tötungsraten stehen sehr viele Länder ganz oben, die als Herkunftsländer von Asylbewerbern in Deutschland keine Rolle spielen.

Wenn man nicht auf Kriegstote, sondern auf Tötungsdelikte schaut, ist das gefährlichste Land der Welt demnach Honduras, mit einem Mord auf 1100 Einwohner, gefolgt von den amerikanischen Jungferninseln und Venezuela mit etwa 1 zu 2000. Mit Tötungsraten höher als Chicago, also 1 zu 3500, stehen Länder aus Südamerika, der Karibik und Afrika auf den folgenden Plätzen: Kongo, Lesotho, Südafrika, Swasiland, Bahamas, Jamaica, Trinidad und Tobago, Belize, El Salvador, Guatemala. Unter den gefährlichsten Staaten der Welt sind auch nicht nur kleine Länder. In Brasilien wurden im Jahr 2013 über 56 000 Menschen getötet, entsprechend einer Tötungsrate von 1 zu 3400. Ganz Brasilien ist also so gefährlich wie Chicago und bedeutend gefährlicher als Afghanistan. Zu den sichersten Ländern der Welt gehört übrigens Deutschland. Bei uns liegt die Rate bei 1 zu 120 000.

Die Zahlen sind eindeutig. Aber kann man Gefahr auf diese Weise messen? Das Aufenthaltsgesetz formuliert es in Paragraph 60 wie folgt: »Von der Abschiebung eines Ausländers in einen anderen Staat soll abgesehen werden, wenn dort für diesen Ausländer eine erhebliche konkrete Gefahr für Leib, Leben oder Freiheit besteht.« Das Bundesverwaltungsgericht hat in mehreren Urteilen betont, als Prognosemaßstab müsse eine »beachtliche Wahrscheinlichkeit zu Grunde gelegt werden.«

Tötungsraten sind, wenn sie korrekt erhoben werden, ein sehr aussagekräftiger Indikator für den Sicherheitsstandard eines Landes, denn an ihnen lassen sich exakte Wahrscheinlichkeiten im Sinne der deutschen Rechtsprechung ermitteln. Wie sicher ist also Afghanistan?

Für diese Frage, die uns in Deutschland so bewegt, lässt sich sehr klar festhalten: Das Risiko, in Afghanistan als Zivilist gewaltsam zu Tode zu kommen, ist im Durchschnitt des Landes etwa zwölfmal höher als in Deutschland. In der Liste der unsichersten Länder der Welt steht Afghanistan nach den Angaben der Vereinten Nationen aber jenseits von Platz 50. In über 50 Staaten der Welt, die Heimat von mehr als einer Milliarde Menschen sind, ist die Gefahr, gewaltsam zu Tode zu kommen, größer als in Afghanistan. Und in den gefährlichsten Ländern der Welt ist die relative Häufigkeit von Mord um den Faktor zehn größer als in Afghanistan.

Als ich diese Überlegungen auf Facebook öffentlich machte, schlug mir ein Sturm der Entrüstung entgegen. Die bayrische Parteifreundin und Landtagsabgeordnete Claudia Stamm gab eigens eine Presseerklärung heraus, die folgende Vokabeln auf mich anwandte: »verantwortungslos«, »nassforsch«, »perfide«, »Bruch der Werte des Grundgesetzes«, »würdelos«, »unseriös«, »unmögliche Sprüche«, »bequeme Profilierung«, »Schlag ins Gesicht der Ehrenamtlichen in der Flüchtlingshilfe«. Der Text gipfelte in dem Angebot, Claudia Stamm gehe gerne ein Jahr nach Chicago, wenn ich im Gegenzug ein Jahr nach Afghanistan ginge. Einige Wochen später verließ Claudia Stamm aber meine Partei und gründete eine eigene.

Der »Tagesschau«-Kommentator Jürgen Webermann blies ins selbe Horn: »Der grüne Oberbürgermeister von Tübingen, Boris Palmer, sagte vor kurzem, in Amerika kämen ja ähnlich viele Menschen durch Schusswaffen ums Leben wie in Afghanistan, und fragte polemisch, wo es wohl gefährlicher sei: in

Chicago oder in Kundus? Ich würde Boris Palmer gerne mal mitnehmen nach Kundus. Aber leider geht das nicht. Es wäre lebensgefährlich.«

Bemerkenswert an diesen wütenden Entgegnungen ist, dass sie die Fakten gar nicht bestreiten. Die Zahlen sind so, wie sie sind. Der Unterschied besteht nur in der Deutung. Während die einen die absoluten Todeszahlen heranziehen und daraus auf eine katastrophale Sicherheitslage schließen oder schreckliche Erlebnisse und Beobachtungen zum Maßstab machen, ist beim Vergleich von Todeshäufigkeiten der Befund eindeutig: Afghanistan gehört keineswegs zu den unsichersten Gebieten der Welt.

Gerade weil die Zahlen nicht zu widerlegen sind, verwerfen meine Kritiker die Methode des statistischen Größenvergleichs als unzulässig oder gar zynisch und menschenverachtend. Die Diskussion wird stattdessen auf die Ebene subjektiver Empfindungen verlagert. Der Vorschlag eines Aufenthalts in Afghanistan soll vermitteln, dass ich über ein Land rede, das ich nicht kenne, und in Wahrheit niemals bereit wäre, die Gefahren dieses Landes auf mich zu nehmen. So soll ein moralischer Doppelstandard enttarnt werden: »Das glaubt der doch selbst nicht!«

Und es stimmt ja, ich würde niemals dorthin reisen. Wer als Westeuropäer ohne militärischen Schutz durch Afghanistan reisen will, sollte vorher sein Testament schreiben. Die Taliban lassen sich solche Ziele selten entgehen. Das geht aus den Reisewarnungen des Auswärtigen Amtes glasklar hervor. Für Afghanen gilt das aber nicht, und nach Afghanistan schieben wir Afghanen ab, deren Asylantragsprüfung ergeben hat, dass sie keine individuelle Verfolgung erwartet.

Und ja, es gibt noch einen zweiten Grund, warum ich nicht in Afghanistan leben wollte. Das Land ist kaputt. Es ist gesellschaftlich in einem verheerenden Zustand. Es gibt wirtschaftlich kaum eine Perspektive. Es ist schwer, sich dort zu ernähren, die medizinische Versorgung ist miserabel. Wie in allen unterentwickelten Ländern der Welt ist die Lebenserwartung dramatisch niedriger als in Deutschland. Die Bilder, die wir immer wieder aus Afghanistan sehen, geben richtig wieder, dass die Menschen dort großes Leid ertragen müssen.

Wenn wir über die Zulässigkeit von Abschiebungen diskutieren, ist all das aber nicht der Maßstab. Rein statistisch bedeutet die Abschiebung in nahezu jedes Land in Afrika Armut, Arbeitslosigkeit und ein 30 Jahre kürzeres Leben. Die Welt ist immer noch entsetzlich ungerecht. Asyl wird aber nicht vor Armut gewährt, sondern vor politischer Verfolgung. Die Welt gerechter zu machen, ist ein moralischer Imperativ. Armut und Leid über das Asylrecht aus der Welt zu schaffen, schlicht unmöglich.

Eine Abschiebung kommt nur in Betracht, wenn ein Asylantrag rechtskräftig abgelehnt ist und die freiwillige Ausreise verweigert wird. Dann müssen wir prüfen, ob es eine Gefahr für den abgelehnten Asylbewerber gibt, die eine Abschiebung aus humanitären Gründen unmöglich macht. Nach der Rechtsprechung in Deutschland genügt es dafür nicht, dass ein Land bettelarm oder in einem bewaffneten Konflikt steht. Es muss am Ort der Abschiebung für den abgelehnten Asylbewerber eine »erhebliche konkrete Gefahr« herrschen, für deren Einschätzung die Tötungsraten ein wichtiges Kriterium sind.

Es sind also zwei sehr verschiedene Begriffe von Gefahr, die hier verwendet werden. Claudia Stamm und Jürgen Webermann stehen für diejenigen, die zu Recht aus Erlebnissen und Schilderungen der Zustände in Afghanistan ableiten, dass das Leben in Afghanistan bedrohlich und im Vergleich zu einem Aufenthalt in Deutschland sehr gefährlich ist. Sie richten den Blick auf das Einzelschicksal von Menschen, die bei uns in Sicherheit sind und durch eine Abschiebung zweifellos in eine sehr viel schlechtere Welt versetzt werden. Ganz sicher fürchten sich auch viele abgelehnte Asylbewerber vor der Rückkehr dorthin. Und zweifelsohne ist es für jeden, der die Hoffnung auf ein besseres

Leben bei uns fahren lassen muss, eine persönliche Tragödie, in ein solches Land abgeschoben werden.

Der Rechtsstaat muss aber allen gerecht werden. Da wir nicht allen helfen können, die unsere Hilfe benötigen, haben wir einen präzisen Begriff von Asylgründen und einen ebenso präzisen Begriff von Gefahren entwickelt. Wir müssen einen einigermaßen objektiven Maßstab an solche Entscheidungen anlegen. Nach diesen Maßstäben sind Abschiebungen nach Afghanistan derzeit zulässig und vertretbar.

Es gibt gute Gründe, diese Haltung nicht zu teilen. Es gibt keine Gründe, sie als unmenschlich oder zynisch abzustempeln. Ehrlicherweise sollten wir uns eingestehen, dass die Entscheidung über Abschiebung nach Afghanistan uns in ein Dilemma zwingt, das wir nicht auflösen können.

Ich will das an einem Beispiel erläutern: Deutschland hat sich im Rahmen der ISAF-Mission dafür engagiert, afghanische Sicherheitskräfte auszubilden. Das ist der einzige Weg, die Sicherheitslage im Land dauerhaft zu verbessern. Im Jahr 2016 sind in Afghanistan etwa 5000 Polizisten im Einsatz ums Leben gekommen. Bei einer Mannschaftsstärke der Polizei von 150 000 Personen bedeutet das ein Tötungsrisiko von 1 zu 30 für einen afghanischen Polizisten. Selbstverständlich erwarten wir, dass sich genügend Menschen finden, die diese gefährliche Aufgabe auf sich nehmen. Niemand käme auf den Gedanken, das als unmenschlich zu bezeichnen.

Wenn wir verurteilte Straftäter nach Afghanistan abschieben, ist deren Tötungsrisiko wie dargestellt bei 1 zu 9000, also um den Faktor 30 geringer. Wer würde ernsthaft behaupten, dass es moralisch stringent ist, einerseits junge Menschen in Afghanistan für den Polizeidienst auszubilden und andererseits verurteilte Straftäter aus Sicherheitsgründen nicht nach Afghanistan abschieben zu wollen, wenn das Risiko der Polizisten, zu Tode zu kommen, dreißigmal höher ist als das eines abgeschobenen Straftäters?

Ein moralischer Maßstab sollte verallgemeinerbar sein und nicht zu einer gravierenden Ungleichbehandlung von Menschen führen. Das gelingt im Beispiel der Polizei in Afghanistan nicht. Es gelingt auch nicht für die afghanische Bevölkerung als Ganzes. Der Maßstab für die moralische Beurteilung der Lebensgefahr in Afghanistan kann nicht allein sein, ob ein Mensch seine Heimat verlassen und bei uns Asyl beantragt hat. Wenn dieser Antrag abgelehnt ist, hat er dasselbe Recht, bei uns zu leben, wie jeder andere Afghane. Da wir unmöglich den 33 Millionen Einwohnern Afghanistans ein Leben bei uns ermöglichen können, bleibt nur eine moralisch inkonsistente Entscheidung. Es ist zwar menschlich verständlich, die aktive Entscheidung über eine Abschiebung an einen höheren Maßstab zu knüpfen als die über unterlassene Hilfeleistung vor Ort.

Letztlich geht es dabei aber um unser Bedürfnis, nicht aktiv Schuld auf uns zu laden. Das ist der Grund, warum unsere Gesetze eine erhebliche konkrete Gefahr voraussetzen, um eine Abschiebung als undurchführbar einzustufen. Das ist auch der Grund, warum die Bundesregierung nach dem Anschlag nahe der deutschen Botschaft mit 90 Toten im Juni 2017 einen vorläufigen Abschiebestopp verfügte, um die Sicherheitslage neu zu bewerten. Faktisch hat sie damit gar nichts geändert, denn für Straftäter gilt der Abschiebestopp gar nicht. Vermutlich wird er bis zur Bundestagswahl im September 2017 auch nicht aufgehoben. Die Kanzlerin hat sich entschieden, durch eine symbolische Handlung dem öffentlichen Druck auszuweichen, der durch die Bilder eines so gravierenden Anschlags in Deutschland entstand. Dass ein solcher Anschlag, so grausam er ist, kein Maßstab für die Zulässigkeit von Abschiebungen sein kann, ergibt sich schon aus der Überlegung, dass drei Anschläge in Großbritannien und im Vorjahr eine Serie in Frankreich natürlich nicht dazu geführt haben, diese Länder generell als unsicher einzustufen. Relevant ist die Häufigkeit solcher Ereignisse, nicht das Einzelereignis selbst.

Ja, wir können großzügiger sein als derzeit. Solange in Deutschland nur 150 000 Afghanen Asyl beantragen, wie es 2015 der Fall war, können wir ihnen ein humanitäres Bleiberecht gewähren. Unsere Verantwortung für das Elend in weiten Teilen der Welt kann man so deuten, dass wir denen zu helfen verpflichtet sind, die sich auf den langen Weg zu uns gemacht haben. Eine solche politische Grundhaltung finde ich sehr großzügig und menschlich. Zumal dann, wenn Menschen sich bereits bei uns integriert und eine Arbeit aufgenommen haben, spricht sehr viel dafür, sie nicht nach Afghanistan zurückzuschicken, auch wenn der Asylantrag abgelehnt wurde.

Voraussetzung für eine solche humanitäre Haltung ist aber, dass die Grenzen nicht wie 2015 erneut geöffnet werden. Denn die Zahl der Asylanträge aus Afghanistan ist kurzzeitig so stark angestiegen, weil die erfolgreiche Flucht Hunderttausender aus Syrien über den Balkan durch das Internet zum Vorbild für die Flucht von Irakern und Afghanen wurde. Die Lage in Afghanistan war vorher und nachher nicht besser, die Zahl der Asylanträge vorher und nachher aber dramatisch niedriger.

Nach menschlichem Ermessen würden viele Hunderttausend Afghanen nach Deutschland aufbrechen, wenn der Weg nochmals so offen stünde wie 2015 über den Balkan. Das aber würde uns unweigerlich dazu zwingen, diejenigen zurückzuschicken, deren Asylantrag abgelehnt ist. Andernfalls würde in Afghanistan sehr schnell die Botschaft ankommen, dass es reicht, einmal nach Deutschland durchzukommen, um ein Aufenthaltsrecht zu erlangen. Diese Sogwirkung zu bestreiten hieße nun wirklich, die schrecklichen Zustände in Afghanistan zu verkennen.

Mord ist Mord.
Was aber tun, wenn Helfer getötet werden?

Im Oktober 2016 geschah in Freiburg etwas Grauenhaftes. Eine 19-jährige Studentin, die wie jeden Tag Tausende junger Menschen an der Dreisam entlangradelte, wurde vergewaltigt und ermordet. Ein Verbrechen, das so oder ähnlich leider jeden Monat geschieht – in Deutschland wurden in den letzten Jahren im Schnitt etwa 20 Sexualmorde pro Jahr registriert. Die Betroffenheit und Anteilnahme vor Ort ist immer groß. Aber selten macht ein Sexualmord überregionale Schlagzeilen.

Im Freiburger Fall änderte sich das schlagartig, als die Polizei sieben Wochen nach dem Mord einen Tatverdächtigen präsentierte. Es handelte sich in der Verwaltungssprache um einen »unbegleiteten minderjährigen Flüchtling« (umF, auch umA: »unbegleiteter minderjähriger Ausländer«). Nach den Ereignissen der Silvesternacht 2015 in Köln und der Axt-Attacke eines 17-jährigen Flüchtlings aus Afghanistan auf Menschen in einem Regionalzug bei Würzburg stand diese Gruppe bereits unter besonderer Beobachtung der Öffentlichkeit. Nun also erneut ein vorgeblich 17-jähriger Asylbewerber aus Afghanistan als Tatverdächtiger, überführt durch DNA-Spuren. Der Tod der Studentin erhielt zusätzliche Aufmerksamkeit, weil sie sich, für Freiburg nicht untypisch, als Flüchtlingshelferin engagiert hatte. Eine Geschichte, wie sie Sophokles nicht tragischer hätte ausmalen können.

Die daraus entstehende Debatte war in allen Medien für eine Woche das Topthema. Keine Talkshow kam daran vorbei. Im Zentrum stand nicht der Mord selbst, so traurig das ist, sondern die Frage, was es zu bedeuten hat, dass der mutmaßliche Mörder ein unbegleiteter minderjähriger Flüchtling war.

Wie so oft erhielten die schrillsten Töne zunächst die größte Aufmerksamkeit. Die AfD wies der Bundeskanzlerin »eine indirekte Mitverantwortung« für den Tod der Studentin zu. Eine absurde Logik, nach der Daimlerchef Zetsche eine indirekte Mitverantwortung für jeden von einem Mercedes überrollten Radfahrer tragen müsste. Wer den Begriff der Verantwortung so weit ausdehnt, macht alle für alles verantwortlich und schafft damit letztlich die totale Verantwortungslosigkeit.

Gegenüber solch dreisten Vorwürfen, die wohl vor allem das Ziel haben, die Urheber in der Öffentlichkeit zu positionieren, ist die Forderung berechtigt, den Tod eines Menschen nicht für politische Zwecke zu instrumentalisieren. Vielfach wurde dieser Appell aber auch in einer Weise verwendet, die eher dem Zweck diente, eine Debatte über mögliche Konsequenzen aus dem tragischen Ereignis gar nicht erst aufkommen zu lassen. »Mord ist Mord, völlig egal, woher der Täter ist. Die Tat wird moralisch nicht verwerflicher, wenn der Mörder ein Asylbewerber ist.« So oder ähnlich wurde häufig argumentiert.

Zweifellos stimmt das. In allen Rechtsordnungen ist Mord das schlimmste aller Verbrechen. Eine Steigerung ist allenfalls der Massenmord. Ein Mord ist an sich verwerflich. Und dennoch macht es einen Unterschied, welcher Herkunft der Täter ist. Schon der Moralphilosoph Immanuel Kant hat das in seiner Schrift »Zum ewigen Frieden« formuliert. Im dritten Definitivartikel beschreibt er ein Gastrecht, das jeder Mensch überall auf der Welt beanspruchen könne, weil die »Oberfläche der Welt« begrenzt sei und wir sie uns teilen müssen. Allerdings sei dies Gastrecht daran geknüpft, dass der Gast sich friedlich, also gesetzestreu verhalte. Gegenüber einem friedlichen Gast sei eine feindselige Behandlung unzulässig. Ein Gast – das wäre in der Kantschen Definition auch ein Asylbewerber –, der einen Menschen umbringt, macht sich also nicht nur eines Mordes schuldig, er vergeht sich auch gegen das Gastrecht. Das Letztere ist einem Einheimischen per Definitionem unmöglich.

Dies ist mehr als eine philosophische Randbemerkung, es hat gravierende Konsequenzen. Ein solch schwerer Missbrauch des Gastrechts stellt nämlich das Gastrecht selbst infrage, weil die Gastgeber zwangsläufig darüber nachdenken, ob sie das Risiko, Gäste aufzunehmen, weiter tragen wollen. Wer als Gast zum Mörder wird, schmälert die Chancen anderer, als Gast aufgenommen zu werden. So geschah es auch in Deutschland nach den Gewalttaten von Flüchtlingen im Jahr 2016.

Alle über einen Kamm zu scheren, ist immer falsch. Es ist nur eine sehr kleine Minderheit unter den Asylbewerbern, die zur Gewalt greift. Ein Generalverdacht gegen Asylbewerber oder gar alle Ausländer ist unmenschlich und zerstört die Fundamente einer pluralistischen Gesellschaft. Trotzdem ist es vernünftig, Gewalt von Asylbewerbern besonders zu beobachten, nach ihren Ursachen zu forschen und spezifische Gegenmaßnahmen von der Prävention bis zur Strafverfolgung zu ergreifen.

Wir müssen von Asylbewerbern nicht erwarten, dass sie sich gesetzestreuer als deutsche Staatsbürger verhalten. Wir dürfen es aber. Und dass die Meinungen an diesem Punkt auseinandergehen, ist in einer offenen Gesellschaft normal. Es gab beeindruckende Statements von Flüchtlingshelfern, die nach dem Mord in Freiburg erklärten, sie würden keine Sekunde darüber nachdenken, ihr Engagement nun zu reduzieren. Trotzdem sollten wir auch zulassen, dass Menschen sagen, sie können nicht akzeptieren, dass Menschen, die hierherkommen und angeben, sie seien auf der Flucht, in kürzester Zeit zu Mördern werden. Das eine ist nicht naiv, das andere ist nicht bösartig. Beides sind menschliche Reaktionen.

Worauf sich vermutlich alle einigen können, ist die Forderung an den Staat, alles Erdenkliche zu tun, um solche Morde zu vermeiden. Als der Tatverdacht in Freiburg bekannt wurde, schien sich da zunächst keinerlei Handlungsbedarf zu zeigen. Der Verdächtige war schon sehr bald nach seiner Ankunft im Herbst 2015 in einer Pflegefamilie untergebracht worden, ein besonders günstiger Umstand, der oft nicht gegeben ist. Er hatte eine Ausbildung an einer beruflichen Schule begonnen. Er hatte optimale Startbedingungen in Deutschland. Bei vielen sorgten diese Umstände für Ratlosigkeit: Was hätten wir noch tun sollen?

Die Ermittler deckten allerdings bald Fakten auf, die den Fall in einem völlig anderen Licht erscheinen ließen. Der Verdächtige hatte schon im Jahr 2013 in Griechenland auf der Insel Korfu eine Frau von einer Klippe gestoßen und schwer verletzt. Dafür wurde er zu zehn Jahren Gefängnis verurteilt, von denen er aber nur ein Jahr verbüßte, ehe er unter Auflagen aus der Haft entlassen wurde. Wenig später beantragte er im Herbst 2015 in Freiburg Asyl. Er brachte keine Ausweisdokumente mit sich. Die griechischen Behörden hatten keine Informationen über den Mann in das europäische Datennetzwerk eingestellt, den deutschen Behörden fiel selbst nichts auf. Ein medizinisches Gutachten für den Prozess in Freiburg ergab, dass der Tatverdächtige zum Zeitpunkt des Mordes mindestens 22 Jahre alt war, keinesfalls 17, wie er selbst angab. Dafür spricht auch, dass er andernfalls zum Zeitpunkt seines ersten Gewaltverbrechens in Korfu gerade mal 14 Jahre alt und allein auf der Flucht aus Afghanistan gewesen wäre. Kein sehr wahrscheinliches Szenario.

Aus diesen Erkenntnissen ergeben sich sehr wohl Konsequenzen des Freiburger Mordfalls für den Umgang mit Asylbewerbern. Unfassbar ist es, dass Gewaltverbrecher in Europa nach kurzer Haft wieder auf freien Fuß kommen und in einem anderen europäischen Land zum Mörder werden können. Ganz offensichtlich muss die Zusammenarbeit der Behörden in Europa an diesem Punkt dringend verbessert werden. Vermutlich kommen wir auch nicht an der Erkenntnis vorbei, dass es uns betrifft, wenn ein europäisches Land unter der Last seiner Schulden Ausgaben kürzt und deshalb auch an den Gefängnissen spart.

Wir müssen aber auch die Identitätsfeststellung im eigenen Land verbessern. Für die unbegleiteten minderjährigen Flüchtlinge betreiben wir zu Recht einen sehr viel größeren Aufwand als für erwachsene Flüchtlinge. Sie bekommen pädagogische Betreuung, Unterkunft in Wohngruppen oder bei Pflegefamilien, Ausbildung und Sprachkurse. Man sieht das auch an den Kosten, die je »umF« bei etwa 40 000 Euro pro Jahr liegen.

Diese Vorteile sind so groß und die Kontrollen so schwach, dass ein erheblicher Anreiz für junge Männer um die 20 entsteht, sich ein paar Jahre jünger zu machen und vielleicht auch noch die Nationalitätsangabe zu wechseln. Ein befreundeter Arzt hat mir erzählt, dass er auch in Tübingen angeblich minderjährige Flüchtlinge behandelt hat, deren Alter er eher auf 27 schätzen würde als auf 17. Unternommen wird dagegen nichts. Und angesichts der grotesken Geschichte des Bundeswehrsoldaten Franco A., der es schaffte, sich als syrischer Flüchtling auszugeben, ohne ein Wort Arabisch zu sprechen, erscheinen solche Beobachtungen auch nicht mehr sonderlich erstaunlich.

Der Täter von Freiburg ist durch eine Lücke geschlüpft, die noch sehr viel größer ist und so nicht bleiben darf. Wir sollten gerade bei den unbegleiteten minderjährigen Flüchtlingen durch medizinische Gutachten und Herkunftsanalyse zum Beispiel durch Dolmetscher und Dialektanalyse die Identität besser prüfen. So richtig unsere Vorzugsbehandlung für unbegleitete minderjährige Flüchtlinge ist, so falsch ist es, den Status dieser Flüchtlingsgruppe im Wesentlichen auf Treu und Glauben zu gewähren.

Für die Fahndung nach Verdächtigen hat der Gesetzgeber erste Konsequenzen schon gezogen. In der Vergangenheit war es nicht erlaubt, durch die Genanalyse auf äußere Merkmale wie etwa die Haarfarbe zu schließen. Die Polizei hatte das nach dem Mord in Freiburg deutlich kritisiert, weil solche Daten den Täterkreis deutlich einschränken und damit sowohl die Suche erleichtern als auch vielen Unschuldigen eine unangenehme Prozedur ersparen. Künftig wird diese Auswertung von DNA-Spuren bei Kapitalverbrechen erlaubt sein. Ich halte das für richtig und es kann sogar einen präventiven Effekt haben, wenn Täter wissen, dass man ihnen auf diese Weise leichter auf die Spur kommen kann.

Asylbewerber, die sich schwerer Verbrechen schuldig gemacht haben, haben ihre Identität häufig verschleiert. Das war im Freiburger Mordfall, aber auch beim Terroranschlag auf dem Berliner Weihnachtsmarkt so. Daraus folgt, dass es doch ein Sicherheitsrisiko darstellt, dass im Herbst 2015 so viele Menschen ohne Papiere und ohne Prüfung ihrer Identität nach Deutschland gekommen sind. Eine sinnvolle Konsequenz wäre es, diese Identitätsprüfung nun bei allen Asylbewerbern nachzuholen, die ohne Papiere eingereist sind. Eine Forderung, die auch die grüne Spitzenkandidatin Katrin Göring-Eckardt zu Recht erhoben hat.

Für die Zukunft müssen wir unser Asylverfahren so anpassen, dass es Nachteile und keine Vorteile bringt, ohne Papiere anzukommen. Zwar wird es immer wieder Fälle geben, in denen Menschen tatsächlich Hals über Kopf fliehen oder zu ihrem Schutz die Ausweisdokumente wegwerfen. Das zuständige Bundesamt hat zwar erstaunlicherweise keine Statistik zum Anteil der Flüchtlinge, die ohne Dokumente einreisen – Schätzungen der Bundespolizei, wonach dies für zwei Drittel aller Antragsteller zutrifft, machen aber sehr deutlich, dass dies auch einem nachvollziehbaren Kalkül folgt. Ohne Papiere sind die Chancen zu bleiben für viele einfach besser. Auf ein Handy kann verständlicherweise so gut wie kein Flüchtling verzichten. Daher schaffen sie es nahezu alle, das Smartphone auf der ganzen Reise bei sich zu behalten. Das spricht gegen die Annahme, dass die Papiere unterwegs verschwunden sind. Aus diesem Grund ist es richtig, dass künftig der Zugriff auf die Daten eines Smartphones gestattet werden soll, wenn anders eine Identitätsfeststellung nicht mehr zu leisten ist.

Natürlich können solche und weitere Maßnahmen keinen sicheren Schutz vor Terroristen und gemeinen Mördern bieten. Der Staat handelt aber fahrlässig, wenn er solche Schritte zum Schutz seiner Bürgerinnen und Bürger unterlässt. Da wir schmerzhaft erfahren mussten, dass auch von Asylbewerbern Gefahren für Leib und Leben ausgehen können, sind wir in der Pflicht, die Sicherheitsvorkehrungen zu verbessern. Dies gilt erst recht, wenn man die Auffassung vertritt, dass in der Notlage des Herbstes 2015 auf solche Maßnahmen verzichtet werden musste, weil die Behörden gar nicht in der Lage waren, sie umzusetzen.

Keinen Grund, etwas an der Rechtslage zu verändern, sehe ich hingegen im Strafrecht. Selbstverständlich muss jeder Mörder unabhängig von seiner Herkunft oder seinem Status hart bestraft werden. Das kann nach unserem geltenden Recht auch bedeuten, ihn aus unserer Gemeinschaft auszuschließen und nach Verbüßung der Strafe, in der Regel nach der Hälfte der Zeit, in sein Herkunftsland abzuschieben. Für einen Mörder gilt der Satz, Verbrecher haben ihr Gastrecht verwirkt. Ich glaube, dass für den Mörder von Freiburg am Ende seiner Haftzeit die Abschiebung nach Afghanistan von den meisten Menschen als berechtigt angesehen würde.

Anders sieht es aus, wenn der Täter aus einem Land stammt, das sich im Kriegszustand befindet. Wie zum Beispiel in Syrien. Es besteht ein weitreichender Konsens, dass wir Menschen nicht in den Tod schicken und daher selbst Mörder nicht in solche Staaten abschieben. Die Diskussion darüber, was die angemessene Reaktion in derartigen Fällen sei, entfachte sich an einem aufsehenerregenden Mord in Tübingens Nachbarstadt Reutlingen. Dort in der Innenstadt hat ein 22-jähriger Asylbewerber im Herbst 2016 eine Frau, mit der er sexuelle Kontakte hatte, mit einem Dönermesser getötet. Auf der Flucht bedrohte er mit der 60 Zentimeter langen Klinge mehrere Passanten, bis er von einem Auto angefahren und gestoppt wurde. Der mittlerweile verurteilte Täter ist syrischer Herkunft und war zum Zeitpunkt der Tat erst ein Jahr im Land.

Nach diesem Fall fragte mich eine Reporterin der *Stuttgarter Zeitung* im August 2016, wie man denn mit gewaltbereiten Flüchtlingen umgehen solle. Ich antwortete, es gebe Verhaltensweisen, die dazu führen, dass man sein Aufenthaltsrecht verwirkt. Die Reporterin hakte nach und ich erklärte, dass ein Syrer natürlich nur nach Syrien abgeschoben werden könnte. Darauf wandte sie ein: »Nach Syrien, das wäre lebensgefährlich.« Ich antwortete: »Es gibt auch in Syrien Gebiete, die nicht im Krieg sind. Wie erkläre ich denn der Familie eines Opfers, dass der Täter noch im Land ist, obwohl er so aggressiv war? Da ist die Antwort ›In Syrien ist es unsicher‹ wenig befriedigend.«

Im Sommerloch wurde daraus eine bundesweite Nachricht mit der Überschrift: »Grünen-Politiker Palmer will auch nach Syrien abschieben«. Das löste zu Recht Empörung aus, denn in den Meldungen wurde nicht mehr zwischen unbescholtenen Menschen und Verbrechern differenziert. Die Abschiebung eines unschuldigen Asylbewerbers nach Syrien würde auch ich als unmenschlich bezeichnen. Sie wäre überdies rechtswidrig, denn Asylbewerber aus Syrien erhalten bei uns fast ausnahmslos einen Schutzstatus, dürfen also legal im Land bleiben. Für Gewalttäter und Mörder gelten aber andere Maßstäbe. Unsere Bundesvorsitzende Simone Peter bezeichnete meine Wortmeldung als »klassischen Palmer-Nonsens«, meine Landesvorsitzenden nannte sie »verantwortungslos und zynisch«. Die Kritik erweckte den Eindruck, ich wollte eine Gesetzesänderung für Abschiebungen in Kriegsgebiete erreichen, die gegen das Völkerrecht verstoßen.

Dabei regelt die Genfer Flüchtlingskonvention in Artikel 33 das so genannte Zurückweisungsverbot wie folgt:

> Keiner der vertragschließenden Staaten wird einen Flüchtling auf irgendeine Weise über die Grenzen von Gebieten ausweisen oder zurückweisen, in denen sein Leben oder seine Freiheit wegen seiner Rasse, Religion, Staatsange-

> hörigkeit, seiner Zugehörigkeit zu einer bestimmten sozialen Gruppe oder wegen seiner politischen Überzeugung bedroht sein würde.
>
> Auf die Vergünstigung dieser Vorschrift kann sich jedoch ein Flüchtling nicht berufen, der aus schwerwiegenden Gründen als eine Gefahr für die Sicherheit des Landes anzusehen ist, in dem er sich befindet, oder der eine Gefahr für die Allgemeinheit dieses Staates bedeutet, weil er wegen eines Verbrechens oder eines besonders schweren Vergehens rechtskräftig verurteilt wurde.

Das bedeutet also, dass sogar die Genfer Flüchtlingskonvention im Sinne Kants davon ausgeht, dass ein Gastrecht durch schwere Straftaten verwirkt wird. Sie regelt sogar ausdrücklich, dass ein Verbrecher auch dann zurückgewiesen, also abgeschoben werden kann, wenn dies eine Gefahr für sein Leben oder seine Freiheit bedeuten würde.

Bewusst wird der Begriff eines »Gebietes«, nicht eines »Staates« verwandt. Dies soll es den Vertragsstaaten erlauben, Flüchtlinge zurückzuweisen, wenn nur Teile ihres Herkunftslandes als sicheres Gebiet gelten. Eine Regelung, die im Falle Afghanistans auch für unbescholtene, aber abgelehnte Asylbewerber als Rechtfertigung für Abschiebungen dient.

Meine Formulierung, es gebe auch in Syrien Gebiete, die nicht im Krieg sind, und dorthin könne die Abschiebung eines Straftäters erwogen werden, schöpft also den Spielraum der Genfer Flüchtlingskonvention nicht einmal aus. Denn diese würde ja sogar die Abschiebung in die eigentlichen Kriegsgebiete gestatten.

Als ich auf diesen Umstand in der Debatte öffentlich aufmerksam machte, bestätigten mir zwar Politikwissenschaftler, dass meine Aussage zutrifft, am Shitstorm änderte das aber nichts. Und bei vielen politischen Gesprächspartnern stellte ich fest, dass sie zwar die Flüchtlingskonvention als Argument zitierten, mindestens aber den einschlägigen Artikel nie gelesen hatten. Die Genfer Konvention gilt bei uns als eine Art Bibel der Flüchtlinge. Dass der Vertragstext aus gutem Grund auch derartige Härten enthält, ist dabei im kollektiven Bewusstsein praktisch verloren gegangen, und die daraus folgende Ermächtigung, Straftäter außer Landes zu bringen, wird in Deutschland aus falsch verstandener Humanität kaum noch angewandt.

Erst im Juni 2017 zeigte dies ein aufsehenerregender Fall eines afghanischen Asylbewerbers, der ein fünf Jahre altes Kind erstach. Der Mann hatte eine Haftstrafe von sechs Jahren abgesessen, weil er eine Wohnung angezündet und die Tat seinem Cousin anzulasten versucht hatte. Die Abschiebung nach der Entlassung scheiterte daran, dass er zum Christentum konvertierte und sich nun darauf berief, ihm drohe in Afghanistan Gefahr. Ein Gericht gab ihm Recht und erließ ein Abschiebeverbot.

Ich halte diese Rechtspraxis nicht mehr für tragfähig. Eine Gesellschaft, die so offen für Hilfe sein will wie Deutschland, hält es auf die Dauer nicht aus, wenn sich solche Fälle häufen. Zum Schutz der Hilfsbedürftigen dürfen Gewalttäter sich nicht auf das Asylrecht oder gar das Christentum berufen, um in unserem Land Gewalttaten begehen zu können.

Die Genfer Flüchtlingskonvention stärkt mit dem vorbehaltlosen Zurückweisungsrecht für Verbrecher das Gewaltmonopol des Staates. Es ist eine der wichtigsten Aufgaben des Staates, die Menschen, die sich ihm anvertrauen, zu beschützen. Welche Instrumente hierfür in welchem Kontext angemessen sind, ist eine schwierige Abwägungsfrage.

Es ist aber nicht zu leugnen, dass eine potenzielle Gewaltbedrohung durch einzelne Flüchtlinge ein qualitativ anderes Problem für den Zusammenhalt unserer Gesellschaft darstellt als eine solche durch Inländer mit einem verfestigten Aufenthaltsrecht. Dass die Duldsamkeit gegenüber Ersteren niedriger ist, entspricht nicht nur der Mehrheitsmeinung in der Bevölkerung. Es ist auch ethisch gut begründbar. Denn einen moralischen

Anspruch auf Hilfe ohne die gleichzeitige Verpflichtung zur Achtung des Helfenden gibt es nicht.

Die Zurückweisung eines Hilfesuchenden, der ein Minimum an Achtung für den Helfenden vermissen lässt, ist eine notwendige Grenzziehung, die uns in allen sozialen Kontexten schon die Selbstachtung gebietet. Auch unser Staat muss diese Selbstachtung unter Beweis stellen, wenn er das Vertrauen, das ihm die Bürgerinnen und Bürger entgegenbringen, dauerhaft rechtfertigen will.

Der blockierte Diskurs: Das wird man doch wohl noch sagen dürfen …

»Herr Palmer, dürfen Grüne Zweifel an der Verhältnismäßigkeit eines Polizeieinsatzes nur noch in Schönwetterzeiten äußern?« Mit dieser Frage begann die *taz.am wochenende* ein Interview am Ende der ersten Woche des Jahres 2017 zur sogenannten Nafri-Debatte.

Die *taz*, die als einzige Zeitung in Deutschland die Auffassung vertrat, dass der Kölner Polizei ein rassistisches Vorgehen bei den Kontrollen in der Silvesternacht 2016 vorzuwerfen sei, entdeckte in der Nafri-Debatte die larmoyante Klage, man dürfe eine bestimmte Position schon gar nicht mehr vertreten, ausnahmsweise für sich selbst und bedauerte, dass der Sturm der Entrüstung am Ende auch die allein auf weiter Flur stehende Bundesvorsitzende der Grünen zu einem Widerruf gezwungen habe.

Interessant daran ist vor allem die Spiegelung eines Motivs, das man sonst vom rechten Rand kennt: »Man wird doch wohl noch sagen dürfen?!?« Die Antwort lautet: Selbstverständlich darf man das. In Deutschland zum Glück innerhalb der rechtlich weitgefassten Grenzen der Meinungsfreiheit immer und jederzeit. Man muss dann aber auch darauf folgende Kritik aushalten und darf sich darüber nicht beschweren. Wenn man von seiner Haltung zutiefst überzeugt ist, kann man sie auch durchhalten, allerdings möglicherweise mit dem Verlust politischer Zustimmung oder Ämter. Sanktionen gibt es aber in unserem Rechtsstaat für eine abweichende Meinung nicht.

Viele Menschen, die der AfD zuneigen, vertreten trotzdem die These, man dürfe bei uns ja nicht mehr sagen, was man denkt. Das Beispiel von Simone Peter in der Nafri-Debatte zeigt ausnahmsweise unter umgekehrten Vorzeichen, was mit dieser Aussage eigentlich gemeint ist: Man darf sehr vieles sagen, aber manches davon ist gesellschaftlich nicht akzeptiert. Wer sich dennoch in der Öffentlichkeit auf inopportune Weise äußert, erlebt die Reaktion der Medien und der Mehrheit der Mitmenschen als ausgrenzend. Das ist für viele zumal im privaten Umfeld schwer zu ertragen, und deshalb behalten sie ihre Meinung lieber für sich.

Das Phänomen lässt sich sogar statistisch belegen und hat einen eigenen Namen: »Underreporting«. Es ist allgemein bekannt, dass Menschen, die ein inopportunes Wahlverhalten im Schild führen, dies den Demoskopen häufig verschweigen. Deshalb hatte die AfD in den Rohdaten der Umfragen genauso wie die Trump-Anhängerschaft regelmäßig viel zu niedrige Werte.

Die einzige Umfrage, die den Sieg von Donald Trump richtig vorhersagte, nutzte eine Methodik, das Phänomen zu erfassen, dass Wähler sich scheuen, unerwünschtes Wahlverhalten zu äußern: Die Demoskopen fragten nicht nur ab, wer Trump und wer Clinton wählen wolle, sie fragten auch danach, wie unwohl sich die Befragten dabei fühlten, dies einerseits im Bekanntenkreis und andererseits in der Öffentlichkeit auszusprechen. Die Resultate für Trump zeigten: Im Freundeskreis war es leicht, sich für Trump auszusprechen, in der Öffentlichkeit fühlten sich die Trump-Wähler damit aber weitaus weniger wohl als die Clinton-Wähler. Diese Differenz nutzten die Demoskopen der *LA Times* für ihre Prognose und behielten damit Recht.

Das Problem ist also nicht, dass man nicht mehr sagen darf, was man denkt. Das Problem ist, dass viele denken, sie dürften nicht mehr sagen, was sie wollen, und es deshalb lieber für sich behalten. Das führt zu einer Diskursblockade, die es rechtspopulistischen Parteien erst ermöglicht, sich als Fürsprecher der einfachen Leute und Tabubrecher zu inszenieren. Darauf setzt die AfD-Europabgeordnete Beatrix von Storch, wenn sie von »offener Zensur missliebiger Menschen« redet und AfD-

Vizechef Gauland eine »Meinungsdiktatur« beklagt. Sie wissen, dass das larmoyanter Unfug ist. Es gibt keine Meinungsdiktatur und keine Zensur. Aber sehr wohl gibt es eine Beschimpfungskultur gegenüber AfD-Wählern, die von diesen als Eingriff in ihre Meinungsfreiheit gewertet wird. Die AfD verdankt ihren steilen Aufstieg im Herbst 2015 nicht nur der großen Zahl der Flüchtlinge, die damals nach Deutschland kamen, sondern den ständig wiederholten Aufforderungen, wem die Zahl der Flüchtlinge zu groß sei, der solle doch am besten gleich zur AfD gehen. Das haben sich viele Menschen dann nicht zweimal sagen lassen und in der Wahlkabine entsprechend ihr Kreuz gesetzt.

Es war damals kaum möglich, darüber zu reden, dass die Flüchtlinge überwiegend schlecht ausgebildet sind, vielfach gar nicht aus Kriegsgebieten kommen und meist junge Männer sind, ohne sich anhören zu müssen, das sei AfD-Sprech. Wichtig war nicht, ob das Gesagte zutrifft oder nicht, wichtig war, dass es sich nicht so anhören durfte wie das, was die AfD sagte. Meiner Meinung nach war das fatal. Denn damit erhielt die AfD eine Rolle, die man ihr nicht zubilligen darf: Sie bestimmte durch das, was sie sagte, was man sagen konnte, ohne mit ihr in Verbindung gebracht zu werden.

In die rechte Ecke gestellt zu werden, ist in Deutschland aber nicht irgendein Makel, sondern gesellschaftliche Ächtung. Wir immunisieren uns damit gegen die Gefahr, wieder eine rechte Diktatur in Deutschland zu erleben. Das ist eine richtige Reaktion auf die Verbrechen, die Deutsche im Nationalsozialismus zu verantworten haben. Um so sorgfältiger sollten wir aber darauf achten, dass wir nur diejenigen in die rechte Ecke stellen, die dort mit guten Gründen hingehören. Das gilt zweifellos für alle, die Flüchtlingsheime anzünden. Es gilt aber nicht für alle, die Einwände gegen die Flüchtlingspolitik der Kanzlerin hatten.

Der Journalist Peter Unfried hat in seiner Kolumne im Magazin *Rolling Stone* im Frühjahr 2016 dazu sehr treffend geschrieben: »Früher gab es Entnazifizierung in Deutschland, heute gibt es Nazifizierung.« Er kritisierte damit die Strategie, unliebsame Positionen in der Flüchtlingspolitik vorschnell als rechte Hetze abzukanzeln, und riet dazu, das zu unterlassen: »Wir haben schon genug Rechte. Es gibt keinen Bedarf, zusätzlich welche zu ernennen.«

Ich selbst habe in vielen Diskussionen erlebt, wie es ist, sich ständig mit dem Vorwurf des Rechtspopulismus auseinandersetzen zu müssen. Ich wurde unzählige Male als rechter Hetzer oder »grüne Pegida« beschimpft, des Rassismus oder der Menschenverachtung bezichtigt und zum Übertritt zur AfD aufgefordert. Wer einmal in der rechten Ecke steht, kommt da nicht mehr so leicht heraus.

Nach dem Referendum in der Türkei über Erdogans Verfassungsreform schrieb ich: » 60 Prozent der Türken in Deutschland haben für eine autoritäre Verfassung in der Türkei gestimmt. Möglicherweise waren die Auslandsstimmen das Zünglein an der Waage. Ich frage mich: Wie kann jemand in Deutschland leben, alle Freiheiten einer gereiften Demokratie genießen und trotzdem so abstimmen? Und was heißt das für uns?« Reaktion der Kritikergemeinde: »Palmer macht den Sarrazin.« – »Es wird nun endgültig Zeit, dass Sie einen Mitgliedsantrag bei der AfD stellen.« – »Das ist Alltagsrassismus und rechte Hetze«.

Nun ist es richtig, dass die Wahlbeteiligung nur bei 50 Prozent lag und viele türkischstämmige Menschen wie Cem Özdemir gar keinen türkischen Pass haben, also Deutsche sind. Dass es bei einem Wahlergebnis nur um die Menschen gehen kann, die abgestimmt haben, ist aber so offensichtlich, dass es schon eine sehr geräumige rechte Ecke braucht, um solche Reaktionen zu erklären.

Man muss das vielleicht erlebt haben, um zu verstehen, welche Gegenreaktionen das auslöst: Manchmal habe ich den Kopf geschüttelt, manchmal habe ich mich geärgert, manchmal war ich wütend oder auch frustriert, aber von meiner Meinung abgebracht hat mich das nicht. Es ist einfach nicht besonders erfolgversprechend, Leute zu beschimpfen, wenn man sie für die eigene Sicht auf einen Sachverhalt gewinnen will. Ich kann mittlerweile sehr gut nachvollziehen, dass viele Menschen sich solchen Shitstorms nicht aussetzen wollen. Und es ist für mich plausibel, dass nicht wenige das als den Versuch der Bevormundung empfinden und in der Wahlkabine dagegen protestieren.

Das Ergebnis der Landtagswahl 2016 in Baden-Württemberg zeigt sehr aufschlussreich, wie kontraproduktiv die »Nazifizierungsstrategie« sein kann. Der damalige Spitzenkandidat der SPD und Finanzminister des Landes Nils Schmid hatte in seinen Wahlkampfauftritten eine Sentenz integriert, die regelmäßig den stärksten Beifall des Tages erhielt: »Anständige Leute wählen keine Rassisten. Ende der Durchsage.« Das Ergebnis ist bekannt: Die SPD landete mit nur noch zwölf Prozent deutlich hinter der als Rassistenpartei gebrandmarkten AfD. Der Beifall für Nils Schmid war trügerisch. Offenbar wurde damit eine Aussage belohnt, die kämpferisch korrekt klang, so dass man sich ihr in der Gruppe nicht entziehen konnte und klatschen musste. Die eigentlichen Adressaten, potenzielle AfD-Wähler, haben aber eher die Fäuste in der Hosentasche geballt. Wer wählt schon jemand, der einen gerade erst als unanständig bezeichnet hat?

Obwohl solche Erfahrungen schmerzhaft sind, halten nicht wenige noch immer an der Ausgrenzungsstrategie gegen alles vermeintlich Rechtspopulistische fest. Ihre Argumentation beruht auf der Überzeugung, man dürfe nicht zulassen, dass sich das Gift des Rechtspopulismus in der Mitte der Gesellschaft ausbreitet. Das war in Deutschland lange ein richtige Strategie, die dazu beigetragen hat, dass Parteien wie die NPD oder die Republikaner keinen dauerhaften Erfolg hatten. Sie kann aber naturgemäß nur erfolgreich sein, solange sie sich gegen eine Gruppe richtet, die hinreichend klein und marginalisiert ist, um ausgrenzbar zu sein.

Wendet man dieselbe Strategie auf zu weit verbreitete Haltungen und zu große Gruppen an, läuft sie sich tot, im schlimmsten Fall wacht man wie in den USA plötzlich in einem Land auf, in dem die vermeintlich Ausgegrenzten sich einen Präsidenten wählen, der den Spieß umdreht. Die Flüchtlingspolitik der Bundeskanzlerin war spätestens nach dem Jahreswechsel 2016 bei einer Mehrheit der Deutschen so unpopulär, dass es sich schon aus diesem Grund nicht mehr empfahl, ablehnende oder skeptische Äußerungen zur Flüchtlingsthematik mit rechter Hetze gleichzusetzen.

Gegen eine solche Sichtweise wird meistens eingewandt, sie sei opportunistisch. Man dürfe erst recht nicht nachgeben, wenn viele Menschen sich rechtspopulistischen Auffassungen anschließen – das führe zu einer Erosion der Moral und in der Folge zu noch schlimmeren Wahlergebnissen.

Empirisch stimmt das nicht. Der oft gescholtene Horst Seehofer steht in den Umfragen in Bayern jedenfalls nicht schlechter da als die Bundeskanzlerin in Deutschland. In Tübingen hat die AfD bei der Landtagswahl 2016 das schlechteste Wahlergebnis aller 1100 Kommunen in Baden-Württemberg erzielt. Wichtiger ist aber, dass die Erhebung einer Sachfrage zur Gesinnungsfrage in aller Regel nur Unheil anrichtet. Es gab im Herbst 2015 gute Gründe, sich der Flüchtlingspolitik der Bundeskanzlerin anzuschließen. Es gab aber auch gute Gründe, sie abzulehnen, ohne fremdenfeindliche Motive zu hegen. Ein Urteil über die Moralität von Menschen allein anhand ihrer Positionierung in der Flüchtlingsfrage zu fällen, ist schon im Grundsatz verfehlt.

Natürlich ist all das kein Freibrief für Rechtsextremismus. Wir müssen in der Tat entschieden und mit der Härte des Strafgesetzes reagieren, wo dieser sich zeigt. Genauso selbstverständlich ist es, dass wir rechtspopulistische Thesen entlarven und kritisieren müssen. Wo AfD-Funktionäre sich antisemitisch äußern, wie der Landtagsabgeordnete Wolfgang Gedeon, oder Fremdenfeindlichkeit offen bekunden, wie der thüringische Fraktionsvorsitzende Björn Höcke, da ist entschiedener Widerspruch dringend notwendig. Für aktive Politiker gelten ohnehin andere Maßstäbe, sie müssen sich sehr viel härterer Kritik stellen als einfache Bürger.

Wogegen ich mich wende, ist die Strategie der Ausgrenzung und Stigmatisierung eines nicht ganz kleinen Teils unserer Gesellschaft. Wir sollten gerade dann an den Grundregeln des Diskurses festhalten, wenn die Themen schwierig werden und unsere Identität betreffen. Respekt für das Gegenüber und eine andere Meinung ist beim Streit um die Flüchtlingspolitik ganz besonders vonnöten. Hart in der Sache, aber verbindlich im Ton. Ich bin mir sicher, dass eine solche Integrationsanstrengung nach innen für unsere Demokratie und unsere Gesellschaft Früchte tragen würde.

Filterblase und Empörungswellen: Die sozialen Medien als Krisenverschärfer

Wenn es ein Internetparlament gäbe, hätten wir eine Regierung, die mir nicht gefallen würde. Als ich dieses Buch schrieb, hatten die Facebook-Seiten der politischen Parteien jeweils so viele »gefällt-mir«-Gefolgsleute: AfD 320 000, Linke 185 000, CSU 160 000, Grüne 140 000, SPD 137 000, CDU 130 000, FDP 70 000. Übersetzt in Prozente: 28 Prozent AfD, 16 Prozent Linke, 14 Prozent CSU, 12 Prozent Grüne, 12 Prozent SPD, 11 Prozent CDU und 6 Prozent FDP. Das ist kein zufälliges Ergebnis, auch nicht einfach Ausdruck mehr oder weniger interessanter Facebook-Seiten. Die Verschiebung der Kräfteverhältnisse zu den Rändern kann man im Internet an vielen Stellen gut dokumentieren. In Baden-Württemberg hat der Vorsitzende der AfD-Fraktion Jörg Meuthen mehr als 42 000 Gefolgsleute. Zum Vergleich: Winfried Kretschmann kommt nur auf 27 000, die Vorsitzenden der Parlamentsfraktionen von CDU und SPD in Baden-Württemberg jeweils nur auf etwas mehr als 1000.

Es gibt eine einfache Erklärung für dieses Phänomen: Wer sich Informationen über die AfD besorgen will, der wird in den klassischen Medien fast nur ablehnende und kritische Berichte finden. Wer den Meinungen der AfD zuneigt, wird sich also viel eher direkt auf Facebook an die AfD wenden. Dann fällt der lästige kritische Unterton der Medien weg. Einen vergleichbaren Druck haben die Sympathisanten von CDU und SPD nicht, sie sind entsprechend weniger auf den Social-Media-Seiten ihrer Parteien unterwegs.

Diese Entwicklung hat gravierende Konsequenzen. Der Tübinger Medienwissenschaftler Bernhard Pörksen hat dies als erster überzeugend analysiert. In seinem Buch »Der entfesselte

Skandal« beschreibt er, wie das Aufkommen der sozialen Medien die öffentliche Debatte verändert. Ganz wesentlich ist der Verlust der »Gatekeeper«-Funktion der Journalisten. Früher waren sie es, die fast allein darüber entscheiden konnten, was eine Nachricht ist und was nicht. Das hat ganz von selbst konsensstiftende Wirkung, denn alle großen Zeitungen und der Rundfunk waren den Gründungsideen der alten Bundesrepublik verpflichtet. Das bedeutet klare Abgrenzung gegen jede Form von Antisemitismus und Faschismus und politischen Extremismus. Heute kann jeder eine Nachricht in die Welt setzen, die sich als Tweet oder Post um die ganze Welt verbreiten kann, zumindest aber weite Kreise ziehen, besonders da, wo ein Bedürfnis besteht, andere Sichtweisen als die des medialen Konsenses zu rezipieren.

Das vermutlich bekannteste Beispiel für den Sieg der sozialen Medien über die Gatekeeper des Journalismus war die Kölner Silvesternacht 2015. Während die meisten Medien außerhalb Kölns darüber erst ab dem 5. Januar berichteten, hatte das Internet das Thema schon am Neujahrstag entdeckt, und bevor ich davon etwas auf seriösen Medien zu lesen bekam, hatte ich eine Vielzahl von Kommentaren und Berichten auf Facebook gesehen. Als ich selbst dazu einen Meinungsbeitrag schrieb, war dessen Tenor, dass die zu Beginn noch heftig umstrittene Herkunft der Täter nicht ausgeblendet werden dürfe. Das verlangten nämlich zu diesem Zeitpunkt viele Kommentatoren, schon wer diese Frage stelle, leiste Rechtsradikalen Vorschub.

Die Zurückhaltung der klassischen Medien war eine Fehleinschätzung, die durch drei Faktoren begünstigt wurde. Erstens hatte die Polizei selbst die Vorgänge heruntergespielt und zunächst berichtet, es habe keine außergewöhnlichen Vorkommnisse gegeben. Zweitens haben die Medien im Land zu Recht einen Kodex, der besagt, dass Hautfarbe, Nationalität oder ähnliche Merkmale bei Straftaten nicht genannt werden, es sei denn dies spielt für das Verständnis der Straftat eine Rolle. Zu erkennen, dass das hier der Fall war, war nach den Berichten der Polizei nicht leicht. Und drittens wirkte auch noch die Phase der Willkommensberichterstattung nach, zu der das schlicht nicht ins Bild passte. Ich halte es für ziemlich wahrscheinlich, dass außerhalb Kölns nie eine größere Öffentlichkeit erfahren hätte, was dort passiert ist, wenn sich nicht wütende und aufgebrachte Kommentare und Erlebnisberichte im Internet immer weiter ausgebreitet hätten.

Aus dem weitgehenden Verlust der Gatekeeper-Funktion des Journalismus folgt eine zweite Entwicklung. Menschen, die sich den Sichtweisen der Medien nicht anschließen wollen, gründen eigene Informationsgesellschaften im Internet. Die Algorithmen von Facebook begünstigen und verschärfen das sogar, denn Facebook will, das man sich im eigenen Nachrichtenstrom wohlfühlt. Es zeigt daher bevorzugt das, was Menschen gefällt, mit denen man im Kontakt steht. Das Ergebnis ist ein Tunnelblick. Was der eigenen Informationsgruppe nicht gefällt, wird von Facebook auch nicht mehr gezeigt. Das ist meistens Widerspruch, Kritik, Ablehnung der eigenen Weltsicht. Gezeigt wird nur noch, was diese weiter verstärkt. So entstehen ziemlich abgeschottete Informationsgemeinschaften, aus denen im schlimmsten Fall Glaubensgemeinschaften werden.

Für das politische Deutschland ist dieser Prozess schon sehr weit fortgeschritten. Wenn Sie nicht mit Menschen befreundet sind, die in AfD-Kreisen verkehren, werden Sie von deren Diskussionen so gut wie nichts mitbekommen. Umgekehrt gilt vermutlich dasselbe (da kann ich nicht mitreden). Wie weit diese Radikalisierung vorangeschritten ist, können Sie in den Kommentarspalten der Nachrichtenportale erkennen. Sobald es dort um Flüchtlinge geht, tobt ein Meinungskampf, bei dem meistens zweierlei gesichert ist: Es wird nicht diskutiert, sondern von rechts nach links und von links nach rechts wüst verunglimpft. Und die AfD-Positionen haben die Mehrheit.

Wie tritt man einer solchen Deformation der politischen Kultur am besten entgegen? Mir fällt keine bessere Antwort ein, als immer wieder und wieder auf die Kraft der Argumente zu vertrauen und offensiv den Diskurs zu suchen. Ich habe damit auf meiner Facebook-Seite viele Erfahrungen gesammelt. Frustrierende und erfreuliche.

Ein Beispiel für eine Gemeinschaft mit einem besonders intensiven Tunnelblick habe ich kennen gelernt, als das Tübinger Max-Planck-Institut für biologische Kybernetik ins Fadenkreuz einer radikalen Tierschutzorganisation mit dem bezeichnenden Namen »SoKo Tierschutz« geriet. Die Forscher um den Direktor Nikos Logothetis haben weltweit beachtete Erkenntnisse über die Funktionsweise des Gehirns gewonnen. Das kann an Insekten oder Ratten nicht gelingen, deshalb wurde am Institut an Primaten geforscht.

Das ist ganz sicher ein ethisch schwieriges Problem. Wie viel Leid dürfen wir Affen zumuten, um Erkenntnisse für Wissenschaft und Medizin zu gewinnen? Ich verstehe jeden Menschen, der auf Experimente am Gehirn lebender Affen lieber verzichten würde. Ich verstehe allerdings auch, dass der medizinische Fortschritt zwar oft, aber nicht immer ohne Tierversuche möglich ist. Ich möchte nicht verantworten, dass Menschen leiden, weil die Entwicklung von Therapien durch Tierversuche verhindert wird. In diesem Dilemma stecken die meisten Menschen. Nicht jedoch die SoKo Tierschutz.

Nachdem ihre Aktivisten Bilder von den Affenexperimenten in die Öffentlichkeit lanciert hatten, die in der Tat einen schlimmen Eindruck erweckten – so wie Bilder aus einem Schlachthof vermutlich die meisten Menschen schockieren würden –, kam es zu einer erbitterten Debatte, in deren Verlauf die Forscher von den Tierversuchsgegnern rüde attackiert und bedroht wurden. Dagegen verwahrte ich mich und rechtfertigte den Sinn der Versuche. Das Ergebnis war der einer der größten Shitstorms, den ich je erlebt habe. Mehr als 10 000 Kommentare wurden innerhalb von 14 Tagen auf meiner Facebook-Seite geschrieben. Ja, es gab gute Beiträge, auch Wissenschaftler beteiligten sich daran, aber sie wurden niedergeschrien von einer Masse an Kommentatoren, deren Vokabular geprägt war durch Begriffe wie »Tierquäler«, »Tierschänder«, und »Unmenschen«. Im Internet und im Schutz der Anonymität verlieren viel zu viele Zeitgenossen jeglichen Respekt vor anderen Menschen. Ein Kommentator schrieb: »Es gilt immer noch das Sprichwort: Jeder Dumme darf wählen. Und selbst der Dümmste wird gewählt. Bleibt nur die Hoffnung, dass Dich bald Gevatter Tod holt?!? Anders wird man solche Zecken wie Dich nicht los?!?«

Die Radikalisierung, die sich in Filterblasen von Facebook ergeben kann, ist nicht nur abstrakt bedrohlich. Tierschutz ist ein hehres Anliegen. Wenn es aber dazu führt, dass man im Kampf für ein vermeintlich höheres Gut jedes Mittel rechtfertigt, wird daraus eine menschenverachtende Ideologie. Hunderte Kommentatoren wünschten den Forschern, man möge ihnen Löcher in die Köpfe bohren, so wie den Affen. Mit Argumenten war dagegen nicht anzukommen. Manche Tierversuchsgegner behaupteten allen Ernstes, wer sich als Forscher so an Tieren vergehe, habe seine Menschenwürde verloren. Aus dieser Haltung heraus gingen Morddrohungen beim Max-Planck-Institut ein. Das Gelände musste mit einer Security-Mannschaft geschützt werden. Und als es zu einer Demo in der Innenstadt kam, flogen Steine.

Im Kontext der Flüchtlingsdebatte habe ich häufig nicht weniger radikale Beiträge und Beleidigungen gelesen. Ich halte es für wahrscheinlich, dass so manche Flüchtlingsunterkunft in Brand geriet, weil Rechtsradikale in ihren Filterblasen Theorien in die Köpfe eingepflanzt haben, die es ihnen erlauben, gegen die »Invasoren« mit Brandsätzen vorzugehen. Ich bin deswegen ganz entschieden der Auffassung, dass das Netz mehr Regeln braucht. Die Gesetzgebung von Justizminister

Heiko Maas gegen die Verbreitung von Hass im Internet ist zumindest ein guter Anfang.

Wenn man sich solchen Diskussionen stellt, die sehr viel Zeit und Kraft kosten, aber nach meiner Überzeugung sein müssen, weil die Gefahr der Radikalisierung wächst, wenn wir den Protagonisten des Hasses nicht entschieden entgegentreten, dann muss man leider auch damit rechnen, unter »Friendly Fire« zu geraten. Menschen, deren Auffassungen ich im Grundsatz teile oder ihnen zumindest nahestehe, schieben mich in die Ecke der AfD, weil ich an dem einen oder anderen Punkt zu differenzieren versuche, eine abweichende Meinung zu bestimmten Aspekten der Flüchtlingsthematik äußere oder einfach nur auf die Kommentare der AfD-Sympathisanten eingehe, ohne sie zu beschimpfen. Ein nicht kleiner Teil der Linken ist der Auffassung, dass es bereits von Übel sei, den Rechten auch nur zu gestatten, ihre Meinung zu äußern. Sie verlangen totale Abgrenzung. Allein die Tatsache, dass unter den Abonnenten meiner Seite Tausende von Grünen und Tausende von AfD-Wählern sind, wird mir schon zum Vorwurf gemacht. Erschreckend und teilweise widerwärtig sind unter den Rechten die echten Neonazis, Rassisten und Fremdenfeinde, für die Toleranz tatsächlich fehl am Platze wäre. Wenn ich solche Profile entdeckte, blockiere ich sie. Da ist jede Ausbreitung des Leseradius von Übel.

Aber das, was mir von manchen zum Vorwurf gemacht wird, erlebe ich gerade als positiv. Auf meiner Seite gibt es einen offenen Schlagabtausch zwischen oft sehr gegensätzlichen Meinungen. Dort kann man Debatten miterleben und mitgestalten, wie sie sonst leider selten zu finden sind. Über die AfD wird geschimpft, mit ihr diskutiert wird selten, oft ist es wegen der Protagonisten auch nicht möglich. Auf meiner Facebook-Seite hatte ich immer wieder Debatten, die mir den Eindruck vermittelt haben, dass es außer den Hatern auch so etwas gibt wie Verständnis, dass man sich respektvoll die Meinung sagen kann, auch wenn sie völlig gegensätzlich ist. Und ganz sicher habe ich meinen Lesern von beiden Ufern viel Infos zugemutet, die sie sonst im Facebook-Kosmos nicht vorgefunden hätten. Grüne haben bei mir vieles gelesen, das Grüne sonst nicht gelesen haben. AfD-Sympathisanten haben bei mir vieles gelesen, das in AfD-Kreisen sonst nicht zu lesen war. Für mich fängt damit demokratischer Streit erst an.

Pistole auf die Brust: Die Medien in der Flüchtlingskrise

Die Sitzung des Tübinger Gemeinderates im Februar 2016 verlief anders als sonst. Ich hatte wenige Tage zuvor dem *Spiegel* ein Interview zur Flüchtlingspolitik gegeben, das für einige Aufregung sorgte. Ich hatte darin gefordert, die unkontrollierte Einwanderung zu beenden und die europäischen Außengrenzen mit EU-Grenztruppen zu sichern. Der *Spiegel* vermutete, ich wolle Europa zur Festung ausbauen, und fragte, ob ich es für richtig hielte, Tausende Kilometer von Zäunen und Mauern zu errichten. Ich entgegnete, an der griechischen Grenze stehe schon ein Zaun, nur das Personal sei auch wegen deutscher Sparauflagen abgezogen worden. Darauf die Reporter:

SPIEGEL Das heißt: Bewaffnete mit Schießbefehl?

PALMER Grenzer sind immer bewaffnet, genau wie die Polizisten im Tübinger Bahnhof. Aber kein Grenzer schießt auf Flüchtlinge. Das zeigt Spanien an seinen Exklaven Ceuta und Melilla. Wenn eine Grenze ausreichend gesichert ist, geht alles friedlich. Es ist möglich, Ordnung herzustellen, ohne zu schießen.

SPIEGEL Sie glauben, ein Zaun kann das Flüchtlingsproblem lösen?

PALMER Nein, aber wenn jeder, der über die Grenze will, an einer Kontrolle vorbei muss, wird sich die Zahl der Flüchtlinge deutlich reduzieren. Denn die Mehrheit der Asylanträge wird immer noch abgelehnt, diese Menschen haben keinen Anspruch, eingelassen zu werden.

SPIEGEL Wollen Sie denn überhaupt etwas beibehalten von der aktuellen Grünen-Politik?

PALMER Am Recht auf Asyl wird nicht gerüttelt. Für alle anderen brauchen wir ein Zuwanderungsgesetz. Ich bin dafür, dass wir Menschen großzügig aufnehmen, so viele wie alle anderen europäischen Länder zusammen. Aber die Botschaft nach draußen muss sein: Ihr macht euch nicht allein auf den Weg über die Grenze, ihr versucht nicht, den Durchbruch zu erzwingen. Stattdessen holen wir diejenigen, die Hilfe am meisten brauchen, auf einem sicheren Weg zu uns.

SPIEGEL So würde Europa zu einer sicheren Burg, aber vor dem Burggraben würden sich hässliche Szenen abspielen.

PALMER Ich will das nicht. Aber wir müssen das aushalten, weil sonst Europa, das Vertrauen in den Staat, unser sozialer Zusammenhalt und letztlich unsere Fähigkeit, den Flüchtlingen zu helfen, auf dem Spiel stehen. Und die Bilder würden nur wenige Tage anhalten, danach würden die Menschen versuchen, auf dem sicheren Kontingentweg zu uns zu kommen. Für mich zählt, dass man Kriegsflüchtlingen hilft, dass wir die Schleuser arbeitslos machen, dass wir in einem geordneten Zuwanderungsverfahren Kinder und Frauen holen und nicht nur alleinstehende Männer.

SPIEGEL Ihre Vorschläge sind hart.

PALMER Nein, das ist Realpolitik. Millionen Kinder hungern, Millionen Kinder sterben, es gibt Bürgerkriege und entsetzliches Leid und Elend. Überall auf der Welt. Wir Grüne haben uns seit 35 Jahren für eine gerechtere Welt, für fairen Handel, für Schutz der Lebensgrundlagen und Frieden eingesetzt. Mit unseren Rezepten wäre das Elend kleiner. Aber wir können diese Menschen nicht alle bei uns aufnehmen, wir müssen dort helfen, wo sie leben. Es sind nicht die Zeiten für Pippi-Langstrumpf- oder Ponyhof-Politik.

Als ich nun den Sitzungssaal des Gemeinderates betreten wollte, hielt mich ein Fernsehteam der SWR-Sendung »Zur Sache Baden-Württemberg« mit gezückter Pistole davon ab. Die Pistole war natürlich aus Pappe, aber ich sollte mich nun dafür rechtfertigen, wie ich das gemeint hätte mit der »bewaffneten Sicherung« der Grenzen.

Das Muster, nach dem Interviews über dieses Thema verliefen, war immer gleich. Journalist: »Sie sagen, die Zahl der Flüchtlinge ist zu groß. Wie wollen Sie den Zustrom reduzieren?« Ich: »Wir müssen die Grenzen sichern und wieder kontrollieren.« Journalist: »Wie wollen Sie die Flüchtlinge daran hindern, die Grenze zu übertreten? Die lassen sich doch nicht einfach zurückschicken.« Ich: »Das ist der Normalfall an einer Grenze, dass man nur mit Erlaubnis passieren darf.« Journalist: »Sie wollen bewaffnete Soldaten und Polizisten an den Grenzen?« Ich: »Soldaten und Polizisten sind immer bewaffnet.« Daraus entstand dann die Überschrift: »Palmer will bewaffnete Grenzsicherung« und im Subtext wurde immer die Botschaft transportiert, ich könne mir vorstellen, auf Flüchtlingen schießen zu lassen.

Das Ziel der Fragetechnik war stets, eine Dilemmasituation zu schaffen. Ich sollte entweder einräumen, dass ich keine Lösung für meine eigene Forderung zu bieten habe, wie die Flüchtlingszahlen wirksam begrenzt werden könnten, oder aber ein Bekenntnis zu einem unmenschlichen Einsatz von Soldaten gegen Flüchtlinge abgeben. Ich fand das immer sehr skurril, denn eigentlich setzten die Journalisten ja voraus, dass ein Staat seine Grenzen nicht sichern kann.

Eine erkennbar unrealistische, weil von allen funktionierenden Staaten der Welt widerlegte These. Ein Staat, der seine Grenzen nicht sichern kann, verliert ein wesentliches Element seiner Staatlichkeit. Trotzdem vermittelten die Medien über mehrere Monate den Eindruck, als gebe es keine menschlich vertretbaren Mittel, die Zahl der Flüchtlinge an den Grenzen zu verringern.

Das erschien mir nicht nur falsch, sondern auch gefährlich. Die Bürger eines Staates können zu Recht erwarten, dass dieser ihnen Sicherheit und Ordnung garantiert. Dazu gehört ganz elementar die hoheitliche Entscheidung darüber, wer sich im Staatsgebiet aufhalten darf. Ein demokratischer Staat, der das nicht mehr leisten kann, wird im Kern ausgehöhlt und verliert ganz zwangsläufig das Vertrauen der Bürgerschaft, auf das seine Existenz wesentlich aufbaut. Der Aufstieg rechtspopulistischer Parteien, die versprechen, diese Grundfunktionen des Staates wieder herzustellen, ist dann nur eine Frage der Zeit.

Wie wir heute wissen, kann auch Europa seine Grenzen schützen. Was bei uns über einige Monate für quasi unmöglich erklärt wurde, realisierten die Balkanstaaten innerhalb weniger Tage. Sie sperrten die Balkanroute durch Grenzkontrollen. Die Bilder, die wir aus Idomeni zu sehen bekamen, waren sicher nicht schön. Aber es wurde nicht auf Flüchtlinge geschossen. Sie wurden mit dem Einsatz zivilisierter Mittel an der Weiterreise gehindert. Einige Wochen später vereinbarte die Bundeskanzlerin den Pakt mit der Türkei. Seither werden Schlepper und Schleuser daran gehindert, von der Türkei aus zu den griechischen Inseln abzulegen. Das Ergebnis ist ein drastischer Rückgang der Flüchtlingszahlen, besonders in Deutschland. Das bedeutet natürlich gerade nicht, dass die Probleme der Flüchtlinge gelöst sind. Die Fluchtursachen in Syrien bestehen leider bis zum heutigen Tage. Dennoch hat die EU bewiesen, dass es möglich ist, die Zahl der Menschen, die nach Europa flüchten, zu begrenzen und zu entscheiden, wer bei uns Zuflucht erhalten soll.

In den Medien ist der Pakt mit der Türkei zwar schlecht beleumundet. Die einen kritisieren, dass Deutschland sich damit erpressbar gemacht habe, die anderen halten ihn grundsätzlich für unmoralisch, wieder andere für bedeutungslos, weil die Balkanstaaten schon zuvor die Grenzen dicht gemacht haben. Aber niemand behauptet heute noch in Suggestivfragen, dass man Flüchtlinge nur mit Einsatz von Schusswaffen am Übertritt der Grenzen hindern könne.

Das *Spiegel*-Interview brachte mir noch wegen einer zweiten Passage eine Menge Ärger ein. Ich wurde gefragt, ob es in den Kommunen noch zu schaffen sei, die Flüchtlinge unterzubringen. Das stellte uns damals alle vor große Schwierigkeiten, zu denen auch die Akzeptanz in der Bevölkerung gehörte. Ich antwortete: »Von der Willkommenskultur ist oft nicht mehr viel übrig, sobald in der eigenen Nachbarschaft ein Flüchtlingswohnheim geplant wird. Und spätestens seit den Übergriffen in der Silvesternacht in Köln kommen selbst grüne Professoren zu mir, die sagen: Ich habe zwei blonde Töchter, ich sorge mich, wenn jetzt 60 arabische Männer in 200 Meter Entfernung wohnen.«

Der *Spiegel* selbst kommentierte das von ihm geführte Interview unter der Überschrift »Palmer macht sich zum Horst« mit harschen Worten: »Blond, Frauen, Araber, Deutschland? Hatte nicht der rechte AfD-Landespolitiker Björn Höcke vor geraumer Zeit von den ›Angsträumen‹ gesprochen, die in diesem Land ›für blonde Frauen immer größer‹ würden? Palmer hat das so selbstverständlich nicht gesagt, er ist kein Höcke, selbstverständlich nicht. Aber er hat ein Bild benutzt, wie es auch in Pegida-Kreisen gang und gäbe ist. Mit diesem Vorwurf muss er nun leben. Palmer hat sich sehr weit für die Grünen vorgewagt, weil er deren Reflexe bestens kennt, weil er maximal provozieren wollte. Sein Unbehagen an Merkels Flüchtlingspolitik (die von der grünen Parteispitze mitgetragen wird) hat er vorsichtshalber verpackt in Zitate von namenlosen grünen Professoren, die sich um ihre blonden Töchter sorgen. Warum eigentlich nicht um ihre schwarzhaarigen, Herr Palmer?«

Die Frage kann ich leicht beantworten: Weil das Wort »blond« in den Gesprächen, die ich zitiert habe, gefallen ist. Es war schlicht ein Zitat und sollte zeigen, dass sehr viele Menschen Ängste und Skepsis gegenüber Flüchtlingsunterkünften hatten, auch wenn das meistens nicht offen ausgesprochen wurde.

Bis heute werde ich regelmäßig mit der bangen Frage konfrontiert, ob da auch keine jungen Männer in die Unterkunft einziehen. Ich sollte auch schon schriftlich zusichern, dass ausschließlich Flüchtlingsfamilien in der Nachbarschaft wohnen dürften. Das als Teil der Realität anzusprechen, schien mir damals notwendig. Heute würde ich es allerdings nicht wiederholen und lieber auf die Haarfarbe verzichten. Denn um die ging es mir nicht und die empörten Reaktionen, die ich mir damit eingehandelt habe, überdeckten den sachlichen Teil meiner Botschaft so stark, dass davon kaum noch etwas ankam. Das ist nicht im Sinne des Erfinders. Den härtesten Angriff fuhr eine Kolumnistin der *Zeit.* Meli Kiyak schrieb unter der Überschrift »Tübingens grüner Grenzer«:

> Im Grunde genommen hat sich ein deutscher Politiker, der diesen Satz sagt, ein für alle Mal diskreditiert: *Spätestens seit den Übergriffen in der Silvesternacht in Köln kommen selbst grüne Professoren zu mir, die sagen: Ich habe zwei blonde Töchter, ich sorge mich, wenn jetzt 60 arabische Männer in 200 Meter Entfernung wohnen.*
>
> Wer auf so einen Mist keine entschiedene Antwort zu geben weiß, der ist eigentlich für alles verloren, was wir Aufklärung, Bildung und Wissensgesellschaft nennen. Einen deutschen Mann, der Angst um seine blonden Frauen hat, weil Araber in der Nähe wohnen, den hätte Boris Palmer, grüner Bürgermeister aus Tübingen, in seinem Spiegel-Interview nicht einfach nur zitieren dürfen, sondern er hätte ergänzen müssen, wie er zu so einem Müll steht, den man bislang nur aus rechtsradikalen Kreisen hörte. Vielleicht ein Satz, der in diese Richtung geht: »Ich habe den Redner entschieden zur Raison gerufen, weil ich Rassismus im 21. Jahrhundert in Deutschland nicht toleriere.«
>
> Aber Boris Palmer tut in diesen Tagen etwas, was viele Politiker, die sich vor der Landtagswahl befinden, auch tun. Sie profilieren sich auf Kosten der Bundeskanzlerin, aber mehr noch, auf den Rücken Tausender Flüchtlinge, um in

einer völlig risikofreien Atmosphäre, menschenfeindliche Ressentiments gegen Gruppen zu äußern. Es hilft ihnen an die Macht zu kommen oder an der Macht zu bleiben. Wir leben in Friedenszeiten, und Politiker wie Palmer arbeiten sich ohne große Not an den Flüchtlingen ab. Was würden diese Politiker tun, wenn wir tatsächlich in einem instabilen Land leben würden? Man will es fast nicht wissen.

Boris Palmer ist einer jener Politiker, die sich als kritische Kronzeugen innerhalb ihrer eigenen Gruppe zu profilieren versuchen. Sie glauben, dass sie in ihren Provinzen an Zustimmungswerten verlieren werden, wenn sie sich so äußern, wie sie meinen, dass man in der breiten Mehrheit denkt, dass sie drauf seien. Also, sich als Grüne für die Rechte von ethnischen oder religiösen Minderheiten und Flüchtlingen einzusetzen, empfinden sie als Nachteil im Wahlkampf in einer Zeit, in der sich die breite Bevölkerungsschicht zunehmend nach autoritärer Herrschaft sehnt.

(…)

Warum macht Palmer all das? Er macht das, weil das zur politischen Kultur des Landes geworden ist. Mit Rechtspopulismus, das hat auch der letzte Depp begriffen, lässt sich die Welt wieder in alten Bildern beschreiben. Wir, die Europäer, die Guten, die es zu etwas gebracht haben, werden bedroht von den Ausländern. Deshalb, so die vermeintliche Lösung, müssen wir uns besser schützen mit Polizei, Militär, egal was, Hauptsache irgendetwas mit Schießen oder wenigstens Grenzpatrouillen. Die blonden Töchter vor den Flüchtlingen schützen zu wollen, ist eine Haltung, für die man politisch absolut nichts zu befürchten hat. Das ist radikaler politischer Mainstream in Europa quer durch alle Parteien. Wer wirklich in diesen Tagen ein Oppositioneller sein möchte, der etwas zu riskieren wagt, muss einfach nur den Satz sagen: »Ich stehe für jeden einzelnen Punkt, der in der UN-Menschenrechtscharta steht.« Es gibt derzeit keine andere Haltung, die derart viel Hass, Häme und Verachtung nach sich zieht.

Ich habe Frau Kiyak öffentlich geantwortet:

Sehr geehrte Frau Kiyak,
(...) Ich bin noch für sieben Jahre gewählt. Ich stehe nicht im Wahlkampf. In Tübingen ist Rechtspopulismus der sicherste Weg zur Abwahl. In meiner Partei habe ich mir mit meinem Interview nur Gegner gemacht. Wie kommen Sie darauf, dass Rechtspopulismus mein Motiv ist? Ja, ich habe gelesen, dass Sie glauben, es gehe mir um das, was man im Berliner Politikbetrieb »Profilierung« nennt. Sie unterstellen mir, das auf dem Rücken von Flüchtlingen zu betreiben. Viele andere Medien schreiben, dass ich spätestens jetzt alle Chancen auf politische Karriere verschenkt hätte und auf ewig – geringschätzig gemeint – Oberbürgermeister von Tübingen bleiben werde. Glauben Sie wirklich, ich bin derart irrational veranlagt?

Erlauben Sie mir auch eine Vermutung: Sie sind der Annahme erlegen, dass es jemand, der sich so äußert wie ich, gar nicht um die Sache gehen, dass dahinter niemals eine Überzeugung, sondern immer nur Kalkül stehen kann. Und da irren Sie sich. Ich bin einfach überzeugt, dass Europa und unsere Gesellschaft zerbrechen, wenn wir Ihrem Vorschlag folgen, Flüchtlingshilfe als moralischen Imperativ absolut zu setzen und dem alles andere bedingungslos unterzuordnen. Ich respektiere Ihre Haltung, aber ich halte die verantwortungsethischen Folgen Ihrer Gesinnungsethik für katastrophal.

Sie zeigen in Ihrem Text nicht eine Lösung für die drängenden Fragen auf. Was tun wir, wenn in Mazedonien mit Unterstützung von EU-Staaten ein Grenzzaun errichtet und

Griechenland faktisch aus der EU ausgegrenzt wird? Was tun wir, wenn 27 von 28 EU-Staaten eine europäische Verteillösung verweigern, solange die Flüchtlingszahlen derart hoch sind? Wie gehen wir damit um, dass die Hälfte der Flüchtlinge gar nicht mehr aus Syrien, sondern dem Irak und Afghanistan kommen, wo 60 Millionen Menschen leben und die Beseitigung der Fluchtursachen seit einem Jahrzehnt nicht besonders gut läuft? Wie lösen wir die Probleme der Kommunen, Personal, Wohnraum, Ausbildung, Arbeit und soziale Infrastruktur aus leeren Haushalten zu finanzieren und zu finden, wo das Angebot oft gar nicht mehr da ist? All das können Sie ausblenden. Es tut mir leid, ich kann das nicht. In meinem Amt ist die richtige Haltung zwar notwendig, aber zu wenig. Ich muss auch handeln.

Damit sind wir beim Rassismus. Sie hätten von mir erwartet, den Vater, der mir von der Angst um seine Kinder berichtet hat, zurecht zu weisen und ihm klar zu machen, dass er Rassismus in sich hat. Tut mir leid, das werde ich nicht tun, weil es nicht stimmt. Viele blonde Frauen berichten davon, dass in Italien die Männer besonders großes Interesse an Ihnen zeigen. Nehmen wir an, das stimmt (ich habe es nicht überprüft), sind dann diese Frauen Rassistinnen? Und kann man einem Vater wirklich verdenken, wenn er nach den Kölner Ereignissen solche Sorgen hat? Ich habe dafür Verständnis und habe deshalb versucht, auch bei ihm Verständnis zu wecken. Ich erkläre lieber, dass wir durch schnelle Integration junger Männer solche Gefahren von vornherein minimieren wollen, als einen Vater wegen Sorgen um seine Töchter zum Rassisten zum stempeln.

Ich finde, wir können dabei auch offen lassen, wo genau Rassismus anfängt. Ganz frei sind vermutlich die wenigsten Menschen von Gedanken, die sich bei weiter Definition darunter fassen lassen. Entscheidend ist für mich auch hier: Was bewirkt der Vorwurf? Und Sie selbst geben dazu eine Antwort, indem Sie schreiben, ich würde eine Haltung gewähren lassen, die mittlerweile radikaler politischer Mainstream in ganz Europa ist. Wenn diese Analyse stimmt, dann ist Ihre Reaktion allenfalls geeignet, die große Mehrheit der Menschen vor den Kopf zu stoßen, im schlimmsten Fall der Afd in die Arme zu treiben. Ganz sicher helfen Sie Flüchtlingen nicht, wenn Sie den Rassismusvorwurf in der beschriebenen Weise einsetzen. Wenn die große Mehrheit Rassisten sind, haben es die menschenfeindlichen und sogar Gewalt bereite Rassisten leicht, sich zu verstecken. (…)

Herzliche Grüße
Ihr Boris Palmer

Die Kolumne von Meli Kiyak ist ein drastisches Beispiel für die von Peter Unfried beschriebene Nazifizierung. Wer es wagt, Kritik an der Flüchtlingspolitik der Kanzlerin zu formulieren, kommt in einen Topf mit Höcke und Petry. Es sind solche politischen Vernichtungsversuche im Gewande der moralischen Reinheit, die eine Diskussion in der Sache fast unmöglich machen.

Als Oberbürgermeister kann ich das aushalten. Viele Menschen, die nicht hauptberuflich in der Politik und Verwaltung tätig sind, ziehen sich aus der öffentlichen Debatte zurück und den Kopf ein, damit sie sich derartige Kritik nicht anhören müssen. Das blockiert den gesellschaftlichen Diskurs und schafft rechtspopulistischen Bewegungen Auftrieb.

Wie reden wir miteinander?

»Kannst du denn nicht sehen, dass deine Wortbeiträge von ›bewaffneten Grenzen zur Flüchtlingsabwehr‹ über ›blonde Töchter grüner Professoren‹ bis zur ›Abschiebung in Kriegsgebiete‹ an furchtbare Traditionen und Diskurse in diesem Land anknüpfen, die in einem grausamen Krieg und für viele Millionen Menschen in Auschwitz endeten?«

Das schrieb mir ein guter Freund. Es war nur der Anfang eines Briefes, der mir ins Gewissen reden sollte. Die Intention war ganz offenkundig, mich von einem schlimmen Irrweg abzubringen. Das war weit entfernt von den Rassismus- und AfD-Vorwürfen auf Facebook. Ich habe ihn mehrfach gelesen und mich gefragt, ob ich wirklich so blind bin. Denn nein, ich konnte das nicht sehen. Für mich gab es keine Verbindung von der Forderung nach einem effektiven Grenzschutz oder der Beschreibung realer Ängste von Vätern zum Weg nach Auschwitz. Und doch kam es nicht nur bei einem langjährigen Weggefährten so an. Selbst im Familienkreis kam es zu langen, teilweise erbitterten, oft sehr enttäuschenden Gesprächen.

Das Flüchtlingsthema spaltete auf dem Höhepunkt der Krise nicht nur die Nation, es spaltete auch Freundeskreise. Die Zugehörigkeit zu einem bestimmten Milieu, zu einer sozialen Schicht oder einer politischen Gruppierung sicherte nicht mehr, dass man sich in einer so wesentlichen Frage einig war oder wenigstens einig werden konnte. Selbst alte Freunde konnten sich darüber heillos zerstreiten.

Auf der einen Seite standen jene, die sich für die Willkommenskultur einsetzten, selbst in Flüchtlingskreisen aktiv waren oder schon immer sozial engagiert. Von diesen Freunden hörte ich mehr als nur einmal in Variationen das Argument, sie sähen sich schon aufgrund der Verbrechen der Nazizeit verpflichtet, die Flüchtlinge aufzunehmen. »Wenn die Juden nicht aus Deutschland nach Amerika, England oder in die Schweiz hätten fliehen können, wären noch viel mehr von ihnen in Auschwitz geendet. Deshalb dürfen wir keinen Flüchtling abweisen.« Der moralische Druck aus solchen Worten ist enorm. Sich dem nicht anzuschließen, bedeutet die Lehren von Auschwitz zu missachten. Mit vorsichtigen Differenzierungen zwischen damals und heute ist da nicht viel zu machen.

Weniger kategorisch, aber immer noch sehr schmerzhaft, waren Gespräche, in denen ich gefragt wurde, warum ich der AfD den Hof mache oder den Weg bereite. Wenn es mir gelang, zumindest plausibel darzustellen, dass ich mich nach bestem Wissen und Gewissen bemühe, Probleme in realistischer Dimension zu beschreiben und anders als die AfD auch Lösungen aufzuzeigen, hatte ich viel erreicht. Das Unverständnis blieb dennoch: »Ich verstehe nicht, warum du das Negative so betonst. Du könntest doch die positiven Beispiele zeigen. Du hast so viele Möglichkeiten, es gibt so viel für dich zu tun. Warum nur so viel Energie in die Abwehr von Flüchtlingen stecken?«

In meinem Fall waren nicht nur private Freundschaften betroffen, sondern auch viele politische. Menschen, mit denen ich seit vielen Jahren engen Kontakt hatte, gingen auf Distanz. Manche nur öffentlich, manche auch privat. Nicht alle natürlich. Es gab auch diejenigen, die mir inhaltlich zustimmten, aber mit Bedauern oder Resignation konstatierten, dass ich mich durch meine offen Ansprache der Themen auf ewig ins parteipolitische Abseits stelle.

Der Freundeskreis sortierte sich plötzlich neu. Leute, von denen ich es nie geglaubt hätte, Kosmopoliten, linke Bildungsbürger, gute Beamte sprachen mir Mut zu, sagten, ich solle mich nur bitte nicht unterkriegen lassen. Eine sehr alte Freundin berichtete mir jede Woche von ihren Erfahrungen in der Flüchtlingskrise, machte mich auf erstaunliche Problem aufmerksam, schickte mir Links und fragte mich immer wieder, wie das sein könne, was sie da beschrieb und erlebte. Oft hatte ich dafür keine Antwort. Das Land war aus den Fugen.

Das Unverständnis war beidseitig. Auch in meinem Freundeskreis erregten sich manche über »Bahnhofsklatscher«, berichteten von unangenehmen Erfahrungen mit Flüchtlingen im öffentlichen Raum, kritisierten die Politik der Kanzlerin als verantwortungslos und machten sich größte Sorgen um die Zukunft des Landes.

Vergleichbar polarisiert habe ich mein Umfeld nie erlebt. Immer wieder habe ich mich selbst gefragt, ob es nicht besser wäre, das Thema einfach zu ignorieren, auch öffentlich nichts mehr zu sagen. Der private und politische Preis war sehr, sehr hoch. Manchmal habe ich es auch versucht, aber ich habe es nicht lange durchgehalten. Mich hat das Thema zu sehr umgetrieben. Ganz besonders, wenn ich den Eindruck hatte, ein Problem soll ausgeklammert werden, benannte ich es umso klarer. In gleicher Weise provozierte es mich, wenn offensichtliche Realitäten negiert wurden. Ich prallte mit Verantwortungsethik auf Gesinnungsethik.

Der Philosoph Max Weber hat in seinem berühmten Vortrag »Politik als Beruf« im Jahr 1919 eine bis heute hilfreiche Definition der Prinzipien formuliert, nach denen Menschen Entscheidungen treffen: »Wir müssen uns klarmachen, dass alles ethisch orientierte Handeln unter zwei voneinander grundverschiedenen, unaustragbar gegensätzlichen Maximen stehen kann: es kann ›gesinnungsethisch‹ oder ›verantwortungsethisch‹ orientiert sein.« Vereinfacht gesagt zählt für die Gesinnungsethik nicht das Ergebnis, sondern das Prinzip. Eine Lüge bleibt gesinnungsethisch auch dann unsittlich, wenn durch sie ein Leben gerettet werden könnte. Max Weber nannte folglich diejenigen Gesinnungsethiker, die ohne Rücksicht auf die Folgen bestimmter Handlungen das tun, was sie moralisch für geboten halten.

Genau diese von Max Weber beschriebene Grundhaltung prägte den Flüchtlingsdiskurs in Deutschland und ganz besonders die der meisten Grünen im Land. Das hat gute Gründe, denn gerade das Asylrecht ist ein Thema, an dem eine Haltung sichtbar wird. Wir sind ein Land, in dem Menschen Zuflucht finden, die ihr Leben vor Krieg und Verfolgung retten wollen. Wir sind kein Land, in dem Fremdenfeindlichkeit und dumpfe Ressentiments zu Hause sein dürfen. Pegida ist weder patriotisch noch europäisch, sondern peinlich und engstirnig. Da bin ich sehr gesinnungsethisch. Prinzipienfest zu denken und zu handeln, vermag so manche Fehlentwicklung zu vermeiden.

Gesinnungsethische Argumentationsmuster verwenden wir alle gern, wenn uns ein Thema besonders berührt oder sehr wichtig ist. So warf mir der *Welt*-Autor Ulli Kulke »Ansätze zum Totalitarismus« wegen meines Einsatzes für den Ausbau der Windkraft vor. Im Streit um Windräder auf der Schwäbischen Alb oder im Pfälzer Wald hatte ich gesagt, es sei nicht statthaft, ästhetische Gegenwartsbedürfnisse über das elementare Existenzrecht künftiger Generationen zu stellen

So vorteilhaft die Standfestigkeit ist, die eine gesinnungsethische Fundierung einer Position bietet, so schwierig ist es, auf einer solchen Basis Kompromisse einzugehen, wenn zwei sich widerstreitende Prinzipien aufeinanderprallen. Deshalb flogen Farbbeutel, als der westdeutsche Pazifismus mit der bitteren Wirklichkeit von Srebrenica konfrontiert wurde und Joschka Fischer dem Prinzip »Nie wieder Krieg!« das Prinzip »Nie wieder Auschwitz!« entgegenschleuderte. Ministerpräsident Kretschmann sah sich mit klassisch gesinnungsethischer Kritik konfrontiert, als er im letzten Herbst dem Asylkompromiss zustimmte. Prominente Parteifreunde hielten ihm vor, er habe das Asylrecht »für einen Appel und ein Ei« verkauft. Das Grundrecht auf Asyl sei ein Menschenrecht, das unter keinen Umständen eingeschränkt werden dürfe. Dagegen könne man Verbesserungen im Asylverfahren, wie etwa die Aufhebung des Arbeitsverbots für Asylbewerber, nicht abwägen. Kretschmann hat sich davon nicht beeindrucken lassen, sondern die Folgen des Kompromisses zum Maßstab gemacht: Wer Asyl sucht, kann nun auch eine Arbeit aufnehmen, mit Geld einkaufen und sich im Land frei bewegen.

Schon Max Weber hat die Grenzen der Gesinnungsethik erkannt und ihr die Verantwortungsethik gegenübergestellt. Die Verantwortungsethik ordnet er etwas schablonenhaft dem Menschentyp des Politikers zu, die Gesinnungsethik dem Heiligen. Der Gesinnungsethiker habe den Beruf verfehlt, so meinte Weber, wenn er die politische Verantwortung für ein Gemeinwesen übernehme und so andere für die Folgen seiner Haltung büßen lasse, als Heiliger aber würde er umgekehrt die Reinheit und Konsequenz seiner Lebensweise kompromittieren, wenn er begänne, strategisch zu handeln und die Gesamtfolgen seiner Handlungen zu kalkulieren.

In der Flüchtlingsfrage haben sich besonders viele Menschen für die Haltung des Heiligen im Sinne von Max Weber entschieden. Deshalb war es so ungeheuer schwierig, auch nur miteinander ins Gespräch zu kommen. Auf der Suche nach einer Lösung für dieses Problem habe mich mit der Tugendlehre des Aristoteles befasst.

Für Aristoteles war die Tugend eine Frage von Maß und Mitte. Er lehrte, man müsse das Übermaß vermeiden. So solle man sich vor Tollkühnheit genauso hüten wie vor der Feigheit. Die Tugend zwischen diesen Extremen war für ihn die Tapferkeit, heute würden wir vielleicht Entschlossenheit sagen. Der Psychologe Friedemann Schulz von Thun hat diese Theorie etwas erweitert und darauf sein Wertequadrat gesetzt. Jede Tugend hat demnach eine Schwestertugend, und zu beiden gibt es Übertreibungen, die ganz und gar von Übel sind. Ein im Schwäbischen besonders leicht verständliches Beispiel sind Sparsamkeit und Großzügigkeit. Wer es mit der Sparsamkeit übertreibt, wird von Geiz zerfressen und sollte generöser werden. Wer hingegen gar zu großzügig ist, wird sich ruinieren und sollte sparen üben.

Wenden wir diese Überlegung auf die aktuelle Debatte über Flüchtlinge in unserem Land an, so können wir über manche Schwestertugend nachdenken: Für unsere Gesellschaft suchen wir das richtige Maß zwischen Hilfsbereitschaft und Eigennutz. Weder sollten wir bis zur Selbstaufgabe gehen, noch unmenschlich handeln. Im Umgang mit den Flüchtlingen ist das richtige Maß an Rücksichtnahme und Klarheit erforderlich. Wir sollten niemanden in Watte packen, aber auch niemanden verletzen. Fremdenfeindlichkeit sollten wir ebenso vermeiden wie Multikult-Illusionen, benötigt werden Toleranz und eine verbindliche Werteordnung, aus der klare Integrationsforderungen hervorgehen.

Für die öffentliche Debatte über die Flüchtlingspolitik scheint mir entscheidend, dass wir eine Balance zwischen Realismus und Empathie finden. Wir tun uns keinen Gefallen, wenn wir real vorhandene Probleme und Konflikte in unserem Land ausklammern oder kleinreden. Wir dürfen aber auch nicht in kaltherzige Gleichgültigkeit verfallen und uns achselzuckend damit abfinden, dass viele Tausend Menschen auf der Flucht im Mittelmeer ertrinken.

Mit Weber und Aristoteles, habe ich auch im Freundeskreis hin und wieder erreicht, dass aus einer allzu konfrontativen Situation wieder ein Gespräch wurde. Ich habe Verständnis für diejenigen, die negative Auswirkungen unkontrollierter Zuwanderung auf ihr Leben befürchten. Und es käme mir nie in den Sinn, Flüchtlingshelfer als naive Gutmenschen zu bezeichnen. Ich habe diesen Menschen allerdings gesagt, dass sich eine solche Haltung nicht verordnen oder als allgemeinverbindlich erklären lässt, dass ich sie mir nicht zu eigen machen kann und dennoch respektiert werden möchte.

Ich glaube nicht, dass man die Menschen in Gut und Böse sortieren kann, wenn man ihre Haltung zu Flüchtlingen abfragt. Wenn es schon im politischen Diskurs so wenig gelingt, Flucht und Integration nüchtern zu analysieren, Probleme zu benennen und Lösungen zu suchen, dann sollten wir zumindest im direkten Gespräch versuchen, die anderen zu verstehen.

Mir haben Freunde klargemacht, dass meine Wahrnehmung ganz und gar nicht repräsentativ für ihre ist. Ich hoffe, im einen oder anderen Gespräch verständlich erklärt zu haben, was mich umtreibt, welche Probleme ich sehe und warum es mich besorgte, dass dafür kaum Lösungen in Sicht waren. Ich glaube, dass wir für den Zusammenhalt unserer Gesellschaft immer wieder Perspektivwechsel brauchen. Wer selbst Flüchtlinge für eine Bereicherung unseres Landes hält, sollte sich in Menschen hineinversetzen, die den starken Zuzug vor allem als Bedrohung wahrnehmen. Wer selbst mit Flüchtlingen nichts zu tun haben will, sollte sich einen Menschen versetzen, der in einem Helferkreis tagtäglich Zeit und Empathie für Geflüchtete einbringt. Nur so kommen wir zusammen. Nur so können wir für uns und die Flüchtlinge das Beste aus der Situation machen, in der wir uns nun mal alle befinden.

Toleranz für Andersdenkende: Die moralische Selbsterhöhung des liberalen Bürgertums

Spiss in Tirol ist eine idyllische Bergbauerngemeinde mit 118 Einwohnern an der Grenze zum schweizerischen Samnaun. Hier erzielte der FPÖ-Kandidat Norbert Hofer mit 87,5 Prozent sein bestes Ergebnis im Duell mit dem grünen Präsidentschaftskandidaten Alexander Van der Bellen. Es ist unwahrscheinlich, dass sich nach Spiss ein Flüchtling verirrt. Man wird dem kleinen Ort nicht unrecht tun, wenn man annimmt, dass die Welt für die Menschen dort noch in Ordnung ist. Und doch sind es gerade die abgelegenen ländlichen Regionen, in denen Populisten wie Norbert Hofer die größten Erfolge einfahren. Die Landkarte der Wahl färbte sich nach einem klaren Muster: Stadt gegen Land, urbane Milieus gegen dörfliche Strukturen, Grün gegen – in Österreich – Blau.

Wahlnachfragen zeigten, dass das Land in zwei fast gleich große Lager zerfallen war, die sich in weiteren Merkmalen stark unterschieden. Van der Bellens Wählerschaft war stark weiblich, gebildet, kosmopolitisch, materiell abgesichert. Hofers Wählerschaft war hingegen überwiegend männlich, ohne Abitur, national orientiert, materiell in Sorgen. Selbstverständlich spiegelte sich das auch in der Haltung zur Flüchtlingsfrage: 85 Prozent der Hofer-Wähler sagten, Österreichs Aufnahmemöglichkeiten seien erschöpft, 59 Prozent der Wähler Van der Bellens glaubten, Österreich könne noch mehr Flüchtlinge aufnehmen.

Für das Verständnis des österreichischen Schismas ist ein Datum besonders aussagekräftig: 70 Prozent der Hofer-Wähler sagten, sie fühlten sich von ihm in ihren Sorgen verstanden. Von Van der Bellen sagten das nur 35 Prozent. In Österreich waren es Bürger, die sich Sorgen machten und von dem FPÖ-Kandidaten Hofer verstanden fühlten, die ihn fast zum Präsidenten gewählt hätten.

In Deutschland sind »besorgte Bürger« zu einer Chiffre für Menschen geworden, die sich unnötige Sorgen machen, weil sie ihre Fremdenangst nicht in den Griff bekommen. Es hat sich eingebürgert, die Wählerschaft von Politikern wie Norbert Hofer von oben herab zu behandeln. Sie werden als »Verlierer«, »Abgehängte« oder »Zurückgebliebene« bezeichnet, deren Sorge man zwar ernstnehmen, aber doch nicht zum Maßstab machen könne. Hofer-Wähler, das seien Menschen, die sich blenden lassen, das Rad zurückdrehen wollen, Illusionen nachhängen. Man könnte es auch einfach so sagen: Hofer-Wähler, das sind Alpentrottel.

Nun gibt es gute inhaltliche Gründe, die Politikkonzepte von Norbert Hofer zu verwerfen. Das soll hier aber nicht das Thema sein. Mir geht es darum, wie die liberalen bürgerlichen Milieus über diejenigen sprechen, die sich ihnen nicht zugehörig fühlen. Ich erlebe das regelmäßig als ziemlich überheblich. Das Ross, von dem herab geurteilt wird, ist ein moralisches. Besonders in der Flüchtlingsdebatte. Wer sich nicht der Haltung anschließt, das eigene Land könne noch mehr Flüchtlinge aufnehmen, muss sich eine moralische Bewertung gefallen lassen, die wenig schmeichelhaft für den Charakter ausfällt.

Ein Beispiel aus jüngerer Zeit lieferte die frühere Landesbischöfin Margot Käßmann auf dem evangelischen Kirchentag 2017 in Berlin. Sie zitierte eine Passage aus dem Grundsatzprogramm der AfD, wonach »Masseneinwanderung« keine Lösung für die Probleme des demografischen Wandels sei, diese könne nur durch eine höhere Geburtenrate der einheimischen Bevölkerung erreicht werden. Das kommentierte Käßmann wie folgt: »Jetzt ist klar, wohin der Wind weht. Frauen sollen Kinder bekommen, ja, aber nur wenn sie, wie es jetzt immer heißt, biodeutsch sind. Ja, hab ich gelernt. Das ist eine neue rechte Definition von einheimisch, gemäß dem sogenannten kleinen Arierparagrafen der Nationalsozialisten. Biodeutsch soll nämlich bedeuten: zwei deutsche Eltern, vier deutsche Großeltern. Und da weiß man, woher der braune Wind dann wirklich weht.« Dass die AfD das Zitat von Käßmann entstellte und zur Propaganda nutzte, ist eine eigene Geschichte, die zeigt, wie die AfD immer wieder Aussagen so weit verfremdet, dass sich ihre Anhänger darüber empören können. Das ist dreist und abgekartet. Mir geht es hier aber um das wörtliche und verbürgte Zitat der Theologin. Keine Frage, es gibt gute Gründe, die Demografiepolitik der AfD zu kritisieren. Es kommt aber darauf an, wie das geschieht.

Käßmann ist eine brillante Rednerin und geschulte Analytikerin. Sie hätte der AfD nachweisen können, dass ihre Definition von »einheimisch« entweder erzwungene Massenauswanderung voraussetzt oder das Eingeständnis, dass frühere Ausländer heute Einheimische sind. Von den Kindern mit deutschem Pass haben heute fast ein Drittel Eltern mit Einwanderungsgeschichte. Man muss nur in eine Grundschule in einer beliebigen deutschen Stadt gehen, um das zu erkennen. Käßmann hätte argumentieren können, dass die Politik der AfD vielleicht vor 50 Jahren eine theoretische Option gewesen wäre, heute aber, nach Pillenknick und Anwerbeabkommen, sei die Zeit für eine solche völkische Intervention ganz einfach vorbei, egal wie man dazu stehe.

Käßmann hätte vorrechnen können, dass die Mütter, die sich die AfD für ihre aktivierende Familienpolitik wünscht, gar nicht geboren wurden. Man müsste schon erreichen, dass jede Frau im Schnitt drei Kinder bekommt, um zumindest langfristig den demographischen Trend zu brechen. Das gibt es in keiner westlichen Gesellschaft mit hohem Bildungsgrad der Frauen und enormen Ansprüchen einer Leistungsgesellschaft an Familie und Beruf. Käßmann hätte auch nicht auf eine zugespitzte

Formulierung verzichten müssen, um das alles zusammenzufassen: »Was die AfD als Lösung des Demografieproblems vorschlägt, läuft auf Kinderpflicht für Deutsche und Ausreisepflicht für Eingewanderte und deren Kinder hinaus. Davon ist nichts umsetzbar, weil es den Versuch darstellt, sich über die Wirklichkeit der Einwanderung der letzten 50 Jahre und das Selbstbestimmungsrecht der modernen Frauen hinwegzusetzen.«

Käßmann hätte also die Möglichkeit gehabt, mit sehr harten Fakten der AfD den Wind aus den Segeln zu nehmen, statt dem Wind die Farbe »braun« zu geben. Sie entschied sich dafür, die Forderungen der AfD in direkten Bezug zum Nationalsozialismus zu setzen, ohne sich ernsthaft mit dem Problem auseinanderzusetzen, dass die AfD zu beschreiben und zu lösen versucht. Das bringt Beifall auf einem Kirchentag. Das dort versammelte liberale Bürgertum klatscht immer am lautesten, wenn rechten Schmutzfinken eine Verbindung zu den Nazis nachgewiesen werden kann. Die AfD dürfte das aber kaum beeindrucken, eher zusammenschweißen. Und wäre es nicht gerade die Aufgabe einer Theologin, sich der Nöte von Menschen anzunehmen, auch wenn diese zweifelhaft beleumundet sind, statt sie zu verdammen?

Ein zweiter Aspekt in Käßmanns Rede verstärkt diesen Effekt noch: Sie macht sich nicht die Mühe, zu hinterfragen, was die AfD eigentlich als Problem ansieht, das sie lösen will. Die Partei nennt dafür im Grundsatzprogramm zwei Begriffe: Die Masseneinwanderung sei »volkswirtschaftlich nicht tragfähig« und »konfliktträchtig«. Was die AfD an dieser Stelle nicht nennt, ist ein völkisches Argument, also der Wunsch, unter seinesgleichen zu leben. Ich halte es für zulässig, der AfD zu unterstellen, dass dieser Wunsch zumindest mitschwingt. Menschen zuzugestehen, dass sie keine Zuwanderung oder weniger Flüchtlinge in ihrem Wohnumfeld wollen, ist bei uns nicht akzeptabel. Das trägt nach Meinung vieler den Kern des Völkischen, des Rechtsradikalen und des Rassismus in sich. Die liberalen Milieus können das nur schwer tolerieren. Aber warum eigentlich sollten die Bürger von Spiss in Tirol und anderen Alpendörfern nicht sagen dürfen, dass sie lieber unter sich bleiben wollen?

Ich würde das zunächst einmal zulassen. Wenn wir Bildungsbürger ehrlich sind, gilt das für die meisten von uns auch irgendwie. Akademiker tummeln sich auf ElitePartner.de, man schickt die Kinder auf die höheren Schulen und wählt Berufe, in denen sich nach wie vor wenige Migranten finden. Natürlich haben wir alle auch ein paar perfekt integrierte Freunde mit türkischer oder asiatischer Herkunft, eben auch gut ausgebildete Akademiker. Aber da, wo die Integrationsküche wirklich heiß dampft, in den Schulen Neuköllns, in der Warteschlange der Arbeitsagentur in Essen Nord oder in den Reinigungs- und Zeitarbeitsfirmen, da sind wir eher selten.

Uns unterscheidet von der AfD lediglich, dass wir keinerlei völkische oder ethnische Brille aufsetzen, wenn wir unsere Mitmenschen betrachten, während die AfD häufig einem naturalistischen Fehlschluss unterliegt und Einwanderungsprobleme mit der Herkunft der Einwanderer identifiziert. Wir Bildungsbürger sind tolerant für Glauben, Kultur, Sprache, Aussehen, aber im Kern erwarten wir schon, dass Eingewanderte uns zivilisiert und gebildet begegnen, dann nehmen wir sie gerne an. Für die vielen, die diesem Anspruch nicht gerecht werden, haben wir keine Ressentiments, sondern Fürsorge entwickelt. Wir wollen mehr Sozialarbeiter, bessere Schulen, Chancengerechtigkeit und gut bezahlte Arbeit für alle, weil wir die Schuld an Integrationsproblemen in den Defiziten unserer Gesellschaft suchen (wo sie zu großen Teilen auch sind).

Meine Kritik an der AfD richtet sich also nicht dagegen, dass ihre Wählerinnen und Wähler Konflikte mit Einwanderung erleben. Auch nicht dagegen, dass sie hohe Arbeitslosigkeit und Bildungsmisserfolge bei Flüchtlingen sehen und daraus ableiten, dass das volkswirtschaftlich ein Verlustgeschäft sei. Denn das ist ein Teil der Realität.

Ich würde der AfD stattdessen entgegnen, dass es sehr erfolgreiche Einwanderungsgesellschaften gibt. Die USA haben kein Demografieproblem. Das Land wächst kontinuierlich und es ist nicht überaltert. 98 Prozent der Bevölkerung sind eingewandert. Trotz Donald Trump wirkt das Konzept des Melting Pot fort: Den USA gelingt es, Eingewanderte sehr schnell zu Amerikanern zu machen, und sehr viele von ihnen sind ökonomisch extrem erfolgreich oder tragen gar maßgeblich zum Erfolg der amerikanischen Wirtschaft bei. Google wurde von Sergei Brinn, einem in Moskau geborenen Kind russischer Einwanderer, mitgegründet. Mark Zuckerberg, der Gründer von Facebook, hat deutsche, österreichische sowie polnische Vorfahren und entstammt einem jüdischen Elternhaus.

Die Wirklichkeit des ökonomisch immer noch mit Abstand erfolgreichsten Landes der Erde belegt also: Einwanderung ist geradezu die Voraussetzung für eine ökonomisch tragfähige Entwicklung. Im Zeitalter multinationaler Konzerne – das gilt auch für den ganzen DAX – sind Unternehmen nur noch erfolgreich, wenn sie die besten Köpfe der Welt versammeln. Nur mit Biodeutschen ist Deutschlands Wirtschaft nicht mehr konkurrenzfähig. Es geht also darum, wie wir Einwanderung organisieren und wie erfolgreich wir Einwanderer integrieren. In beiden Feldern ist Deutschland leider nicht gut. Das ist das Problem, das wir lösen müssen.

Nun wird die AfD wohl einwenden, dass das für Flüchtlinge aus Afghanistan, dem Irak oder Maghreb nicht gilt. Da muss man gar nicht lange drumrum reden: Es wird nur wenige Flüchtlinge aus diesen Ländern geben, die schnell zum Reichtum unseres Landes beitragen können. Flucht ist aber keine Einwanderung.

Wir nehmen Menschen über das Asylrecht nicht wegen ihrer Arbeitsmarktqualifikationen auf, sondern weil ihre Leben bedroht ist. Das hat mit »Masseneinwanderung« nichts zu tun und ist auch kein Konzept zur Lösung demografischer Probleme. Die gesamte Argumentation der AfD lässt sich also vollständig und im Detail widerlegen, ohne moralische Selbsterhöhung und den Rekurs auf die Nazis.

Zu den Paradoxien der Zuwanderung gehört seit jeher, dass Zuwanderer dort besonders unbeliebt sind, wo es nur wenige gibt. Dort, wo man sich an Zuwanderung gewöhnt und Ängste abgebaut hat, sind Zuwanderer in der Regel sehr viel willkommener als dort, wo es noch kaum Erfahrungen und daher eigentlich auch keine Probleme mit Zuwanderung gibt. In der Sichtweise mancher Städter sind die Dorfbewohner damit eben auch etwas rückständig. Es ist zweifellos richtig, dass wir in einer Welt leben, in der die Metropolen international sind wie die Konzerne, aber einer höheren Moral folgt das nicht unbedingt.

Die immer drängendere Frage ist für mich, wie man mit den Sorgen, Nöten, Ängsten und Abwehrreflexen einer großen Minderheit umgehen soll. Die politische Elite und der von urbanen Milieus geprägte linksliberale Zeitgeist haben sich hier auf eine Strategie des »Wehret den Anfängen« festgelegt. Zur Verteidigung der weltoffenen, liberalen und pluralistischen Gesellschaft wird Intoleranz gerechtfertigt und eingesetzt. Der SPD-Außenpolitiker Niels Annen hat mich im August 2016 in der Asyldebatte als den »Donald Trump« der Grünen bezeichnet. Gemeint war das als Kainsmal. Er nahm damals sicher nicht an, dass er mich mit dem künftigen amerikanischen Präsidenten vergleichen würde.

An Donald Trump kann man sehr gut studieren, wie tief der Fall ist, der nach dem Hochmut kommt. In Österreich ging es am Ende ja nochmal gut. Alexander Van der Bellen gewann die Wiederholungswahl. Donald Trump aber ist der mächtigste Mann der Welt geworden, mit einer Wählerschaft, die in vielerlei Hinsicht derjenigen des unterlegenen Norbert Hofer ähnelte. Die Küstenstädte haben in den USA mit großer Mehrheit Hillary Clinton gewählt, Trump verdankt seine Wahl den ländlichen Bundesstaaten, weißen Männern, wirtschaftlichem Niedergang und der Überheblichkeit seiner Gegner. Trump profitierte sogar davon, dass ihm mit Hohn und Spott begegnet wurde. Es schweißte seine Wählerschaft zusammen und mobilisierte sie.

Nun ist es sicher richtig, dass das politische Establishment in Österreich, Frankreich und den USA schwere Fehler gemacht hat, die es Hofer, Le Pen und Trump erst erlaubt haben, derart viele Menschen von sich zu überzeugen. Jenseits dieser Verschleißphänomene politischer Parteien und Systeme sehe ich aber eine tiefere Ursache der Serie von rechtspopulistischen Erfolgen darin, wie über die Menschen gedacht und gesprochen wird, die für solche Politikangebote empfänglich sind.

Der Flüchtlingsdiskurs entscheidet mit darüber, ob Deutschland den Weg des Rechtspopulismus geht, den das liberale Milieu mit immer größerem Entsetzen und Erstaunen in westlichen Demokratien um sich greifen sieht. Ich habe ein Jahr lang erlebt, welche innere Gegenwehr es verursacht, wenn man sich grundlos als Rassist und unmoralischer Mensch beschimpfen lassen muss. Diese Attacken bekehren niemanden. Sie verstärken den Unwillen. Wer ernsthaft unsere Freiheit, unsere Demokratie, das Grundgesetz und das Asylrecht verteidigen will, darf sich nicht darauf beschränken, gesellschaftliche Ächtung anzudrohen und innere Bekehrung zu verlangen. Das wird nicht passieren. Nur wenn das linksliberale städtische Bürgertum seine moralische Selbsterhöhung überwindet und Toleranz für Andersdenkende auch praktiziert, wenn es wehtut, gibt es eine Chance, den Extremismus auszugrenzen und den Populismus einzuhegen. Wir müssen uns für die Integration unserer Gesellschaft nach innen mindestens so sehr anstrengen wie für Flüchtlinge.

Wenn gute Absichten scheitern: Bessere Politik für Minderheiten

»Du verliebst dich in sie, sie verlieben sich in dich, und wenn du sie kritisierst, fangen sie an zu heulen.« Mit diesen Sätzen endete die akademische Karriere des Nobelpreisträgers Tim Hunt.

Kein Zweifel, was Hunt während eines Vortrags auf der World Conference of Science Journalists in Seoul im Sommer 2015 gesagt hat, verdient das Prädikat sexistischer Unfug. Selbst wenn es ironisch gemeint war, drückt sich darin eine Haltung aus, die vielen Frauen den Aufstieg in der Wissenschaft trotz bester Leistungen verwehrt hat. Gute Gründe also, dem gealterten Nobelpreisträger nahezulegen, sich besser über Wissenschaft als über Frauen in der Wissenschaft zu äußern. Verständlich auch, dass sich eine Zuhörerin und Kollegin auf Twitter über den frauenfeindlichen Spruch beschwerte. Dabei blieb es aber nicht. Im Internet baute sich eine Empörungswelle auf, die das University College London dazu brachte, Hunt zum Rücktritt von seiner Honorarprofessur zu drängen, weil er ihren ethischen Standards nicht gerecht werde.

Ein trauriges Beispiel für ein Reaktionsmuster, das viele emanzipatorische Strömungen mittlerweile an den Tag legen: Die Strafe steht in keinem Verhältnis mehr zur Tat, und an die Stelle des aufgeklärten Diskurses und des Ringens um eine emanzipatorische Position tritt eine geradezu jakobinische Verdammnis. Traurig ist dies nicht nur für das Lebenswerk eines verdienten Wissenschaftlers, sondern für den Kampf gegen Sexismus selbst. Überreaktionen dieser Art befremden auch Menschen, die Sexismus strikt ablehnen. Das Anliegen wird so nicht transportiert, sondern diskreditiert.

Das ist kein Einzelfall, sondern ein Strukturphänomen, dessen Ursache ich in der Geschichte verorte: Nahezu alle emanzipatorischen Bewegungen haben ihren Kampf zunächst aus einer gesellschaftlichen Außenseiterposition geführt und mussten sich radikal zur Wehr setzen, um gesellschaftlichen Fortschritt zu bewirken. Mittlerweile haben sie aber ein Stadium breiter Akzeptanz erreicht, das einen viel gelasseneren Umgang mit den Relikten früherer Mehrheitshaltungen erlauben und erfordern würde.

Homosexuelle werden heute in Deutschland nicht mehr mit dem Strafgesetzbuch bedroht, Frauen sind nicht mehr auf die Erlaubnis des Manns angewiesen, um ein Konto einzurichten, Behinderte sind nicht mehr Objekte eines wohlmeinenden Fürsorgestaates in abgesperrten Einrichtungen, sondern eigenständige Persönlichkeiten mit Anspruch auf Teilhabe und Inklusion. Die emanzipatorischen Bewegungen haben einen tiefgreifenden gesellschaftlichen Wandel erreicht. Insbesondere altgediente Kämpferinnen und Kämpfer tun sich schwer, darauf eine angemessen Reaktion zu finden. Sie verbleiben in einem Kampfmodus, der ihr jeweiliges Anliegen nicht mehr weiter voranbringt, wenn der größte Teil der Wegstrecke schon geschafft ist.

Gleich zwei baden-württembergische Ministerpräsidenten haben im Herbst 2016 Kritik dieser unverhältnismäßigen Art auf sich gezogen. Der amtierende Ministerpräsident Winfried Kretschmann machte sich in der *Zeit* Gedanken, wie man auf die Menschen zugehen könnte, die gesellschaftlichen Modernisierungen, die von uns Grünen angestoßen waren, skeptisch gegenüberstehen, und schrieb: »Individualismus darf nicht zum Egoismus werden, sonst wird gesellschaftlicher Zusammenhalt unmöglich. So ist und bleibt die klassische Ehe die bevorzugte Lebensform der meisten Menschen – und das ist auch gut so«.

Sofort schallte ihm der Vorwurf entgegen, er bediene sich damit »dem klassischen Repertoire homophober Propaganda von rechts«, wie die *taz* schrieb. Dass die klassische Ehe schon rein zahlenmäßig die bevorzugte Lebensform ist, kann niemand bestreiten. Was sollte dann homophobe Propaganda sein, dem ein »und das ist auch gut so« hintanzustellen?

Kretschmann hatte eigens betont, dass die neuen Freiheiten der Lebensgestaltung ein Angebot und keine Vorgaben seien. Es gehe darum, dass jeder nach seiner Fasson leben kann, und nicht darum, traditionelle Lebensformen abzuwerten. Die *taz* konnte mit diesem Gedanken offenbar nichts anfangen. Ganz anders Kretschmanns Vorvorgänger Günther Oettinger, der etwa zur selben Zeit eine berühmt gewordene Rede vor Hamburger Unternehmern hielt.

Wer den EU-Kommissar kennt, der weiß, dass er es schätzt, sein Publikum zu provozieren und zum Lachen zu bringen. Dass er in einem Atemzug von der Einführung einer »Pflicht-Homoehe« und der »komischen Maut«, die nicht eingeführt wird, geredet hat, ist für mich ein typischer Oettinger. Er spricht gerne Themen an, die kaum zur Sprache kommen, aber nicht wenige bewegen. Natürlich fordert niemand eine Pflicht-Homoehe, aber die Radikalität, mit der manche Vorkämpfer für Schwulenrechte eintreten, erzeugt ein Klima, in dem eine solche Forderung als ironische Chiffre für überspannte Forderungen verstanden wird. Dass die »Schlitzaugen« uns wirtschaftlich den Rang ablaufen könnten, wenn wir uns nicht anstrengen, ist ein Topos, den Oettinger oft bemüht hat. Auch in diesem Fall versuchte Oettinger seine Botschaft zu transportieren, indem er an den Erfahrungen seiner Zuhörer anknüpft. Sicher kritikwürdig und nicht jedermanns Sache. Aber Grund für einen Eklat?

Die öffentliche Entrüstung entfachte die Bloggerin Journelle, indem sie kurz und knapp schrieb: »Oettinger spricht von Schlitzaugen. So einen Rassismus halte ich ja für unmöglich.« Das griffen viele Medien gierig auf und bald hagelte es Rücktrittsforderungen. Man erforschte Oettingers Gesinnung, und am Ende musste er sich in einem Entschuldigungsritual reinigen. Das hat erhebliche Wirkungen auf das Diskussionsklima. Was er gesagt hat, war in der Wortwahl verfehlt. Aber er sagte, was so oder so ähnlich sehr viele denken. Wer sieht, wie selbst ein EU-Kommissar dafür zusammengefaltet wird, der behält seine Meinung für sich, auch in Umfragen. In der Wahlkabine sieht aber niemand zu, dann bricht sich die aufgestaute Wut Bahn.

Eine besondere Rolle spielen im Diskurs über Minderheitenrechte deren jeweilige Zusammenschlüsse zu Interessensvertretungen. Ich habe leider im Laufe der Jahre mit einigen von ihnen Konflikte ausgetragen, bei denen immer die Frage strittig war, welche Form der Kritik angemessen ist und wie sich ein berechtigtes Anliegen am besten voranbringen lässt.

Ein Anlass für eine solche Auseinandersetzung war das Tübinger Schokoladenfestival »Chocolart«. Auf diesem größten Schokoladenmarkt Deutschlands zeigte der Konditor Johannes Becker im Jahr 2012 in einer gläsernen Werkstatt auf dem Marktplatz, wie eine Eigenkreation aus Schaum und Schokolade hergestellt wird. Er nannte sie »Tübinger Mohrenköpfle«. Daraufhin wandte sich der »Verband binationaler Familien und Partnerschaften« mit einem offenen Brief an den Konditor und die Organisatoren des Festivals und verlangte die Umbenennung der Süßspeise. Durch den Begriff »Mohrenköpfle« würden eine gewaltgeprägte Vergangenheit gepflegt und koloniale Bilder bar jeder Reflexion tradiert. Das löste eine heftige Debatte in den Leserbriefspalten der örtlichen Zeitung, bundesdeutschen Antirassismusnetzwerken und auf meinem Facebook-Account aus. Der Vorwurf lautete: Rassismus. Am Mohrenköpfle wurden »eurozentrische Stereotypen« festgemacht. Der Aufforderung, diese Sichtweise zu übernehmen und mich gegen die Verwendung des »M-Worts« auszusprechen, kam ich nicht nach und begründete dies damit, dass weder der Konditor noch die meisten Besucher des Marktes eine rassistische Absicht oder Assoziation mit dem Mohrenköpfle verbinden.

Die entsprechende Korrespondenz leiteten meine Diskussionspartner an den Vorstand der Initiative Schwarzer Menschen in Deutschland weiter, der sich mit einem Brief, der zugleich an die hiesige Tageszeitung, das *Schwäbische Tagblatt*, und Claudia Roth gerichtet war, in die lokale Debatte einschaltete. Das Schreiben begann mit einem historischen Abriss über die Rolle schwarzer Menschen in Deutschland seit der Kolonialzeit, aus dem sich ableiten lasse, »dass das M-Wort für Schwarze Menschen in Deutschland niemals ohne diffamierenden Beigeschmack« bleibe. Dabei sei »es auch nicht von Bedeutung, ob die genannte Bezeichnung willentlich beleidigend und rassistisch verwendet wurden oder nicht.« Der Vorstand habe daher mit »großer Verwunderung die Vorgänge der letzten Tage in Tübingen verfolgt«. Man sei erstaunt, dass ich versuche, in »Antwortschreiben an kritische Bürger_innen, die uns vorliegen, die Verwendung des Begriffs abzutun. Diese Reaktion als ein Politiker Ihres Amtes ist in unseren Augen mehr als unangebracht.«

Eine derart scharfe Kritik, die vom Gegenüber unter Druck verlangt, seine Haltung zu ändern, kann meiner Meinung nach das Anliegen einer Minderheit nicht voranbringen, allenfalls Aufmerksamkeit generieren. Sie führt nämlich nicht zu einer Solidarisierung mit dem Anliegen, sondern zu Unverständnis, Gegenwehr und Streit. Besonders problematisch ist, wenn die Intention der Menschen als belanglos abgetan und nur noch ein Sinngehalt eines Wortes als maßgeblich definiert wird. Rassismus bekämpft man so nicht. Im Gegenteil, die echten Rassisten können sich im Windschatten derartiger Debatten unbehelligt betätigen.

Ich finde, Gelassenheit und Betonung der subjektiven Empfindungen würde hier weiterhelfen. Wer als Betroffener sagt, ich fühle mich durch die Bezeichnung Mohrenkopf oder Negerkuss verletzt und bitte, das zu respektieren, wird er überall verstanden und positive Reaktionen ernten. Wer umgekehrt sagt, ich bitte zu respektieren, dass die Bezeichnung Mohrenkopf für mich nichts mit Rassismus zu tun hat, darf ebenso erwarten, dass auch das akzeptiert wird. Ein solches gegenseitiges Verständnis würde die Bekämpfung von Rassismus, den es wirklich gibt, erleichtern.

Die Debatte bewegte Tübingen noch längere Zeit. Zu einer Veranstaltung mit Experten der Rassismusforschung kamen annähernd 200 Menschen in die Tübinger Altstadt. Unter ihnen sehr viele Menschen schwarzer Hautfarbe, die von vielfältigen Diskriminierungserfahrungen berichteten und mir sehr deutlich machten, dass viele von ihnen sich in der Tat durch die Verwendung des Begriffs Mohrenkopf verletzt fühlten. Dass Kinder schwarzer Hautfarbe immer noch so bezeichnet werden, hätte ich nicht vermutet und ist empörend.

Ich halte die Verwendung des Begriffes »Mohr« zum Beispiel in Namen wie »Mohren-Apotheke« oder »Hotel Mohren« nicht für rassistisch. Ich würde auch eine Umbenennung entsprechender Traditionshäuser, von denen es nach wie vor viele gibt, nicht verlangen oder betreiben. Zugleich meine ich, dass es sinnvoll ist, auf solche Begriffe weitgehend zu verzichten, wo es eben möglich ist, und insbesondere nichts mehr neu damit zu verbinden. Ich denke, wir sollten es beachten, dass Menschen mit schwarzer Hautfarbe sich durch solche Worte verletzt fühlen. Ich denke aber nicht, dass diese subjektive Verletzung ausreicht, um Sprechern die Verwendung des Wortes zu verbieten oder daraus auf Rassismus zu schließen. Was ein Mensch empfindet, ist bedeutsam, aber es kann für andere Menschen nicht der alleinige Maßstab sein. Dafür sind Empfindungen zu vielfältig und widersprüchlich.

Der Namenswettbewerb fand schon im Jahr nach der ersten Kritik statt und seither heißt die handgefertigte Köstlichkeit auf dem Tübinger Marktplatz in der ersten Adventwoche eines jeden Jahres: »Chocolino«. Als ich im Jahr 2016 mit einem Foto darauf aufmerksam machte, dass die Namensänderung vollzogen war, ging die Debatte in eine skurrile Verlängerung. Wörtlich schrieb ich zu einem Chocolino-Foto: »Was wurde aus dem Mohrenkopf? Das Bild zeigt die Antwort.« Kurze Zeit später war ich für 24 Stunden von Facebook gesperrt und erhielt dafür folgende Meldung auf das Handy: »Du hast kürzlich etwas gepostet, das die Facebook-Richtlinien verletzt, daher wurde die Benutzung dieser Funktion für dich vorübergehend gesperrt. Um künftig nicht wieder gesperrt zu werden, vergewissere dich, die Facebook-Gemeinschaftsstandards gelesen und verstanden zu haben. Die Blockierung ist noch 1 Tag aktiv.«

Ich habe bei Facebook protestiert und erhielt eine Entschuldigung, denn dasselbe Schauspiel wiederholte sich einige Tage später wieder, weil ich die Sperre und deren Anlass auf meiner Facebook-Seite kritisierte. Bemerkenswert finde ich an dem Vorgang nicht nur, dass bei Facebook die Prüfung von Beschwerden so oberflächlich ablief, dass bereits die Verwendung des Wortes Mohrenkopf in einem rein erklärenden Kontext für eine manuelle Sperre ausreichte. Das ist die Vorstufe zu einer Zensur, bei der wir uns überlegen müssen, was wir noch sagen dürfen, um nicht blockiert zu werden. Mit verfassungsfeindlichen oder justiziablen Äußerungen verhält es sich natürlich anders, aber davon konnte nun hier wirklich keine Rede sein.

Mindestens so bemerkenswert wie die unzureichenden Prüfsysteme von Facebook finde ich aber, dass es offenbar Leute gibt, die einen solchen Kommentar zum Anlass nehmen, eine Beschwerde wegen Rassismus einzureichen. Das ist für mich jene Unduldsamkeit gegenüber anderen Meinungen, die zu massiver Verärgerung und Gegenwehr führt. Ich habe auf meiner Seite gesehen, wie Leute den Bildschirm mit »Mohrenkopf« vollgeschrieben haben, nur um dagegen zu protestieren, dass ihnen der Mund verboten werden soll. Das führt zu nichts, schon gar nicht zum Ziel. Auch der Vorwurf des Rassismus sollte sorgsam bedacht und nur dann erhoben werden, wenn es keinen Zweifel geben kann, dass der Sprecher rassistisch formulieren wollte.

Alt-Bundespräsident Joachim Gauck hat aus Anlass der Verleihung des Leopold-Lucas-Preises in Tübingen im Mai 2017 eine bemerkenswerte Rede gehalten, in der er sich mit dem Phänomen der Kränkung beschäftigte. Er schlug dabei einen großen Bogen von gekränkten Völkern, wie den Deutschen nach Versailles, und gekränkten Staatenlenkern, wie Putin und Erdogan, über gekränkte Mehrheiten, wie den weißen Trump-Wählern im Rustbelt, bis zu den gekränkten Minderheiten. Die Schwierigkeit, einen angemessenen Umgang zwischen Minderheiten und Mehrheiten zu finden, umschrieb Gauck so: »Die Debatten um Minderheiten sind zeitweilig so dominant im öffentlichen Diskurs geworden, dass sich Mehrheiten ihrerseits übergangen fühlten oder sogar angegriffen sahen. (…) Ich kann mir keine Gesellschaft vorstellen, die imstande wäre, jede Art von Unterschied auszugleichen. Und ich möchte mir keine Gesellschaft vorstellen, die in radikaler Sensibilität bestrebt ist, jede Art von Kränkung von vornherein zu vermeiden und eine generelle Kränkungsverschonung durchzusetzen. Und schließlich schon das Benennen von Differenz zu sanktionieren beginnt. Ich fürchte, eine derartige Gesellschaft wäre nicht nur nicht vollkommen, sondern eine Erziehungsdiktatur.«

Gauck analysierte, dass die Populisten automatisch Zulauf erhalten, wenn die Interessen der Mehrheit aus dem Blick geraten, und sprach eine Empfehlung aus, die mir sehr sinnvoll erscheint: »Statt Menschen in einer Komfortzone möglichst vor Kränkungen zu bewahren, sollten umgekehrt ihre Abwehrkräfte und ihr Selbstbewusstsein gestärkt werden, damit sie sich den Kränkungen gewachsen sehen.«

Gauck wählte als Beispiel für eine solche selbstbewusste Haltung just den Themenkreis der Verwendung rassistisch konnotierter Wörter und zitierte die Antwort des afroamerikanischen Schriftstellers James Baldwin auf das Wort »Nigger«: »If you think I'm a nigger, it means you need it. And you got to find out why.«

Ich verstehe, dass es sehr viel Souveränität braucht, um so reagieren zu können. Ich verstehe auch, dass man sich wünschen würde, die Welt ersparte einem solche Kränkungen. Und dennoch bin ich sicher, dass die Initiative Schwarzer Menschen in Deutschland wie viele andere Minderheitenvertretungen gut daran täten, die Existenz von Kränkungen als gegeben zu bejahen und einen solchen souveränen Umgang anzustreben. Denn damit würden sie sich von den Kränkenden unabhängig machen und könnten an die Stelle des aussichtslosen Unterfangens, allen Mitmenschen eine bestimmte Haltung abzuverlangen, eine eigene Haltung setzen, die von selbst überzeugt.

Der Einwand, als weißer heterosexueller Mann habe ich gut reden, ist zwar zutreffend, aber er führt nicht weiter. Ob eine Strategie erfolgreich ist oder nicht, hängt nicht davon ab, wer sie empfiehlt. Die Vorstellung, nur direkt Betroffene könnten sich ein Urteil urlauben, ist im Kern antidemokratisch, denn mitreden können dann immer nur noch die jeweiligen Experten, alle anderen haben nichts mehr zu sagen. Eine solche Form der Kränkungsverschonung wäre sogar gefährlich, denn sie würde den Weg zu einer Betroffenenexpertokratie weisen.

In manchen Themenfeldern ist der Weg dahin gar nicht mehr so weit. Wer einmal versucht, Forderungen von Behindertenverbänden in der Sache zurückzuweisen, kann das selbst erleben. Es ist nicht möglich, Behindertenverbänden entgegenzutreten, ohne mit dem Etikett der Behindertenfeindlichkeit belegt zu werden. Deshalb haben sich Politiker aller Couleur angewöhnt, das nicht zu tun, sondern die Strategie des empathischen Kanzleitrosts anzuwenden: Sie stellen sich scheinbar hinter die Forderungen protestierender Minderheiten und betonen ihr Verständnis, unternehmen aber nichts weiter.

Wenn Behindertenverbände etwas fordern, das offenkundig nicht bezahlbar ist, einen sehr geringen Nutzen für wenige mit großen Nachteilen für viele kombiniert oder schlicht nicht funktioniert, dann antworten Politiker immer: »Das ist eine berechtigte Forderung. Die Anliegen behinderter Menschen müssen in der Politik mehr Gewicht erhalten. Es ist sehr bedauerlich, dass wir noch mehr Zeit benötigen, damit in unserem Land niemand mehr wegen seiner Behinderung benachteiligt ist. Dafür müssen wir jede nur denkbare Kraftanstrengung übernehmen.«

Ich will nicht falsch verstanden werden, die meisten Anliegen der Behindertenverbände sind mehr als berechtigt. Barrierefreiheit ist zum Beispiel ein erstrebenswertes Ziel. Aber es gibt auch einige Beispiele für überzogene Forderungen, an denen sich das beschriebene Muster studieren lässt. So haben wir in Deutschland die starren technischen Regularien zur Barrierefreiheit zu einem nicht mehr diskutierbaren Prinzip erhoben. Konkret bedeutet das, jede Unter- oder Überführung darf nicht mehr als sechs Prozent Steigung haben und nach zehn Metern muss eine ebene Fläche von zwei Metern folgen. Damit wird die Rampe für eine Unterführung mindestens 90 Meter lang. Das geht oft gar nicht, dann muss man Aufzüge bauen. Oder es geht nur mit riesigen Umwegen. Oft passiert dann gar nichts, weil es zu teuer würde. Dann lässt man die Treppenanlagen bestehen, die zumindest Bestandsschutz haben. Und das alles nur, weil es zu einer dogmatischen Regel erhoben wurde, dass Rollstuhlfahrer ohne jede Hilfe eine Rampe allein bewältigen müssen. Als gäbe es keine elektrisch unterstützten Rollstühle, als könnten Rollstuhlfahrer nur derart flache Strecken bewältigen (die meisten schaffen wesentlich mehr) und als wären unsere Städte außerhalb der Unterführungen überall so flach – dies gilt jedenfalls im bergigen Tübingen keinesfalls.

In der Schweiz kann man sehen, dass weniger Dogmatismus ein Gewinn für alle ist. Dort sind Rampen mit zehn Prozent Steigung erlaubt. Die passen in jeden Bahnhof und sind mittlerweile auch überall gebaut, weil man sie bezahlen kann. Man verpasst als Familie mit Kinderwagen oder als alter Mensch mit Gepäck den Anschlusszug nicht mehr, weil man ewig auf den überlasteten Aufzug warten muss. Und als Rollstuhlfahrer muss man sich nicht tragen lassen, wenn der Aufzug mal wieder ganz ausgefallen ist. Schweizer Rampen sind für alle die weitaus bessere Lösung, auch wenn sie für eine kleine Minderheit der Minderheit der Behinderten nicht ganz so komfortabel sind wie die barrierefreien Lösungen in Deutschland. Das gelassen auszusprechen ist nach meiner Erfahrung aber so gut wie unmöglich.

Ähnliche Tabus wurden um das Thema Inklusion in Schulen errichtet. Sie wurde unter Berufung auf ein Menschenrecht an Teilhabe sofort und für alle gefordert. Selbstverständlich ist es richtig, Menschen mit Behinderungen möglichst viel Teilnahme am gesellschaftlichen Leben zu ermöglichen. Und für viele Kinder ist die Regelschule sinnvoll. Ich habe das in meiner eigenen Schulzeit erlebt. Aber es geht eben nicht sofort an allen Schulen und für alle Kinder. Und es kostet sehr viel Geld. Daher kann man nur schrittweise vorangehen. Die meisten Menschen wollen Chancengleichheit für alle Kinder, aber nur die wenigsten akzeptieren, wenn dadurch der Lernerfolg der eigenen Kinder leidet. Solche Konflikte muss man analysieren, benennen und lösen, notfalls auch zu Kompromissen bereit sein. Es ist nicht ausreichend, sich auf ein Menschenrecht zu berufen, das in einer UN-Konvention formuliert wurde, und damit jedes praktische Problem für irrelevant zu erklären. Ganz und gar unstatthaft müsste es sein, sich solcher praktischer Probleme zu entledigen, indem man diejenigen, die sie nennen und lösen müssen, als behindertenfeindlich abkanzelt, wenn sie sagen, was ist.

In der Flüchtlingsdebatte sind die überzogenen Abwehrreaktionen, von denen hier die Rede ist, besonders weit verbreitet. Als ich mit vielen Parteifreunden einen Antrag für das grüne Bundestagswahlprogramm einreichte, der lediglich klarstellte, dass offene Grenzen für uns keine Option sein können und der notwendige Verzicht auf den Pakt mit der Türkei unabdingbar voraussetzt, dass Europa seine Außengrenze eigenständig kontrolliert, entgegnete Volker Beck sofort in der *taz*: »Palmers denunziatorischer Duktus gegenüber einer menschenrechtlich orientierten Flüchtlingspolitik ist unsäglich.« Politik für Flüchtlinge wird sehr häufig in den Vorwurf gepackt, wer sich ihr nicht voll umfänglich anschließe, trete die Menschenrechte mit Füßen.

Aus der Erfahrung von lang anhaltender Ausgrenzung, Abwertung und Verfolgung hat sich eine besonders starke Interessensvertretung der Homosexuellen in Deutschland herausgebildet. Mit dieser geriet ich unversehens in einen bis heute anhaltenden Konflikt, als ich im Frühjahr 2011 ein Thesenpapier für den Parteirat der Grünen schrieb, dem ich damals angehörte. Es war nur für die interne Diskussion gedacht, wurde aber dem Onlinemagazin *queer.de* zugespielt, das einen Halbsatz in dem Papier herausgriff. Angesichts von Umfragewerten über 20 Prozent hatte ich die Frage gestellt, was die neuen Wählerinnen und Wähler von der Stammwählerschaft unterscheidet und wie wir uns als Partei verändern müssten, um sie dauerhaft an uns zu binden. Als Beispiel für eine Forderung, die man dann nicht mehr so offensiv ins Zentrum rücken sollte, nannte ich das volle Adoptionsrecht für Schwule und Lesben, also das Recht, nicht nur Kinder eines Partners anzunehmen, die es bereits gab, sondern ein Kind zu adoptieren, das zu keinem Partner in einer leiblichen Kindesbeziehung steht. Ein Wunsch, den nur eine kleine Zahl von homosexuellen Paaren hegt, der aber vor nicht allzu langer Zeit noch bei vielen Menschen auf Ablehnung stieß. Micha Schulze schrieb dazu auf *queer.de*:

> Es ist kein Zufall, dass ein erneuter Vorstoß für eine homopolitische Rolle rückwärts gerade in Zeiten erfolgt, wo die Grünen in Umfragen bei weit über 20 Prozent liegen. Auf der Mainstream-Welle wittern offensichtlich homophobe Konservative wie Boris Palmer ihre Chance, ungeliebte Forderungen über Bord zu werfen. Spricht da etwa seine

> persönliche Abneigung gegenüber Schwulen und Lesben gegen jede politische Vernunft?
>
> Palmers Thesen widerlegen sich selbst: Zum einen ist die Mehrheit der deutschen Bevölkerung in Fragen des Adoptionsrechts deutlich weiter als der Tübinger OB, zum anderen liegt die aktuelle Stärke der Grünen nun mal gerade in ihrer Glaubwürdigkeit – nicht nur in ihrem Engagement gegen Atomenergie, sondern auch und gerade in ihrem Einsatz für die Rechte von Homosexuellen. Ohne die Stimmen von Schwulen und Lesben hätte die Ökopartei den Einzug in viele Parlamente verpasst.
>
> Palmers widerlicher Versuch, Minderheitenrechte gegenüber Wählerstimmen abzuwägen, ist der grüne Sündenfall in der Schwulen- und Lesbenpolitik. Der Verrat an einer Kernposition trifft die Ökopartei mitten ins Mark – auch wenn Fraktionschefin Renate Künast den grünen OB sofort zur Ordnung gerufen hat.
>
> Die Grünen müssen umgehend deutlich machen, dass homophobe Positionen, wie sie der Tübinger Oberbürgermeister vertritt (und sei es vielleicht auch nur aus taktischen Gründen), in der Partei keinen Platz haben. Dazu gehört auch die geschlossene Aufforderung an Boris Palmer, seinen Platz im 16-köpfigen grünen Parteirat zu räumen.

Ich war von der Wucht dieser Attacke verblüfft. Der Text war garniert mit einer Fotomontage, in der ich aus einem Mülleimer lugte, deren Deckel über mir zugeschlagen werden sollte. Überschrift: »Homophobie ins abseits!« Mit dem Vorwurf der Homophobie sehe ich mich seither so regelmäßig konfrontiert wie dem des Rassismus. Micha Schulze habe ich nie kennengelernt. Das Kainsmal der Homophobie hat er mir allein anhand eines Halbsatzes zur Adoption angeheftet. Ich bin der festen Überzeugung, dass eine so radikale Verurteilung wegen sachlicher

Differenzen der Sache der Schwulen und Lesben nicht dienlich ist.

Dass es auch anders geht, hat die erfolgreiche Volksabstimmung in Irland über die Gleichstellung gleichgeschlechtlicher Lebenspartnerschaften mit der Ehe gezeigt. Damals freuten sich viele Verfechter dieser Forderung zu Recht. Positive Beispiele dieser Art zu nutzen und Verständnis für die Menschen, die sich mit solchen Veränderungen noch schwertun, machen das Ziel leichter erreichbar. Der Beschluss des Bundestags, die »Ehe für alle« zu gestatten, belegt das eindrücklich. Dem Wortlaut des Gesetzes nach ist die Ehe nun auch für gleichgeschlechtliche Paare offen. Dynamik kam in die Debatte aber erst, als die Forderung mit dem Begriff »Ehe für alle« in Verbindung gebracht wurde. Auch wenn die Protaganisten damit primär versuchten, die Ehe auch für diejenigen zu öffnen, die sich keinem Geschlecht mehr zuordnen, hatten sie eine Forderung gefunden, die nicht ausgrenzt oder provoziert, sondern das Gemeinsame betont. Die meisten Menschen werden gar nicht gemerkt haben, dass damit auch das volle Adoptionsrecht für homosexuelle Paare eingeführt wurde. Das ist völlig in Ordnung. Denn in der Realität dürfte es kaum eine zweistellige Zahl von Adoptionen pro Jahr geben, bei denen ein homosexuelles Paar ein Kind annimmt, das von keinem der beiden Partner abstammt.

Meiner Partei kommt in diesem Diskurs eine Schlüsselrolle zu. Seit der Gründung verstehen wir uns als Anwälte von Minderheiten, Benachteiligten und Entrechteten. Und das ist auch gut so. Wir sind in dieser Debatte stilbildend. Teils getrieben durch den politischen Wettbewerb, in dem zugespitzte Forderungen mehr Gehör finden als vermittelnde und ausgleichende Positionen, teils aus dem Impuls, den Betroffenen eine Stimme zu verleihen, wenden wir Sexismus, Rassismus, Homophobie oder Xenophobie als Vorwurf mit einer zu niedrigen Hemmschwelle auf zu viele Menschen und Situationen an. Die Ehe für alle haben wir auf unserem Bundesparteitag im Juni 2017 ganz schlicht zu einer Bedingung für den Eintritt in eine Regierung erklärt, nicht zum Lackmustest für Homophobie in der Union. Dann kam sie innerhalb von zwei Wochen zustande.

Es würde die emanzipatorischen Bewegungen noch weiter in die Mitte der Gesellschaft rücken, wenn sie ihren sicheren Platz in derselben anerkennen und sich sowohl in der Sprache als auch in der Wahl der Sanktionen bewusst würden, dass der jeweilige Widerpart längst auf dem Rückzug und am gesellschaftlichen Rand ist. Der Journalist Hans Monath hat das in einem mit dem Theodor-Wolff-Preis ausgezeichneten Essay unter dem Titel »Der Hochmut der Vernünftigen« so ausgedrückt: »Der Kampf für Minderheitenrechte ist ein aufklärerischer Akt. Sofern er aber blind ist für seine Wirkung auf Gruppen von Menschen, die diesen Kampf kritisch sehen, und blind ist für soziale Unterschiede, kann er die Gegner der Aufklärung stärken. Darin liegt seine gefährliche Dialektik.«

Dies ist kein Plädoyer, die immer noch zahlreichen rassistischen, sexistischen oder homophoben Übergriffe und Äußerungen zu bagatellisieren, ganz im Gegenteil: Würde man die gravierenden Fälle schärfer von sogenannten »Alltagsformen« der jeweiligen Haltung trennen und sie nicht mit der gleichen Unerbittlichkeit verfolgen, so würde der gesellschaftliche Konsens gegen jede Art von Diskriminierung sich weiter festigen und verbreitern. Es reicht eben nicht, gute Absichten zu haben, man muss auch daran denken, wie man die selbst gesteckten Ziele erreicht. Es ist Zeit für eine Emanzipation des emanzipatorischen Diskurses.

4
Lösungen

Wir schaffen das – jetzt!

Der Ausgangspunkt für dieses Buch ist ein Facebook-Eintrag, den ich am 16. Oktober 2015 ins Netz gestellt habe: »Wir schaffen das nicht. Über eine Million Flüchtlinge in einem Jahr kann man noch reden. Das wirft auch schon nahezu jede Planung um und produziert Notlösungen von Tag zu Tag. Über 10 000 Flüchtlinge pro Tag kann man nicht mehr reden. Wenn das anhielte, kämen in den nächsten zwölf Monaten 3,65 Mio. Menschen nach Deutschland. Es tut mir leid, das schaffen wir nicht. Die Politik muss handeln, sonst implodiert unser Aufnahmesystem und der soziale Frieden im Land.«

Verlinkt hatte ich einen Text aus *Spiegel Online*, mit folgendem Eingangstext: »Bundesländer registrieren in 40 Tagen 409 000 Flüchtlinge. Rund 10 000 Flüchtlinge sind nach Informationen des SPIEGEL zuletzt täglich in Deutschland erfasst worden. Die Verwaltungsgerichte sind angesichts der vielen Asylverfahren überfordert.«

Vierzig Tage, das war der Zeitraum ab der Öffnung der österreichisch-ungarischen Grenze. Seit dem 4. September 2015 war die gesamte Balkanroute durchgängig bis Deutschland frei. Die Bilder aus dem Münchener Hauptbahnhof waren um die Welt gegangen. Nun zeigte sich, dass das kein einmaliger Akt der Humanität war. Zumindest gab es keinerlei Anzeichen, dass die Zahlen bald wieder geringer werden könnten. Im Gegenteil, die Bilder von Flüchtlingstrecks auf der gesamten Balkanroute erweckten eher den Eindruck, dass der Zustrom noch lange anhalten könnte.

Heute wissen wir, dass es anders kam. Die Zahl der in Deutschland ankommenden Flüchtlinge ist nach etwa 900 000 im Jahr 2015 auf nur noch 300 000 im Jahr 2016 zurückgegangen. Die staatliche Flüchtlingshilfe läuft heute wieder ziemlich rund. Selbst Berlin hat die letzten Notunterkünfte in Hallen mittlerweile aufgelöst. Das Thema ist weitgehend aus den Schlagzeilen verschwunden. Hatte Angela Merkel also einfach nur Recht?

Die Bundeskanzlerin hat in einem Interview zum ersten Jahrestag der Grenzöffnung in der *Süddeutschen Zeitung* im August 2016 ihre eigenen Worte auf überraschende Weise neu interpretiert: »Wir schaffen das« habe immer auch umfasst, die Kontrolle über die Außengrenze der EU zurückzuerlangen und die Flüchtlingszahlen zu reduzieren. Eine Deutung, die sich zumindest in der öffentlichen Diskussion des Herbstes 2015 nirgends finden lässt. »Wir schaffen das« wurde in dieser Phase von den meisten Menschen als Appell an die Leistungskraft des Landes verstanden, die Flüchtlinge, die zu uns kommen, gut zu aufzunehmen, nicht als Appell an die Grenztruppen auf dem Balkan oder den türkischen Präsidenten, den Flüchtlingsstrom zu unterbrechen.

Wer heute sagt, all die Befürchtungen, die im Herbst 2015 geäußert wurden, seien nicht eingetreten, der muss einräumen, dass der Hauptgrund dafür schlicht und einfach der Rückgang der Flüchtlingszahlen um zwei Drittel gewesen ist. Hätte es den Pakt mit der Türkei und die Entscheidung der Balkanstaaten, die Grenzen zu schließen, nicht gegeben, wären die Flüchtlingszahlen mit Sicherheit unverändert hoch, wenn nicht noch höher. Und dann hätten wir heute eine völlig andere Lage in den Städten und Gemeinden, in den Behörden und in den Parlamenten.

Das Phänomen, dass Warnungen nachträglich als unbegründet erscheinen können, obwohl sie berechtigt waren, kennen wir Grüne aus anderen Zusammenhängen gut, denn auf drohende Katastrophen rechtzeitig aufmerksam zu machen, ist oft unsere Aufgabe. Anfang der achtziger Jahre fürchteten die Deutschen neben dem Atomkrieg vor allem das Waldsterben. Saurer Regen war eine wesentliche Quelle für die Entstehung meiner Partei. Der Wald steht noch, über Waldsterben redet heute niemand mehr. Das bedeutet aber keinesfalls, dass die Warnungen davor falsch oder auch nur übertrieben gewesen sind. Der Wald war wirklich vom Tod bedroht, nur die Warnung vor dem Waldsterben hat das Waldsterben verhindert. Denn deswegen wurden teure Filteranlagen an den Kohlekraftwerken installiert, um die Schwefeloxide aus den Abgasen zu eliminieren und so die todbringende Übersäuerung der Waldböden zu stoppen. Wenn Kassandra Gutes bewirkt, widerlegt sie sich durch ihre Warnungen selbst.

Für ein faires Urteil über Warnungen vor einer Überlastung Deutschlands durch die Flüchtlingszahlen des Herbstes 2015 sollte man sich in diese Zeit zurück versetzen.

Mit der Nachricht, dass in nur 40 Tagen 409 000 Menschen ins Land gekommen seien, wurde klar, dass wir in diesem Jahr mit einer Million Flüchtlingen rechnen mussten. Im Oktober 2015 ließ sich unsere Lage vor Ort kurz zusammenfassen: Wir wussten nicht, wie viele Flüchtlinge am nächsten Tag vor der Tür stehen werden, die Busse wurden mit einem Vorlauf von wenigen Stunden angekündigt. Wir wussten kaum noch, wohin wir die Menschen bringen sollten, Turnhallen waren die letzte Reserve, auf dem Tübinger Festplatz plante das Land bereits eine Zeltstadt für den Winter. Wir wussten nicht, wer diese Menschen waren, woher sie kommen, welche Fähigkeiten sie haben, wie viele Familienangehörige sie nachholen werden, wann ihr Asylverfahren begonnen wird und ob sie Anspruch haben zu bleiben.

Wir wussten nur: Es werden jeden Tag mehr und kein Ende ist abzusehen. Alles, was ich dazu von der Kanzlerin hörte, war der schöne Satz: »Wir schaffen das.« Mich trieb das um. Am meisten Sorgen machte mir die Perspektive. Wir hatten keine Chance, uns um die Menschen zu kümmern, die da kommen, geschweige denn, die Voraussetzungen für ihre Integration zu schaffen. Also schrieb ich meine Antithese ins Netz.

Die Reaktionen waren von Anfang an scharf, zahlenmäßig aber noch im Rahmen. Ich erhielt Zuspruch (»Endlich sagt einer mal, wie es aussieht!«) und vehementen Widerspruch (»Wenn er es nicht schafft, soll er sein Amt wegen Unfähigkeit abgeben!«). Erst vier Tage später rief mich ein Redakteur der *Südwest Presse* an, erbat einige Erläuterungen und rückte einen kleineren Text zu meiner These ins Blatt. Darauf wurde *Spiegel Online* aufmerksam und von nun gab es kein Halten mehr. Am 22. Oktober begründete ich in den *Tagesthemen* meine These:

»Der Bund müsste zehnmal mehr Geld geben, um so viele Menschen unterzubringen. Den Wohnungsbau müssten wir drastisch beschleunigen, da gibt es keinerlei gesetzliche Erleichterungen. Wir können das schon schaffen, aber da müssen wir ganz anders an die Aufgabe herangehen. Und vor allem müssen wir auch mit der Gesellschaft ganz anders reden. Denn allein mit einem Durchhalteappell ist die Aufgabe nicht mehr zu lösen. Wir müssen auch deutlich machen, auf die Flüchtlinge kommt eine schwere Zeit bei uns zu, viele werden auf lange Zeit in Notunterkünften, in Hallen leben müssen, wo es schwierige Verhältnisse gibt. Und auf unsere Gesellschaft kommt eine Aufgabe zu, die wirklich mit der Wiedervereinigung vergleichbar ist. Da braucht es eine Blut-Schweiß-und-Tränen-Rede und sehr viel mehr Anstrengungen, damit wird es schaffen können.«

Mit diesem Tag war ich ungewollt und unvermutet mitten in der bundesdeutschen Asyldebatte angekommen. Ein grüner Oberbürgermeister, der einer CDU-Kanzlerin widerspricht, die sagt, wir schaffen das, die Flüchtlinge aufzunehmen. Das stand quer zu den politischen Lagern. Von nun stand ich in der eigenen Partei unter massiver Beobachtung und erhielt viel Beifall von der ganz falschen Seite. Von meiner Position abrücken konnte und wollte ich nicht. Mir schien eine nüchterne Debatte über unsere Lage zwingend erforderlich. Panikmache empfand ich so wenig hilfreich wie Schönfärberei.

Glücklicherweise sind wir heute in einer besseren Lage. Die Debatte über die Flüchtlingspolitik hat sich versachlicht. Auch wenn es immer noch extreme Äußerungen auf beiden Seiten des politischen Spektrums gibt, hat sich doch ein Grundkonsens herausgebildet, den man kurz so zusammenfassen kann: »So wie es jetzt läuft, schaffen wir es.« Wir helfen also weiter großzügig, wir arbeiten intensiv an der Integration der Bleibeberechtigten, wir versuchen die Rückkehr der abgelehnten Asylbewerber zu erreichen, wir unterstützen eine Sicherung der europäischen Außengrenzen. Die Partei, die sich außerhalb dieses Minimalkonsenses stellt, die AfD, ist auf einen Wert nur noch knapp über fünf Prozent zusammengeschrumpft.

Den Schluss dieses Buches möchte ich dazu nutzen, einen optimistischen Blick auf das Erreichte und das in Zukunft noch Erreichbare zu werfen. Wenn wir es wirklich schaffen wollen, haben wir noch eine Menge zu tun.

Flüchtlinge fordern und fördern: Der Gmünder Weg

Wer im Sommer 2013 in Schwäbisch Gmünd am Bahnhof ausstieg, der wurde willkommen geheißen. Nicht von Einheimischen, sondern von Flüchtlingen, die bereitstanden, um dabei zu helfen, Koffer und Gepäck zum Bus oder zum Auto zu tragen. Das war eine Idee des Schwäbisch Gmünder Oberbürgermeisters Richard Arnold. Er bot Flüchtlingen in seiner Stadt an, für 1,05 Euro die Stunde diese Arbeit zu machen, und viele waren dazu begeistert bereit. Endlich eine sinnvolle Tätigkeit. Endlich eine Chance, den Tag zu etwas zu nutzen. Endlich Begegnungen mit den Menschen in dem Land, in dem man sich ein neues Leben aufbauen will.

Auch die Reisenden waren froh. Wer schon mal versucht hat, am Bahnhof jemanden zu finden, der beim Gepäcktragen hilft, wird feststellen, dass das auf mittelmäßig frequentierten Bahnsteigen schwierig werden kann. Solche Hilfe wird jedenfalls keinesfalls selbstverständlich angeboten. Gerade ältere Menschen trauen sich oft nicht, aktiv um Hilfe zu fragen, weil sie denken, wenn sie nicht angeboten werde, könne man sie auch nicht erwarten.

Eine gute Sache also, sollte man meinen. Das wird ein Erfolgsmodell. Doch das Gegenteil war der Fall. Das Gmünder Projekt schaffte es in die bundesweiten Medien. Die Deutsche Bahn kam massiv unter Druck. Asylbewerber zu Kofferträgern machen? Das sei doch entwürdigend. Im Internet: »Rassismus! Herrenmenschen erheben sich über Araber und Afrikaner.« Rechtlich war das Projekt zulässig. Flüchtlingen können sogenannte Arbeitsgelegenheiten angeboten werden, wenn damit nicht negativ in den Arbeitsmarkt eingegriffen wird. Das ist hier der Fall: An Bahnhöfen wie in Schwäbisch Gmünd gibt es schon lange keine Gepäckträger mehr. Niemand verliert durch eine solche Arbeitsgelegenheit für Flüchtlinge den Arbeitsplatz. Trotzdem beendete die Bahn die Kooperation. Der moralische Druck war zu groß.

Richard Arnold ließ sich davon nicht entmutigen. Schwäbisch Gmünd führte 2014 eine Gartenschau durch – eine »Gartenschau für alle«, wie Arnold immer wieder betonte. Deshalb sollten auch Flüchtlinge dabei sein, denn das Konzept lebte vom Engagement von Tausenden ehrenamtlich Tätigen, die Führungen machten, sich um die Anlagen kümmerten, den Weg wiesen oder Karten kontrollierten. Als ich die Schau besuchte, trafen wir auf Schritt und Tritt Helfer. Die Asylbewerber kannte Arnold oft mit Namen, konnte ihre Geschichte erzählen und mit ihnen lachen und plaudern. Die Gartenschau hatte einen Streichelzoo für Kinder. Um die Ziegen kümmerte sich ein Flüchtling aus Afghanistan, denn er war vor seiner Flucht Ziegenhirte.

Richard Arnold prägte für seinen Ansatz der Flüchtlingsarbeit den Begriff des Gmünder Wegs. Das Prinzip könnte man auch mit »Fordern und Fördern« beschreiben. Ein echtes Erfolgskonzept. Und quer zu den Konzepten der politisch leider unversöhnlichen Lager. Mit seiner CDU ist Arnold regelmäßig im Clinch. Er wehrt sich dagegen, dass gut integrierte Asylbewerber abgeschoben werden, wie es Innenminister Strobl (CDU) praktiziert. Er betreibt Integration vom ersten Tag an. Er geht persönlich auf die Flüchtlinge zu. Er sucht ihre Qualifikationen und gibt ihnen die Chance, sich einzubringen. Das geht so weit, dass er persönlich Wohnungen und Ausbildungsplätze vermittelt. In den ländlich geprägten Stadtteilen von Gmünd gab es nach einer längeren Schrumpfungsphase Leerstand. Er ging auf ältere Menschen mit großen Häusern zu, vermittelte ihnen Asylbewerber als Mieter, holte diese damit aus Sammelunterkünften und verschaffte den oft einsamen alten Leuten neue Kontakte und Hilfe im Haushalt.

Arnold ließ sich aber auch nicht von Illusionen leiten. Seine Asylbewerber wussten: Wer sich auf den Gmünder Weg begibt, wer Arbeit, Zuwendung, Wohnung und Integration will, über das gesetzliche Mindestmaß hinaus, das leider oft eher fahrlässige Ignoranz bedeutet, der muss sich einbringen, der muss etwas leisten, sich für die Gemeinschaft interessieren und natürlich die Gesetze achten.

Wie wichtig es ist, auch etwas zu fordern, wurde mir klar, als ich in Tübingen im Sommer 2016 eine Initiative ergriff, Asylbewerbern dabei zu helfen, ihre Fahrräder zu reparieren und die Verkehrsregeln zu erlernen. Ich erlebte eine herbe Enttäuschung. Wir hatten ein Dutzend Fahrlehrer, Übersetzer und Monteure sowie einen Verkehrsübungsplatz aktiviert. Wir hatten über die Helferkreise ganz direkt geworben. Wir hatten einen Fahrdienst organisiert, von der Wohnung zum Übungsplatz. Wir hatten persönliche Zusagen eingesammelt. Und dennoch war die Hälfte der Asylbewerber, die abgeholt werden sollte, zum Termin nicht da oder hatte keine Lust mitzukommen.

Ich konnte mir das nicht erklären und schilderte es Richard Arnold bei einem Abendessen. Er sagte, es überrasche ihn nicht. In den Kulturkreisen, aus denen die meisten Flüchtlinge kommen, seien solche Angebote und Zusagen nicht verbindlich. Wenn kein unmittelbarer Eigennutz erkennbar sei oder das Verständnis für den Nutzen fehle – der kostenlose Radcheck zur Verbesserung der Verkehrssicherheit war wohl nicht nützlich genug –, dann sei eine solche Enttäuschung vorprogrammiert. Er habe daher alle seine Angebote immer mit klaren Erwartungen kombiniert und verdeutlicht, dass die Flüchtlinge das, was sie selbst wollen, nur erhoffen können, wenn sie auch seine Erwartungen und die der Aufnahmegesellschaft erfüllen. Dieses Konzept gehe auf. Mich hat das überzeugt.

Richard Arnold berichtet davon, dass viele Betriebe froh sind über die motivierten Lehrlinge, die er vermitteln konnte. Er kennt die älteren Damen, die sich über freundliche und hilfsbereite junge Männer aus fernen Ländern freuen. Wenn man mit ihm durch die Innenstadt geht, trifft man junge männliche Flüchtlinge, die fröhlich auf ihn zugehen. Der Gmünder Weg ist erfolgreich. Aber leider nicht leicht übertragbar.

Zunächst braucht es einen so offenherzigen, charismatischen Menschenfänger wie Richard Arnold als OB, um das überhaupt wagen zu können. Ich habe mich geprüft, aber mich überfordert diese Aufgabe. Ich schaffe das nicht. Dann braucht es auch eine Reihe von Voraussetzungen. In einer Stadt, die jahrelangen Wegzug verkraften musste, ist es leichter, ein Wohnungskonzept zu realisieren als in einer Schwarmstadt, wo nahezu jeder Quadratmeter belegt ist.

Und das deutsche Aufnahmesystem begünstigt den Gmünder Weg nicht, es steht ihm im Weg. Den Ärger, den die Bahn mit der Debatte über Kofferträger hatte, kann man übertragen. Es gibt in Tübingen kaum 30 Arbeitsgelegenheiten für Flüchtlinge, weil das den Arbeitgebern so schwer gemacht wird. Die Flüchtlinge dürfen auch nur zu diesen Bedingungen arbeiten, solange sie nicht anerkannt sind. Gerade anerkannte Flüchtlinge sind auf lange Zeit zur Untätigkeit verdammt. Forderungen gegenüber Asylbewerbern, gar das Binden von Leistungen an Leistung, sind im System überhaupt nicht vorgesehen. Alle haben denselben Anspruch.

Wenn man über die Grenzen dieses Systems nicht mit großem persönlichen Einsatz hinausgehen kann, ist Fordern und Fördern gar keine Option. Fordern darf man nichts, fördern könnte man nur im Ehrenamt oder mit erheblichen zusätzlichen Mitteln. Sanktionen für kleine Rechtsverstöße gibt es auch kaum. Dass ein väterlicher Richard Arnold einen seiner Schützlinge an die Seite nimmt und ihm die Ohren lang zieht, wenn es nötig ist, das ist im Asylrecht nicht vorgesehen.

Richard Arnold macht sich seit vielen Jahren für eine andere Asylpolitik stark. Eine menschlichere, aber auch menschengemäßere, ohne Illusionen und Aversionen. Er setzt sich als CDUler für ein Einwanderungsgesetz und einen »Spurwechsel« ein. Integration soll sich lohnen. Wer gebraucht wird am Arbeitsmarkt, soll hierbleiben dürfen. Egal, wie das Asylverfahren ausgeht. Wir haben dazu gemeinsam mehrere öffentliche Vorstöße gemacht, unter anderem auch durch einen Namensbeitrag in der *Zeit*. Dort schrieben wir Anfang 2016, als die Situation in unseren Städten noch äußerst kritisch war:

> Wir sind überzeugt, dass wir es in den Städten und Gemeinden dennoch schaffen können, aber nur, wenn jetzt die Weichen neu gestellt werden. Deshalb fordern wir, zwischen Asyl und Einwanderung klar zu trennen und zugleich einen möglichst leichten Übergang herzustellen.
>
> Das bedeutet, deutlich, aber zugleich mitmenschlich zu formulieren: Wir nehmen auch weiterhin Flüchtlinge in großer Zahl auf, doch ist das Nothilfe, nicht Einwanderung. Wer um sein Leben fürchtet, findet bei uns Zuflucht. Diese Nothilfe ist mit dem Ziel einer Rückkehr in das Herkunftsland untrennbar verbunden. Das heißt, der Zugang zu Sozialleistungen bleibt begrenzt, die Aufnahmestandards entsprechen dem Anspruch der Barmherzigkeit. Ansprüche an einen dauerhaften wirtschaftlichen Aufstieg sind mit der Asylgewährung nicht verbunden.
>
> Zugleich aber wird eine Brücke zur Einwanderung gebaut, die bis heute völlig fehlt. So wählen alle klassischen Einwanderungsländer aus, wer ins Land kommen darf. In aller Regel sind dafür Qualifikation, Integrationsfähigkeit, Spracherwerb und Arbeit maßgeblich, nicht aber Religion, Hautfarbe oder ethnische Zugehörigkeit. Deutschland hat bis heute kein Einwanderungsgesetz zustande gebracht, obwohl wir Einwanderung dringend brauchen. In den nächsten Jahren gehen die geburtenstarken Jahrgänge in Rente, es fehlt jährlich eine sechsstellige Zahl an Arbeits-

kräften. Hier könnte ein Spurwechsel von Asyl zu Einwanderung ansetzen: Wer es schafft, die deutsche Sprache zu erlernen und dauerhaft Arbeit zu finden, erhält als Flüchtling ein uneingeschränktes Aufenthaltsrecht in Deutschland. Dazu braucht es ein für alle Menschen transparentes System, die Einwanderungsampel: Wer die Zuwanderungskriterien erfüllt, kommt auf Grün, wer noch Teile – wie Sprache und Qualifikation – erwerben muss, sieht die Ampel auf Gelb. Ansonsten steht sie auf Rot.

Bis ein in Deutschland geborenes Kind eine Arbeit aufnehmen kann, sind volkswirtschaftlich Investitionen von mehr als 250 000 Euro nötig. Wenn wir die Hälfte dieser Summe für Integration und Ausbildung eines Flüchtlings aufwenden, ist dies angesichts der demografischen Lücke ein Gewinn. Wir benötigen ein engagiertes und finanziell mutiges Programm zur Qualifikation von Flüchtlingen für den deutschen Arbeitsmarkt – nicht kleckern, sondern klotzen. Weil die Kommunen das leisten müssen, aber nicht allein stemmen können, muss noch dieses Jahr ein Einwanderungsgesetz in Kraft treten und die Finanzierung der Integrationsleistungen im Rahmen einer Gemeinschaftsaufgabe nach Artikel 91 des Grundgesetzes definiert werden: 50 Prozent der Kosten übernimmt der Bund, den Rest Länder und Gemeinden.

Das ist ein Kraftakt, der lohnt: Jeder erhielte eine faire Chance, sich durch eigene Anstrengung einen Platz in unserer Gesellschaft zu verdienen. In einem solchen System würde die bestehende Unsicherheit über Qualifikations- und Integrationsfähigkeit der Flüchtlinge nicht zum sozialpolitischen Bumerang oder zur Projektionsfläche für Ängste. Wer bei uns bleibt, ist eine Bereicherung für unsere Gesellschaft. Flüchtlinge fördern und fordern, ohne Deutschland zu überfordern – dieses Projekt würde den Namen Agenda 2020 verdienen.

Die Reaktionen von unseren beiden Parteien sind leider nahe Null. Was wir als Praktiker für nötig halten, wird zu selten gehört, weil es den politischen Weltbildern im Weg steht.

Arnolds CDU lehnt einen Spurwechsel ab, weil sie befürchtet, das könnte eine Sogwirkung entfalten und noch mehr Flüchtlinge ins Land bringen. Das läuft darauf hinaus, dass wir soziale Probleme im Land hinnehmen, um Flüchtlinge abzuschrecken. Wenig erfolgversprechend. Und unrealistisch, denn auch von den abgelehnten Asylbewerbern bleibt empirisch mehr als die Hälfte im Land. Es wäre besser, sich um sie zu kümmern und ihnen Perspektiven zu bieten.

Von meinen Grünen höre ich auch nicht viel. Ein Einwanderungsgesetz, das »Wohlverhalten«, »Leistungsbereitschaft« und »Integrationswillen« bis zur »Gesetzestreue« zu Bedingungen für einen Antrag macht, wird misstrauisch beäugt. Dagegen steht das Bild von Hilfsbedürftigen, von Traumatisierten, die man umsorgen muss und nicht unter Druck setzen darf. Für mich ein Missverständnis.

Dabei könnte ein Spurwechsel eine Win-Win-Situation für Geflüchtete und ein alterndes Deutschland schaffen. Wenn wir als Städte derzeit Aufträge im Baubereich ausschreiben, finden wir manchmal gar keine Auftragnehmer mehr. Viele Handwerksbetriebe suchen händeringend nach Lehrlingen. Auch im öffentlichen Dienst wird es immer schwieriger, Nachwuchs zu finden, ob nun für die Feuerwehr oder den einfachen Verwaltungsdienst. Der demographische Wandel schlägt in den kommenden zehn Jahren erst richtig zu am Arbeitsmarkt. Wir haben nie da gewesene Verrentungs- und Pensionierungszahlen zu erwarten. Die Jahrgänge der heute Zehn- bis Zwanzigjährigen sind um ein Drittel schwächer als die Jahrgänge der über 55-Jährigen. Wir laufen auf eine echte Krise unserer Wirtschaft zu, weil uns die Leute ausgehen.

Und gleichzeitig halten wir junge Männer zu Zehntausenden fern von der Arbeit, vermitteln ihnen keinerlei Perspektive, lassen nicht zu, dass sie ihre Chancen zu bleiben verbessern, indem sie sich anstrengen und einen Beruf erlernen und praktizieren, in dem sie gebraucht werden. Im Gegenteil, wenn es gerade notwendig scheint, harte Hand zu zeigen, dann werden besonders solche Menschen abgeschoben, weil die anderen, die weniger rechtschaffend sind, sich durch Klagen entziehen oder abtauchen. Richard Arnold fordert da von seinem CDU-Kollegen und Innenminister ein Mitspracherecht. Der lehnte trocken ab. Wenn auch noch die Kommunen mitreden, gelinge gar keine Abschiebung mehr. Lieber akzeptiert man sehenden Auges, dass jahrelange Anstrengungen von beiden Seiten – den Geflüchteten und der Aufnahmestadt – kaputt gemacht werden.

So bleibt Richard Arnolds Gmünder Weg leider ein Gmünder Phänomen, das sich gegen schlechte gesetzliche Rahmenbedingungen und politischen Druck behaupten muss, statt als Blaupause für eine gelingende Flüchtlingspolitik zu dienen. Er lässt sich davon selbstverständlich nicht entmutigen. Dafür bewundere und schätze ich ihn sehr.

Gebaute Integration: Das Tübinger Flüchtlingswohnkonzept

Wer aufmerksam durch Deutschland fährt, sieht vielerorts große Wohnanlagen an Siedlungsrändern, die erst in jüngster Zeit entstanden sind. Meist sind es einfache Containerlandschaften, die in Schnellbauweise errichtet wurden. Hier leben Deutschlands Flüchtlinge in großer Zahl. Das ist ein Fortschritt gegenüber Hallen und Zelten. Aber mehrere Hundert Menschen am Ortsrand, weitgehend unter sich, sind keine guten Voraussetzungen für Integration.

Wir haben uns deswegen in Tübingen zum Ziel gesetzt, die Integration schon beim Bauen zu beginnen. Dabei machten wir uns Erfahrungen zunutze, die wir seit 25 Jahren mit alternativen Baukonzepten in Tübingen gewonnen haben. Wir vergeben Grundstücke in der Regel nicht meistbietend, sondern nach Qualität des Konzepts. Das heißt, wir fordern von Bewerbern um ein städtisches Grundstück eine konkrete Vorstellung davon ein, was sie dort realisieren wollen. Unser Ziel ist es, einen lebendigen Stadtteil entstehen zu lassen. Wer dafür den größten Beitrag leistet, erhält den Zuschlag zum vorab definierten Festpreis.

Wer also nicht nur Wohnungen für Betuchte bauen will, sondern einen Betrieb im Erdgeschoss mitbringt, Sozialwohnungen im Haus integriert, als Baugruppe Familien und Singles, Einheimische und Zugewanderte, Alte und Junge zusammenbringt, der erhält den Zuschlag. Auf diese Art und Weise haben wir in den letzten Jahrzehnten urbane Quartiere geschaffen, die wenig mit der Monostruktur eines klassischen Neubaugebiets gemein haben.

Als wir im Herbst 2015 die Aufgabe annahmen, in sehr kurzer Zeit Wohnraum für bis zu 2000 Flüchtlinge zu bauen, sah

Baubürgermeister Cord Soehlke die Chance, diese Erfahrungen auf den Bau von Flüchtlingswohnungen zu übertragen. Er schlug vor, städtische Grundstücke für den Bau von Flüchtlingswohnungen auszuschreiben und dabei darauf zu achten, dass von Anfang an günstige Bedingungen für Integration entstehen.

Dazu benötigten wir die passenden Grundstücke. Sie sollten groß genug sein, um eine stattliche Anzahl neuer Wohnungen und weiterer Nutzungen unterzubringen, sie sollten aber nicht zu groß sein und möglichst breit über die Stadt verteilt sein, um die Entstehung von sozialen Brennpunkten zu verhindern. Wir wollten gerade keine Gettos am Stadtrand, sondern mittendrin in den Quartieren bauen. Die Flächen mussten zudem im Eigentum der Stadt sein, sonst wäre eine schneller Baubeginn nicht machbar gewesen. Das war nicht einfach, aber mit etwas Kreativität doch machbar. Wir fanden Flächen auf untergenutzten Parkplätzen, alten Kraftwerksgeländen, in geplanten Entwicklungsbereichen oder bestehenden Quartieren.

Weil wir bewusst in Nachbarschaften planten, gab es auch Proteste aus den Nachbarschaften – ich habe davon weiter oben ausführlich berichtet. Einen Parkplatz aufzugeben oder eine Grünfläche, nur um bessere Bedingungen für Integration von Flüchtlingen zu schaffen, ist eine Erwartung, der sich nicht alle Menschen sofort anschließen können und wollen. Wir hatten daher auch einige hitzige Diskussionen zu bestehen, auch wenn die grundsätzliche Unterstützung fast immer gegeben war.

In den seltensten Fällen hatten wir bereits Baurecht auf den Grundstücken. Deshalb begannen wir im Februar 2016, wie im Kapitel über die Grenzen der Nachbarschaft berichtet, im Gemeinderat mit Bebauungsplanverfahren, die wir in öffentlichen Veranstaltungen der Stadtgesellschaft vorstellten. Die Reaktionen auf das Konzept waren überwiegend positiv, Kritik an den Vorhaben gab es jeweils nur in der eigenen Nachbarschaft. Wir konnten mit den Ausschreibungen beginnen.

Von der Resonanz waren wir alle beeindruckt. Es gingen mehr als hundert Bewerbungen ein, deren Träger bereit waren, für Flüchtlinge in Tübingen zu bauen. Darunter waren klassische Baugesellschaften, Investoren, Nachbarschaftsprojekte, Baugruppen und eine Vielzahl von bürgerschaftlich motivierten Vorhaben. Die Projekte kombinierten das Flüchtlingswohnen mit Sozialwohnungen, Eigentumswohnungen, Nachbarschaftstreffpunkten, Selbstbaukonzepten oder Boarding-House-Modellen für die Wissenschaft. Die Vielfalt und Qualität war so groß, dass wir mit Bedauern der Mehrzahl der Bewerber absagen mussten.

An einem Standort, dem Hechinger Eck, haben wir drei Parzellen an drei ganz unterschiedliche Bewerber vergeben. Ein Haus wird von einer Baugruppe mit einer gemeinsamen Architektin erstellt, deren Mitglieder allesamt Menschen aus der näheren Umgebung sind. Sie bauen also die Wohnungen ihrer künftigen Nachbarn. Bestandteil ihres Konzepts ist ein Gemeinschaftsgarten, dessen Produkte die Bewohner in einem Marktstand an der Straße verkaufen können. Ein zweites Haus errichtet eine Baugenossenschaft, die mit einer Stiftung kooperiert und ein ambulantes Angebot für Menschen mit Behinderungen einrichtet. Das dritte Gebäude entsteht durch Kleinanleger, deren Kapital von einer Bürger-Wohnbau-Gesellschaft gesammelt wird. Andere Standorte zeichnen sich durch die Mischung zwischen Einheimischen und Geflüchteten aus: Es entstehen Wohnungen für beide Gruppen im selben Block.

Die Finanzierung der Bauvorhaben erfolgt zu einem Viertel über Fördermittel des Landes, die von der Stadt als Antragsteller weitergereicht werden. Die ersten zehn Jahre sind die Bauherren verpflichtet, die für Flüchtlinge vorgesehenen Wohnungen zu einem vorab ermittelten Festpreis an die Stadt zu vermieten, die ihrerseits die Flüchtlinge einweist. Nach zehn Jahren endet die Zweckbindung, in vielen Fällen werden die Wohnungen dann aber als vergünstigte Sozialwohnungen angeboten.

Auf diese Weise entstehen nicht nur Wohnungen für Flüchtlinge, sondern dauerhaft preiswerte Wohnungen für alle.

Das Engagement für Flüchtlingsbauten ist in Tübingen nur die Spitze eines Eisbergs an Einsatzbereitschaft. Besonders in der Anfangsphase der Flüchtlingsaufnahme, als es für die überforderten Behörden kaum noch möglich war, die Versorgung der Flüchtlinge zu leisten, arbeiteten viele ehrenamtliche Helfer teilweise bis zur Erschöpfung. Als 30 Kilometer von Tübingen entfernt im Industriegebiet der Nachbarstadt Rottenburg eine Halle zu einer Erstaufnahmeeinrichtung des Landes umfunktioniert wurde, da waren auch viele Tübinger zur Stelle und leisteten Hilfe, wie das Rote Kreuz nicht ohne Stolz zu berichten wusste. Später, als die Situation sich normalisierte und die Flüchtlinge in kommunale Einrichtungen kamen, hatten wir oft für jeden Flüchtling einen ehrenamtlichen Helfer an der Seite. Jede Einrichtung, die wir eröffneten, konnte sich auf einen Helferkreis verlassen.

Wie weit das Engagement gehen kann, zeigt die Geschichte einer elfköpfigen Familie aus Syrien. Der Vater hatte sich im Herbst 2015 mit einem Kind bis nach Deutschland durchgeschlagen. Er berichtete seinem ehrenamtlichen Freundeskreis von seinem furchtbaren Schicksal. Die Familie war aus dem syrischen Kriegsgebiet vor dem IS geflohen. Das Geld hatte bei weitem nicht gereicht, um allen die Reise nach Europa zu finanzieren. Also ließ er Frau und neun Kinder zurück, reiste mit einem Sohn bis nach Deutschland. Er wurde anerkannt, hatte auch ein Recht auf Familiennachzug, doch die Familie bekam keinen Termin in einer Botschaft. Der Nachzug war unmöglich.

In dieser Situation sammelte der Helferkreis in kürzester Zeit rund 15 000 Euro Spenden ein. Eine Delegation besuchte mich in der Sprechstunde und bat mich um Unterstützung Die Familie war in den Sudan gereist, in der Hoffnung, dort einen Botschaftstermin zu bekommen. Doch auch dies erwies sich als schwierig. Ich schrieb einen Brief an den damaligen Außenminister Frank-Walter Steinmeier, mit der dringenden Bitte, der Familie die Zusammenführung zu ermöglichen und einen Botschaftstermin zu geben.

Durchgedrungen bin ich mit der Bitte leider nicht. Die Familie und der Freundeskreis mussten es selbst erreichen. Die Zeit drängte, denn ein Sohn war kurz vor dem Erreichen des 18. Lebensjahrs, dann wäre die Zusammenführung kaum noch gelungen und es bestand die Gefahr, dass er zur syrischen Armee eingezogen wurde. Nach einer längeren Odyssee durch mehrere Staaten des Nahen Ostens gelang es dem Helferkreis schließlich, einen Botschaftstermin in Istanbul zu erhalten. Die Familie kam im Sommer 2017 in Tübingen zusammen. Wir hatten glücklicherweise in dieser Zeit genügend Wohnraum gebaut und angemietet, um die insgesamt elf Personen in einem Haus unterbringen zu können. Die Freude der Helfer, die selbst Reisen in den Nahen Osten angetreten hatten und in manchen Fällen auch nicht auf Rosen gebettet waren, war riesengroß. Hier konnten helfende Menschen eine grausame Tragödie einer unschuldig vom Krieg getrennten Familie verhindern. Wahrlich ein leuchtendes Beispiel.

Für die Zeit, bis zur Fertigstellung unseres Flüchtlingsbauprogramms waren uns private Vermieter eine große Hilfe. Ich hatte wiederholt darum gebeten, der Stadt Wohnraum zur Unterbringung von Flüchtlingen anzubieten. Wir garantierten die Miete, soziale Betreuung und die Beseitigung von Schäden beim Auszug. So fanden wir viele Eigentümer von Häusern und Wohnungen, die an Flüchtlingen zu fairen Preisen vermieten wollten. Das war uns wichtig, wir zahlten nicht mehr, als der Mietspiegel vorgab, denn wir wollten den Markt nicht anheizen und keine Neiddebatten produzieren. Insgesamt konnten wir annähernd 150 Flüchtlinge auf diese Weise in privaten Wohnungen unterbringen.

Im Sommer 2017 sind die meisten Vorhaben unseres großen Wohnungsprogramms für Flüchtlinge tatsächlich im Bau. Die

Gesamtzahl der Wohnungen für Geflüchtete, die bis Ende 2018 fertiggestellt sein soll, wird mehr als 1300 Personen Platz bieten. In der Summe hat Tübingen aus einem mit 90 Millionen Euro ausgestatteten Fördertopf des Landes Baden-Württemberg mit dem hier dargestellten Flüchtlingsbauprogamm rund zwölf Millionen Euro erhalten. Das entspricht einem Anteil von 13 Prozent aller Fördergelder, obwohl die Stadt nur 0,8 Prozent der Bevölkerung des Landes ausmacht. Daran lässt sich ermessen, wie außergewöhnlich groß das Engagement der Stadtgesellschaft für diese Aufgabe ist. Die Vielfalt der Bauformen, der Architektur, der beteiligten Akteure und Nutzungsformen schafft ganz von selbst Begegnungen und beste Ausgangsbedingungen für Integration der geflüchteten Menschen. Wir können heute sagen: Wir schaffen das.

Flüchtlingspolitik nach der Willkommenskultur: Wir Grüne schaffen das

Die erste Wahl, an der ich teilnehmen durfte, war die Bundestagswahl 1990. Die Grünen flogen damals mit 4,9 Prozent aus dem Bundestag, weil sie das Thema der Zeit nicht erkannt hatten. Global und langfristig betrachtet ist der Klimawandel wichtiger als die deutsche Einheit. Die erste gesamtdeutsche Wahl mit dem Slogan »Alle reden von Deutschland, wir reden vom Wetter« zu bestreiten, war dennoch kein Erfolgskonzept. Menschen bewegen Themen in ihrem eigenen Lebensumfeld und ihrer Gegenwart mehr als Fragen in der Ferne oder weiter Zukunft. Eine ökologische Partei darf langfristige und global verantwortliche Politik niemals aufgeben, aber sie darf die näherliegenden Probleme der Menschen auch nicht ignorieren oder bagatellisieren.

Zwei Jahre später durfte ich erstmals an einer Landtagswahl teilnehmen. Das wichtigste Thema dieser Wahl war nicht landespolitischer Natur. Nach dem Zerfall Jugoslawiens kam eine bis dahin nicht gekannte Zahl von Asylbewerbern nach Deutschland. Mit 438 000 Anträgen auf Asyl wurde 1992, im Jahr der Landtagswahl in Baden-Württemberg, ein historischer Höchststand erreicht. Die Stimmung im Land habe ich noch in klarer Erinnerung. Ältere Männer versammelten sich in Wirtshäusern und schimpften lautstark auf die Asylanten. Ich erlebte das als engherzig bis feindselig. Vielfach schwangen deutschnationale Töne in den Reden mit.

Das Ergebnis der Wahl war für die Politik ein Schock: »Die Republikaner« zogen erstmals in das Parlament eines Flächenstaates ein. Als drittstärkste Kraft. Sie verdankten dies fast ausschließlich der Asyldebatte. CDU und SPD mussten mehr oder weniger dramatische Verluste hinnehmen und eine große Koalition bilden. Die Grünen mit Fritz Kuhn hingegen erzielten mit 9,5 Prozent für damalige Verhältnisse ein außerordentlich gutes Ergebnis. Sie hatten es verstanden, sich in der Debatte als Hüter des Grundrechts auf Asyl zum Gegenpol der Republikaner und ihrer Parole »Das Boot ist voll« zu machen. Das wurde belohnt.

Vor allem auf die SPD wuchs nach der Wahl in Baden-Württemberg der Druck, an einer Grundgesetzänderung zur Einschränkung des Asylrechts mitzuwirken. Ihr Zuchtmeister Herbert Wehner hatte angesichts steigender Asylbewerberzahlen schon Anfang der achtziger Jahre prophezeit: »Wenn wir uns weiterhin einer Steuerung des Asylproblems versagen, dann werden wir eines Tages von den Wählern, auch unseren eigenen, weggefegt.« Auf die dramatischen Ergebnisse der Landtagswahlen folgten 1992 die furchtbaren Szenen aus Rostock und Hoyerswerda und die Toten eines Brandanschlags von Mölln. Mir haben sich die Bilder der Tagesschau aus dieser Phase wie den meisten Zeitgenossen tief ins Gedächtnis eingegraben.

Für die einen waren diese Exzesse von Fremdenhass und Menschenverachtung der Grund, keinen Millimeter beim Grundrecht auf Asyl zurückzuweichen. Die Lehren aus der Nazizeit sollten nicht preisgegeben werden. Die anderen argumentierten umgekehrt, wenn man das Grundrecht auf Asyl im Kern bewahren wolle, dann müsse man es davor schützen, durch immer weiter steigende Zahlen jeden gesellschaftlichen Rückhalt und am Ende alles zu verlieren. Die SPD war entlang dieser Linie tief gespalten. Trotzdem erklärte die Führung unter dem kurzzeitigen Vorsitzenden Björn Engholm sich bereit, an einer Grundgesetzänderung mitzuwirken.

Der sogenannte Asylkompromiss wurde gezimmert. Der bis dahin schlank und eindeutig formulierte Artikel 16 des Grundgesetzes »Politisch Verfolgte genießen Asylrecht« wurde nach Auffassung der Kritiker »zerfleddert und entstellt«. Der Satz steht noch immer im Grundgesetz, aber er hat einen vielfach längeren Nachsatz erhalten, der zahlreiche Einschränkungen des Rechts auf Asyl enthält oder erst möglich macht. Ohne Grundgesetzänderung gäbe es keine »sicheren Herkunftsländer« und keine »sicheren Drittstaaten«, Regelungen, die es ermöglichen, Asylanträge leichter abzulehnen oder Asylbewerber leichter auszuweisen. Das Klima im Land war so abweisend, die Überforderung so groß, dass nur das Bündnis 90, die Grünen und die damalige PDS das Asylrecht in seiner weltweit einzigartigen und vorbildhaften Form erhalten wollten. Im Bundestag stimmten die beiden ostdeutschen Regionalparteien PDS und Bündnis 90 geschlossen gegen den Asylkompromiss, die SPD war hälftig gespalten. Das reichte für die Grundgesetzänderung, die seit 1993 in Kraft ist.

Für meine künftige Partei (ich bin den Grünen 1996 beigetreten) waren die vier Jahre in der außerparlamentarischen Opposition von 1990 bis 1994 prägend. Die Lehren aus dem Verlust der Parlamentsvertretung nach sieben Jahren erfolgreicher Behauptung als neuer vierter Kraft im Land waren schmerzhaft, doch sie wurden gezogen. Die Fundis um Jutta Ditfurth verließen die Partei, Joschka Fischer baute eine Fraktion auf, die nach dem gelungenen Wiedereinzug in den Bundestag den Weg zur ersten Regierungsbeteiligung ebnete. In vielerlei Hinsicht wurden die Grünen also pragmatisch.

In umgekehrter Weise wirkte aber die Erfahrung, als außerparlamentarische Vertretung der Anhänger des ursprünglichen Asylrechts in Westdeutschland gegen die gespaltene SPD auftreten zu können. Der erste Einzug in den Bundestag stand in enger Verbindung zur Friedensbewegung und den Protesten gegen den Nato-Doppelbeschluss. Die berühmte Demonstration im Bonner Hofgarten und die Menschenkette über die Schwäbische Alb sind Erinnerungen, die bei den Parteigründern bis heute nachwirken. Gegen die so bezeichnete »Abschaffung des Grundrechts auf Asyl« kamen im Dezember 1992 rund 400 000 Menschen in München zu einer Lichterkette zusammen, fast so viele wie ein Jahrzehnt zuvor in den Hofgarten. Das Zusammenstehen für das Grundrecht auf Asyl hat die Grünen ein zweites Mal gegründet und in den Bundestag zurückgebracht.

Die Grünen konnten sich seit der Grundgesetzänderung im Jahr 1993 über zwei Jahrzehnte als die Kraft im Parteiensystem verankern, die sich selbst als Menschenrechtspartei begreift und jede weitere Verschärfung des Asylrechts konsequent ablehnt. Es ist eine Art Dialektik der Geschichte, dass diese Rolle wesentlich auf dem intendierten Erfolg der von den Grünen so vehement bekämpften Grundgesetzänderung beruhte. Die Asylbewerberzahlen gingen nach 1992 drastisch zurück und erreichten 2007 mit rund 20 000 einen historischen Tiefstand. Deutschland war es gelungen, die Probleme von Flucht und Migration nach Süden auf die Anrainerstaaten des Mittelmeers zu verlagern. In dieser Situation war es leicht und richtig, Verbesserungen für Asylbewerber einzufordern, zum Beispiel die Abschaffung des nur zur Abschreckung gedachten Arbeitsverbots oder Geldleistungen statt Sachleistungen. Claudia Roth ist eine Symbolfigur dieser tief moralisch gegründeten Menschenrechtspolitik geworden, die viele Menschen mit den Grünen verbinden.

Diese Geschichte muss man kennen, wenn man die Rolle der Grünen in der zweiten großen Asylkrise verstehen will. Die Rolle der Anwälte der Menschenrechte und der Flüchtlinge ist so tief in die kollektive Identität meiner Partei eingebrannt, dass jeder Kompromiss mit der Preisgabe von Grundwerten verbunden ist. Als die Asylbewerberzahlen ab 2014 stark anstiegen, gerieten wir Grüne in den Schraubstock, in dem sich 20 Jahre zuvor die SPD befunden hat. Auf der einen Seite moralische Prinzipien und lange gehegte Überzeugungen, auf der anderen Seite die Mitverantwortung für das Land durch politische Macht. Die SPD wurde 1993 im Bundestag für eine Grundgesetzänderung gebraucht, die Grünen wurden 2015 für nahezu alle wesentlichen Asylgesetze im Bundesrat benötigt.

Auch im Jahr 2015 kam die große Fluchtbewegung zunächst vom Balkan. Es ist bis heute nicht ganz geklärt, warum sich plötzlich halbe Dorfgemeinschaften aus dem Kosovo, aus Albanien und den übrigen Ländern des Westbalkans auf den Weg nach Deutschland gemacht hatten. Viel spricht aber für die These, dass ein Urteil des Bundesverfassungsgerichts, das ganz im Sinne der Grünen ausfiel, dafür den Anlass geschaffen hatte: Die Verfassungshüter verwarfen wesentliche Inhalte des auf den Asylkompromiss von 1992 zurück gehenden Asylbewerberleistungsgesetzes und setzten eine deutliche Erhöhung der monatlichen Zahlungen an Asylbewerber fest, die 2015 durch ein Gesetz nachvollzogen wurde.

Die Argumente der Verfassungsrichter sind grüne Menschenrechtspolitik pur: Das physische und kulturelle Existenzminimum stehe jedem Menschen in Deutschland zu, es könne auch Asylbewerbern unabhängig von ihrem Verfahrensstand oder ihrer Aussicht auf Bleiberecht nicht vorenthalten werden. Dieser Überlegung kann man kaum widersprechen. Das enorme Wohlstandsgefälle zwischen dem Balkan und Deutschland, das man in wenigen Tagen geographisch überwinden kann, führt allerdings in der Konsequenz unausweichlich zu einem materiellen Anreiz, auch bei offensichtlicher Aussichtslosigkeit auf Gewährung von Asyl nach Deutschland zu kommen und Asyl zu beantragen. Verglichen mit der absoluten Tristesse in den ärmsten Dörfern auf dem Balkan ist das von den Richtern zum Maßstab erhobene Existenzminimum in Deutschland rein finanziell eine Verlockung, der zu erliegen menschlich mehr als verständlich ist. Historiker werden klären müssen, ob dies der Hauptgrund für die Wanderungsbewegung war. Tatsache ist: In der ersten Jahreshälfte 2015 kam die Mehrheit der Asylbewerber nicht aus Bürgerkriegsstaaten oder gar aus Syrien, sie kam vom Balkan.

Winfried Kretschmann stand als Ministerpräsident von Baden-Württemberg angesichts dieser Lage vor einem schier unauflösbaren Konflikt. Nahezu die gesamte Partei lehnte wie stets in den Jahren seit 1992 jede Verschärfung des Asylrechts kategorisch ab. Alle Landesregierungen, an denen Grüne beteiligt waren, wurden im Bundesrat wegen Dissens zwischen den jeweiligen Koalitionspartnern auf Enthaltung festgelegt, was wie eine Ablehnung wirkt. Nur das grün geführte Baden-Württemberg konnte der Bundesregierung noch eine Mehrheit im Bundesrat verschaffen. Eine Regierung zu führen ist aber etwas ganz anderes, als an ihr in der Rolle des Juniorpartners beteiligt zu sein. Als Ministerpräsident hatte Kretschmann die Berichte und Warnungen aus den Kommunen, den Kreisen und den Landeseinrichtungen vor sich. Im Staatsministerium erkannten die Fachleute, dass die Zahl der Flüchtlinge aus dem Nahen Osten auf der offenen Balkanroute stark anstieg und wegen der desaströsen Situation in Syrien und den Flüchtlingslagern in den Nachbarländern weiter zunehmen musste. Kretschmann erklärte, das Boot sei nie voll. Aber es war auch nicht mehr zu bestreiten, dass die Aufnahmefähigkeit des Landes kurzfristig an ihre Grenzen zu geraten drohte. Auch Baden-Württemberg war nicht mehr in der Lage, mehr Asylbewerber aus dem Balkan aufzunehmen als Flüchtlinge aus Syrien.

Die ethische Grundhaltung der Partei gebot also die Ablehnung des im Herbst 2015 zur Diskussion stehenden Ausweisens der Balkanstaaten als sichere Herkunftsländer. Schon das Konzept des sicheren Herkunftslandes durch Änderung des Grundgesetzes hatten wir immer abgelehnt. Also konnten wir auch seiner Anwendung nicht zustimmen. Die sich immer weiter zuspitzende Lage des deutschen Asylaufnahmesystems und die staatspolitische Verantwortung geboten hingegen die Zustimmung zu Maßnahmen, die dazu geeignet waren, den Zustrom aus dem Balkan möglichst schnell zu stoppen, um Kapazitäten für die Bürgerkriegsflüchtlinge freizumachen. Das Ergebnis ist bekannt. Winfried Kretschmann entschied sich für die Zustimmung zu einem Paket von Maßnahmen, das auch relevante Verbesserungen für Flüchtlinge mit sich brachte, aber Asylanträge aus dem Balkan so erschwerte, dass die Zahlen danach ähnlich stark zurückgingen wie nach dem Asylkompromiss 1992. Das wird nicht die einzige Ursache gewesen sein, aber doch eine wesentliche. Innerparteilich schien Kretschmann sich damit sehr geschadet, wenn nicht isoliert zu haben. Im Ansehen der Bevölkerung war Kretschmanns öffentliches Ringen um die verantwortliche Lösung und am Ende die Entscheidung für die Staatsraison und gegen die Partei der Schlussstein seines Aufstiegs zum überparteilich angesehenen Staatsmann und zur Wiederwahl als Ministerpräsident. In Baden-Württemberg schnellte die Zustimmung zu Kretschmann und den Grünen wegen dieses Beweises von Integrität und Unabhängigkeit nach oben, wo doch die Parteilinke den Untergang wegen Prinzipienverrats vermutet hatte.

Auch in Baden-Württemberg tat die Partei sich am Anfang noch sehr schwer mit diesem Schritt. Auf einer denkwürdigen Kreismitgliederversammlung in Tübingen haben wir im Herbst 2015 intensiv das Für und Wider des Status sicherer Herkunftsländer für die Balkanstaaten debattiert. Ich vertrat die Position der Befürworter mit den Argumenten des praktisch Verantwortlichen: Wenn wir nicht mehr in der Lage sind, auch nur den Asylbewerbern, die vor Krieg und Verfolgung geflohen sind, eine anständige Unterbringung zu garantieren, und auf Massenunterkünfte ausweichen müssen, dann können wir es uns einfach nicht erlauben, diese knappen Ressourcen zur Hälfte den Menschen vom Balkan zur Verfügung zu stellen, von denen wir wissen, dass mehr als 99 Prozent ihrer Asylanträge abgelehnt werden. Für Armut und den Wunsch zur Einwanderung in unseren Arbeitsmarkt benötigen wir andere Systeme als das Asylrecht, es ist dafür nicht geeignet, und wenn es unter der Zahl der Anträge zusammenbricht, dann ist ein weitaus größerer Schaden angerichtet als durch das Ausweisen sicherer Herkunftsstaaten. Immerhin, fast die Hälfte der Anwesenden Parteimitglieder stimmte für diese Position, doch die Mehrheit lehnte ab.

Der Konflikt zwischen grünen Prinzipien – man könnte auch mit Max Weber sagen: grüner Gesinnungsethik – und den Erfordernissen staatspolitischer Verantwortung, den vielfältigen Abwägungsprozessen der Verantwortungsethik, ist in meiner Partei bis heute nicht aufgelöst. Wie das gelingen könnte, ist eine der Fragen, die mich in den letzten Jahren am meisten beschäftigt hat. Für mich habe ich eine Antwort gefunden.

Wenn ich mich an 1992 zurückerinnere und das gesellschaftliche Klima der Gegenwart damit vergleiche, dann sehe ich ein Land, das aufgeblüht ist. Während es damals nur eine starke Minderheit war, die aus historischen und moralischen Gründen am Asylrecht festhalten wollte, hat sich nun eine Gesellschaft herausgebildet, in der eine überwältigende Mehrheit Hilfe für Flüchtlinge befürwortet. Die Akzeptanz für geflüchtete Menschen ist dramatisch gewachsen, die Hilfsbereitschaft hat vor 25 Jahren nicht vorstellbare Ausmaße angenommen. 1992 waren schon Kosten von 2,5 Milliarden Euro für die Aufnahme von Flüchtlingen politisch nicht mehr zu rechtfertigen, außer einigen Extremisten bei der AfD redet heute kein Mensch über Kosten von 25 Milliarden Euro jährlich.

Ich werte diese Entwicklung als einen unwahrscheinlichen und unglaublichen Erfolg, der sich in viele weitere gesellschaftliche Transformationsprozesse einfügt, die wir Grüne maßgeblich vorangetrieben haben. Wir können uns auf die eigenen Fahnen schreiben, ein Land mitgeschaffen zu haben, das wie kaum ein anderes bereit ist, Flüchtlinge aufzunehmen, und eine Offenheit und Toleranz in einem Maße kultiviert, wie es sie trotz aller Einschränkungen nur in ganz wenigen Ländern der Welt gibt. Wir können als guten Gewissens sagen: Wir haben für Flüchtlinge und für das Selbstverständnis unseres Landes enorm viel erreicht. Mit diesem Selbstbewusstsein im Hinterkopf lassen sich realpolitisch auch neue Kompromisse schmieden. Solange es kaum noch einen Menschen gab, der in Deutschland Asyl beantragen konnte, war es unverzichtbar, sich für Verbesserungen des Status dieser extrem kleinen Zahl von Asylbewerbern einzusetzen. Abschreckungspolitik und Leistungsverschlechterungen waren im ersten Jahrzehnt nach dem Jahr 2000 tatsächlich menschenunwürdiger Geiz. Wenn aber im Jahr 2015 so viele Menschen in Deutschland Zuflucht gefunden haben wie in allen zehn Nullerjahren zusammen – mehr noch, so viele Menschen wie in allen anderen europäischen Ländern zusammen –, dann ist eine neue Situation entstanden, auf die wir neue Antworten finden müssen und geben dürfen. Es ist nicht besser, in der Theorie des Gesetzes ein großzügigeres Asylrecht zu haben und doch nur 20 000 Menschen aufzunehmen, als einer Million Menschen Zuflucht zu bieten und zur Bewältigung dieser Aufgabe die Normen des Asylrechts in geringem Umfang zu verschärfen.

Dieser Blick auf unser Land und die Entwicklung des Asylrechts könnte für uns Grüne einen Ausweg aus dem Dilemma zwischen Gewissen und Verantwortung weisen. Deutschland wird voraussichtlich im Jahr 2017 erneut etwa 300 000 Flüchtlinge aufnehmen. Angesichts solcher Zahlen ist 1992 das Grundgesetz geschliffen worden. Heute verliert die AfD trotz dieses anhaltenden Zustroms bereits drastisch an Zustimmung, weil die nach und nach greifenden Verbesserungen im Aufnahmesystem den Menschen zeigen, dass wir sehr wohl in der Lage sind, Zuwanderung im Asylsystem in dieser Größenordnung gut zu bewältigen. Diesen positiven Wandel für eine europäische Flüchtlingspolitik zu nutzen, in der Deutschland die südeuropäischen Staaten nicht mehr als Bollwerk gegen Flüchtlinge missbraucht, wäre eine Aufgabe, die sich aus unserer Geschichte als Menschenrechtspartei gut begründen ließe. Gelingen kann dies aber nur, wenn wir dabei die Grenzen der Belastbarkeit unseres eigenen Landes, unserer Mitmenschen und unserer Nachbarstaaten beachten, wenn wir an die Stelle einer überlegenen moralischen Position eine flüchtlingsfreundliche Haltung in Verantwortung für das Ganze stellen. Wir müssen daran arbeiten, Hilfe denen zukommen zu lassen, die sie am nötigsten haben, und nicht denen, die es bis zu uns schaffen. Wir könnten uns für ein System europäischer Fluchtinstitute an den Botschaften in den Krisenregionen einsetzen, die den Geflüchteten erlauben, ihren Asylantrag einzureichen und zu begründen, ohne eine lebensgefährliche und teure Odyssee über Kontinente und Meere auf sich zu nehmen. Dann würde die Hilfsbedürftigkeit das entscheidende Kriterium und nicht die Reisefähigkeit.

Die Migrationsbewegungen der Gegenwart sind einerseits zu gewaltig, um sie vollständig aufhalten zu können, andererseits zu groß, um sie nicht zu steuern und zu kontrollieren. Wir müssen uns darauf einstellen, dass wir auch in Zukunft eine große Zahl von Flüchtlingen aufnehmen werden. Viele von ihnen kehren später nicht zurück. Wir sind also im eigenen Interesse dazu aufgerufen, geflüchteten Menschen gute Startbedingungen zu geben und sie bei uns zu integrieren. Das hat nur eine Chance auf Erfolg, wenn wir die Menschen willkommen heißen. Wer sich abgelehnt und ausgegrenzt fühlt, kann sich schwerlich integrieren.

Aus diesem Grund ist eine Willkommenskultur zwingende Voraussetzung für das Gelingen der vor uns liegenden Integrationsaufgaben. Niemand könnte das besser als wir Grünen. Wir haben uns seit Jahrzehnten aus Leidenschaft und Empathie mit den Krisen dieser Welt beschäftigt. Wir wissen, dass Umweltzerstörung in früheren Jahrhunderten und in der Gegenwart die größten Fluchtbewegungen hervorgerufen oder begünstigt hat. Wir haben seit jeher für eine friedliche Welt und die Politik der einen Welt gestritten. All das wird nun mehr gebraucht denn je. Wenn wir an diesen Grundüberzeugungen festhalten und sie mit der schmerzhaften und dennoch unabweisbaren Erkenntnis paaren, dass wir nicht allen helfen können, dann können wir als Grüne und als Land mit Recht sagen: Wir schaffen das.